교양인의 미래직업설계

# 취업과 스타트업

김대규 서현경 김선애 공저

EMPLOYMENT AND STARTUPS

양성원

# 머리말

## 대학 교양인은 미래직업의 설계를 위하여 다시 기본(基本)에 충실하자

코로나19 팬데믹과 기상 이변으로 인한 자연재해는 사람들의 삶을 되돌아보는 기회를 제공하고 있다. 21세기의 시작과 함께 사람들은 그동안 이룩해 온 과학 및 의학의 발전 그리고 디지털 기술 등으로 지금까지 경험해 본 적이 없는 문명사회를 예찬하며 100세 시대를 살아갈 것이라 자랑하였다. 그러나 불과 20여 년이 채 되지 않아 고도화된 과학기술과 문명의 발전은 기술문명의 과오는 물론 사람들 스스로가 만들어 낸 환경재해로 인하여 긍정적인 면보다 부정적이며 불안한 패러다임으로 변하고 있음을 인정하지 않을 수 없다. 산업사회의 경제력을 기반으로 하는 사회구조의 급격한 변화와 반복되는 자연재해는 다가올 인류사회에 대한 불확실성을 더욱 확대시키고 있다. 그동안 이룩해 온 디지털 문화와 기술은 인류사회 발전에 수많은 긍정적 기여를 하였음에도 불구하고 그 부정적 반작용을 무시할 수 없는 현실이 나타나고 있다. AI와 로봇에 의한 메타버스 시대 삶의 장점이 있는 반면에 급격한 기후변화와 인구감소 그리고 노령화사회에 따른 사람들 삶의 근본적 문제에 대한 불안과 좌절 등이 그러한 사례라고 할 수 있다.

지금 대학인의 다수는 디지털 네이티브들이다. 디지털 기기의 획기적 변화와 발전은 시기와 장소를 초월하여 대학인들의 일상은 물론 대학 사회에서 학문연구와 진로

개척의 중요한 메커니즘인 동시에 연구 대상으로서 활용되고 있다. 오히려 그들은 한 걸음 더 나아가 가상공간과 현실 세계를 융합한 메타버스 시대를 즐기며 새로운 삶의 방식과 트렌드를 요구하는 현실이다. 우리 대학인에게 있어서 디지털 기기는 어린 시절, 장난감이었으며 학습의 도구로 활용되었고 사회 · 경제적 생활의 수단으로 이용되고 있다. 그리하여 현재 디지털 환경의 변화가 별로 새삼스럽지 아니하며, 디지털 문화와 더불어 성장해 온 MZ세대들은 일과 학습이 혼용된 워러밸(Work & Learning Balance)를 마다하지 않고, 더욱 빠른 속도감과 다양성을 전제로 한 디지털 혁신의 시기가 도래하였음을 흔쾌히 받아들이며 생활화하고 있다.

금세기 디지털 환경의 혁신적 변화는 매우 부담스러우면서도 인간 생활의 모든 면에서 일상화되어 한순간이라도 모바일이 없으면 불안한 지경이 되었다. 대학인들의 삶 역시, 이미 언급한 바와 같이 디지털 기기에 의한 학문연구로써의 역할과 연구 대상물 그리고 디지털 문화를 더욱 진화시켜야 한다는 학문적 · 기술적 의무감까지 더하여, 개개인의 전공과 관계없이 디지털화된 학습 및 연구환경으로 가속화되고 있다. 이러한 측면에서 대학인들의 미래 설계와 직업탐색도 이루어져야 할 것은 두말할 나위가 없을 것이다. ICT와 AI 그리고 SNS를 기반으로 하는 제4차 산업혁명 시대의 특성을 정확히 알고 시대를 선도하는 디지털 시대의 기기와 그 방향성을 예상할 수 있는 교양인의 자세가 절대적으로 요구되고 있다.

한편 대학 교양인들의 진로 탐색과 방향의 설정은 물론, 대학 졸업생들에게 놓여 있는 장차 취업과 창업을 비롯한 진로 환경은 경제적으로 생산양식과 고용환경의 엄청난 변화 등의 영향으로 고급인력의 수급과 고용시장에 불확실성을 증가시켰다. 심지어 '직업의 종말'이라는 용어가 나올 정도로 '미래직업을 구할 것이 아니라, 비즈니스로 전환해야 한다'라고 일부 경영컨설턴트와 미래학의 연구자들은 섣부른 대책을 내어놓기까지 하는 실정이다.

첨단 디지털 시대에 유감스럽게도 대학에서의 직업준비생들의 미래는, 오래되고 불합리한 진로환경의 변화와 더불어 '코로나19 팬데믹'이라는 재해와 전 세계 대학 졸업자 수의 과잉에 따른 '실업 팬데믹'까지 가중되어 그 혼란과 불안정은 최고조에 달하고 있다. 더 큰 과제와 문제는 고급인력의 그런 매우 불확실한 미래직업과 진로환경이 장기화되며 끝이 보이지 않는다는 데에 있다.

동서고금을 막론하고 이러한 위기의 시기에 대처하는 방법은 자신만의 철벽 같은 실력 · 능력을 키워 나가는 방법밖에 없을 것이다. 자신의 평생 삶을 보장할 수 있는 전공지식의 극대화와 다양한 능력계발을 통한 '나' 자신의 브랜드화가 절대적으로 필요한 시기이다. 대학 교양인으로서 자신이 좋아하고, 잘할 수 있으며 그리고 내가 꼭 하고 싶은 일에 최고의 전문가가 되는 것이 현대사회에서의 카오스를 극복하고 기회의 삶으로 바꿀 수 있다는 점을 여러 차례 강조해 왔다.

그리하여 우리는 확실한 미래직업을 담보하기 위하여 다시 기본에 충실해 나갈 것을 대학 교양인들에게 감히 요구한다. 그 이유는 자명하다. 첨단 디지털 시대에 우리가 AI를 지배하고 수단으로 활용하며 살아갈 것인가? 아니면 우리가 AI의 노예가 되어 살아갈 것인가에 대한 문제로서, 인간 삶의 본질에 관한 문제이기 때문이다. 단언컨대 기본에 충실하면서 자신의 타고난 재능, 즉 원기를 더욱 공고화함으로써 우리가 자신의 영역에 전문가가 되었을 때 어떠한 환경과 여건이 주어지더라도 주도적이며 능동적인 삶을 영위할 것이며, 사람을 앞서 나가려는 디지털 기기도 원래대로 인간 삶의 도구로써 작용하게 되어 나 자신이 주인으로 살아가리라 확신한다.

본 저술은 급변하는 디지털 혁신의 시기를 살아가는 우리 대학인들이 대학 졸업 후에는 물론 재학 중에도 취업과 창업을 준비하는 대학의 교양수업 과정에서 요구되는, 대학생들의 진로 탐색을 위한 역할과 인생 100세 시대의 평생직업을 찾을 수 있는 전문성 있는 능력 함양을 위한 전략서로 기획되었다. 먼저 역사의 흐름을 알고 이러한 시대를 주도적으로 살아가는 지혜를 터득하기 위한, 대학생활과 능력 개발의 방법에 대하여 안내하고자 하였으며, 구체적으로 취업과 창업을 위한 역량 강화의 기술 등에 관해 소개하고 있다. 그러나 빠르게 변화하는 사회환경에 비하여 짧은 시간의 준비로 인하여 수업자료로서의 활용에 부족함이 많은 것을 인정하면서도 대학을 비롯한 일상에서 장차 진로를 탐색하려는 학생들과 직업 구하기에 나서는 대학생들의 취업과 창업 준비에 조금이라도 도움이 되기를 기대한다.

끝으로 날이 갈수록 더욱 어려워지는 대학 교재의 출판은 물론 불합리한 출판환경에도 기꺼이 대학교양교육의 발전을 위하여 물적 · 인적 지원을 아끼지 않으며, 오랜 시간 아날로그 시대의 인연을 강조하며 더 나은 연구환경과 학문발전을 위해 각고 면려하시는 도서출판 양성원의 강철원 대표님과 직원들께 진실로 감사의 말씀을 드린다.

2023년 1월

공동저자 대표

# 차 례

## 2 PART 직업 찾기와 취·창업준비

## PART 3 스타트업의 도전과 성공전략

# 1 PART

# 디지털 혁신시대의 자기계발

CHAPTER 01

# 대학 교양인의 진로탐색

## 1. 목표설정과 자기계발

### 1) 목표를 향한 열정의 대학생활

지구촌 인간사회는 현재 대전환의 시대를 맞이하고 있다.

인류의 역사가 계속되어 온 이래 지금과 같이 빠르게 그리고 모든 분야에서 변화를 겪고 있는 때가 없었다. 흔히 '세상에 변화하지 않는 것은 단 하나, 세상이 변화한다는 사실이다'라고 규정하듯이 이제 인간들의 삶은 물론 인간존재의 본질에 이르기까지 '변화의 화두'에서 자유로울 수 없게 되었다. 인간존재의 변화 모습에서는 남성과 여성의 근본적인 역할의 변화까지 가져오는 것이 일상화되었으며 이제 인간만이 할 수 있었던 고유한 영역까지 정체불명의 로봇과 AI라고 불리는 괴물들이 등장하여 인간의 존재의의를 무색하게 하고 있다.

사람들은 빠르고도 본질적인 현재의 급격한 변화현상들에 대하여 10여 년 전까지만 해도 패러다임의 변화라고 규정하고 새로운 방법을 찾아 혁신적 기술로써 대응해 나가려 대비하였다. 그러나 불과 몇 년 전부터는 혁신이 아니라 혁명적 방법으로 새로운 대안을, 즉 전혀 다른 방법과 모습으로 변화를 스스로가 주도적으로 만들어 나가야 한다고 주장한다. 이것이 4차 산업혁명 시대를 살아가는 삶의 방식이라고 단정하고 있다. 지금까지 사람만이 할 수 있다고 믿어 왔던 영역을 인공지능에 의한 로봇이 대신하면서 지금까지의 생활방식을 완전히 바꾼 신인류의 등장을 현실화하고 있다.

바로 이러한 중요한 시기에 우리는 '나'라는 존재에 대한 의의를 되돌아볼 때가 되었다. 즉, 나는 세상이 먼저 존재하고 있어서 '나'라는 사람이 태어나서 살고 있다고 보아야 하는지 아니면 내가 태어났으니 나 나름의 세계와 물질적 세상이 만들어지게 되고, 각각의 개개인이 자신만의 세상을 갖고 있다는 것으로 봐야 하는지에 대하여 심사숙고해 보아야 할 때라는 것이다. 지금 빛의 속도로 빨리 변화하는 4차 산업혁명의 시대에 우리는 어떻게, 어떤 마음가짐과 자세로 그리고 내가 무엇으로 이 시대를 살아가야 하는가에 대하여 더욱 철저한 준비를 해야 한다는 것을 강조하고자 한다. 특히 지금까지 중등교육의 과정에서 학습한 삶의 지혜를 바탕으로 고등교육에서는 내가 살아가야 할 시대에 필요한 지식을 연구하고 강화시켜야 할 대학교육의 중요성이 그 어느 때보다 절실하다.

이와 같이 근본적이면서도 시대적 필요성에 의해 요구되는 대학에서의 자기계발과 더불어 향후 전개될 자신의 미래 설계는 대학생활의 시작 단계에서부터 매우 철저한 계획과 준비가 되어야 할 것이다. 그러나 대학의 현실은 학문연구에서부터 장차 진로 설정에 이르기까지, 최근의 신자유주의의 사조가 생겨난 이후 상생의 협업보다는 각자 자기중심적 발상에 의한 무한경쟁으로 나아가고 있다. 이러한 양상은 고도화된 디지털 기기의 발전과 함께 나타난 사회적 현상의 하나이며 모든 분야에서 양극화현상이 점점 심화되고 있음에 우리는 유의하여야 한다. 예컨대, 최근 통계청이 연말에 발표하는 「경제활동인구조사」 중에서 대학졸업자들의 사회진출을 보여 주는 20대 청년들의 2021년 상반기 체감실업률은 25.4%로 3년 전 2019년에 비해 2.6%p 높아졌으며 2015년 통계가 작성된 이후 점점 높아지고 있다. 전체 실업률은 2000년 이후 가장 나쁜 고용지표를 보여 주고 있다. 반면 대학 졸업자들의 취업자 수는 반대로 최근 8년 이래 최저 수준에 이르렀음을 통계청의 「경제활동인구조사」는 보여 주고 있다. 따라서 대학생활에서 그 어느 때보다 더욱 자신에 대한 철저한 분석과 자기이해를 통하여 성공적인 대학생활을 이끌 수 있는 미래에 대한 설계와 진로 탐색이 이루어져야 할 때이다.

이를 위하여 우선, 대학생활에 있어서 목표가 있는 삶을 강조하고자 한다. 대학사회에서의 자신의 존재의의와 새로운 진로 개척을 위하여 체계적이며 현실적인 목표설정이 무엇보다 중요하다. 불확실성이 지배하는 요즈음의 세태에 많은 젊은이들이 방황과 좌절의 시기를 보낼 수밖에 없는 것도 명확한 현실에 대한 이해 부족은 물론 미래에 대한 목표가 확립되어 있지 못한 데서 그 원인을 찾을 수 있다. 예를 들면, 인생의 황금기라고 하는 청년기에 대학을 입학하면서 많은 수의 사람이 "왜 대학을 가려 하는가"에 대한 질문에 자신 있는 대답을 찾기가 어려운 것이 현실이다. 나아가 대학에서 고등교육을 받는 이유조차 불분명하며, 졸업 후의 목표에 대해서는 더욱 막연한 경우조차 흔하게 볼 수 있다. 여기서 우리는 높은 수준의 목표 세우기의 필요성을 강조하고자 한다.

우리가 삶을 영위함에 있어 자신이 추구하는 목표나 행동 방향을 정하지 않은 채 살아가는 경우가 많다. 이유는 사람이 미처 그 중요성이나 필요성을 깨닫지 못했거나 이루지 못할까 봐 두려워하기 때문일 것이다. 심리학자 매슬로우(Maslow)는 '인생을 끊임없이 선택하는 과정으로 생각하라'고 주장하고 있다(Maslow, 1970) 사람의 인생은 목표를 향한 선택의 연속이라고 할 수 있다. 인생의 순간순간마다 발전을 지향하는 선택과 후퇴를 초래하는 선택이 있는가 하면, 방어와 안전을 지향하는 선택과 성장을 위한 선택 등 다양한 선택으로 생활해 가고 있다. 현재의 상태보다 더 나빠지지 않겠다는 의지가 강한 사람은 방어와 안전을 지향하는 선택을 하겠지만 자기실현을 적극적으로 이루겠다는 사람이라면 힘들더라도 성장을 위한 선택을 할 것이다.

스스로 목표를 설정하여 학업과 일상생활에 동기부여를 하고 출정 준비를 단단히 하여야 할 때이다. 그렇지 아니하고 우리가 삶의 방향성을 상실하고 살아간다면, 즉 어떤 목표가 없는 일상의 삶은 최선의 선택도 미루며 때로는 나약한 모습의 무사안일에 빠져 살아갈 수밖에 없다. 얼마나 따분한 인생이 될 것인가, 때론 서글픈 느낌도 들 것이다. 목표설정을 기반으로 모든 일에 자기주장을 내세워 관철하려고 다짐한 사람이라면 좋고 나쁜 주변 환경에 구속되지 않고 자신의 인생 목표를 향하여 성공의 그 날까지 끊임없이 발전시켜 나갈 수 있을 것이다. 흔히 목표가 있는 삶은 인생과 일, 그 자체가 즐거우며 성취감을 향한 활기찬 열정과 무한한 도전 의식으로 충만하여 있다.

**TIP** **목표가 있는 삶은**

1. 일상의 생활에서 자기 주도적인 삶으로 진취적이며 도전적으로 살아간다.
2. 모든 일에 낙관적이며 긍정적인 생각으로 생활해 간다.
3. 목표를 향한 장래를 내다보며 보다 멀리 미래지향적 행동을 한다.
4. 목표를 위해 중요한 일부터 먼저하는 습관이 생긴다.
5. 자신의 목표성취를 향한 삶으로 인생을 즐기며 살아간다.

## 2) 인생목표를 즐기는 사람들

오래전, 미국의 출판 및 미디어 기업 '포브스'가 선정한 일본 최고의 IT업계 손정의 〈일본명; 마사요시(まさよし) 소프트뱅크회장, 재일 한국인 2세〉 씨는 다음과 같이 자신의 인생목표를 일찍부터 자랑스럽게 발표한 적이 있다. 평소에 그는 "나는 사회생활을 막 시작한 열아홉 살에 '인생 50년 계획'이라는 인생 로드맵을 작성하고 지금까지 하나씩 실천에 옮겨 왔다. '20대에 창업해 이름을 알리고, 30대에는 1,000억 엔,

2,000억 엔 규모의 운영자금을 마련하며, 40대에는 1조 엔, 2조 엔 규모의 큰 사업에 승부를 걸고, 50대에 사업을 완성시켜서 60대에 다음 세대에게 물려준다.' 나는 이 다섯 단계를 열아홉 살 때 정한 이후 지금까지 단 한 번도 바꾸지 않았다"라고 자신이 일본 최고의 기업인이 되기까지 삶의 목표를 추구해 나가는 것을 자랑스럽게 밝히고 그러한 삶의 태도를 바탕으로 생활해 나가고 있음을 저술과 강연 등을 통해 밝힌 바 있다. 여기서 연령대별 자신의 인생목표에 우리는 유의해 볼 필요가 충분히 있다. 목표가 있는 삶이 즐거운 이유가 바로 삶의 여정에서 최선을 다하고 있음을 확인할 수 있고 또한 그 목표를 이룸으로써 자신과 주변에 대한 성취감에서 생겨나는 자신만의 행복감을 순간순간 느낄 수 있기 때문이다.

지금은 30대의 성인이 된 사람이지만 2000년 뉴 밀레니엄 행사로 벌어진 한국의 어린이 철인 삼종경기에서 열한 살의 초등학교 4학년 어린이가 우승한 적이 있었다. 초등학교 고학년인 6학년 선수들이 많이 있었음에도 불구하고 상대적으로 어린 4학년이 그 힘든 경기에서 우승한 비결을 인터뷰하였다. 어린 선수에게 24시간을 완주하면서 중도에 포기하지 않고, 가장 힘든 순간에 무엇을 생각하면서 뛸 수 있었는가? 라는 질문에 그 어린이의 첫 마디가 "나는 '어린이 철인'이 되어야 한다는 목표가 있었기 때문에 어려운 순간에도 참을 수 있었다"라고 아주 당당하게 자신의 목표 달성을 대견해하며 목표를 달성하기까지 과정에서 어려움의 순간들을 설득력 있게 표현한 적이 있다. 역시 목표를 향한 적극적이며 긍정적인 에너지가 시너지 효과를 발생시킴으로써 어린 선수가 선배들을 이기고 우승할 수 있었다는 것을 보여 주는 사례이다.

요즘 우리 사회에 "가장 부러운 사람은 금수저를 물고 태어난 사람이 아니라, 흙수저를 갖고 태어났지만 꿈과 목표가 있는 사람이다"라는 진취적 기상과 미래지향적 정신을 적극적으로 찬양하는 글들이 많은 사람에게 설득력을 얻고 있다. 자신의 타고난 발판이 문제가 아니라 정확히 무엇을 향하여 내가 무엇을 추구하며 삶을 살아가느냐가 중요하다는 것을 역설적으로 강조하는 말이다. 아니 오히려 이러한 표현은 인간들의 삶의 여정에서 보편적 진리이다. 그리고 무엇보다 이것은 현실이다.

또한 유명한 경영컨설턴트이자 성공을 향한 인재 개발 전문가인 브라이언 트레이시(Tracy, 2003)는 그의 저서 『목표, 그 성취의 기술』에서 하버드대학의 MBA과정 재학생들을 대상으로 한 사례연구를 통하여 목표설정의 중요성을 다음과 같이 강조하고 있다.

"하버드 MBA과정 재학생들을 대상으로 목표설정에 관한 연구가 진행된 적이 있었다. 재학시절 뚜렷한 목표를 세우고 그것을 달성하기 위한 구체적인 계획을 세운 학생은 전체의 3%였고, 13%는 목표가 뚜렷하였지만 구체적 실천 계획은 없었다. 재미있는 것은 그들의 졸업 후 수입이다. 목표와 계획이 뚜렷했던 3%는 나머지 97%의 평균수입의 10배에 달하는 수입을 올리고 있었고, 목표만 있던 13%는 나머지보다 평균 2배의 수입을 올리고 있었다. 목표와 계획이, 같은 강의실에 앉아 있던 사람들의 운명을 바꾸어 버린 것이다. 대부분의 사람들은 지도도 표지판도 없이 낯선 세계를 여행하듯이 살아간다. 일에 파묻혀 시간은 하염없이 흘러가고 삶은 늘 불만족스럽다. 미래는 언제나 막연하고 자신감은 이미 나를 떠난 지 오래다." 트레이시는 '목표는 막연한 꿈이 아닌 기술'이라고 강조한다. 그는 성공하려면 앞에서 조사된 상위 3%의 방식을 따라 해야 한다고 주장한다. 그래서 트레이시는 목표설정과 함께 주장하는 목표 달성을 위한 기술로써, 첫째, 기한을 정하지 않은 목표는 총알 없는 총에 비유하고 반드시 시간의 데드라인을 적시할 것을 권한다. 둘째, 독수리가 되고 싶다면 독수리떼와 함께 날아야 한다. 셋째, 목표는 긍정문이며 시제는 현재형이며 1인칭이어야 한다. 넷째, 목표는 간단명료하여야 한다. 다섯째, 목표를 달성한 후 성공한 모습을 머릿속에 그리며 살아야 한다. 여섯째, 마무리 5%가 성공을 좌우한다. 일곱째, 잘못을 인정하라. 여덟째, 목표 달성에 의한 대가를 두려워하지 말 것 등을 제시한다.

이와 같이 우리는 목표의 설정과 그 달성을 위한 인간의 노력이 성공으로 연결된다는 것을 명심하여야 한다. 그래서 목표가 있는 사람은 자긍심이 높아진다. 한 가지 목표를 성취하면 다른 목표의 성취욕을 강화시키기 때문에 가치관이 높고 생동감 넘치는 생활을 해 나갈 수 있다. 고도화된 전자 기계가 인간의 삶을 대신하면서 자칫

나약해질 수 있는 생활방식으로 인해 때로는 사람이 물질과 발전된 기계문명의 노예로 전락할 수도 있다. 그러나 목표를 향한 성취감으로 생활하는 사람에게는 물질과 기계란 하나의 수단이며 목표를 위한 도구에 지나지 않으므로 결코 어리석은 삶을 살아가지 않을 것이다.

〈표 1-1〉 **브라이언 트레이시의 7단계 목표설정 기법**

| | |
|---|---|
| **1단계** | 자신이 원하는 것을 정확히 결정하라. |
| **2단계** | 그것을 종이에 적어라. |
| **3단계** | 목표를 달성할 시간을 설정하라. |
| **4단계** | 목표달성을 위해 스스로 할 수 있는 모든 일을 기록하여 목록을 만든다. |
| **5단계** | 일의 연속성과 중요도를 기준으로 우선순위를 만든다. |
| **6단계** | 목표를 세웠으면 그것이 무엇이든 실천에 들어가라. |
| **7단계** | 실천항목은 시간에 상관없이 매일 실행하라. |

TIP

### SMART(스마트)한 목표 설정

Specific(**구체적일 것**): 정확히 무엇 달성하려고 하는가?
Measurable(**측정가능할 것**): 어떻게 구성하려고 하는가?
Achievable(**성취적일 것**): 목표달성 후의 성취감은?
Realistic(**실질적일 것**): 여러 가지 상황을 고려하고 가능한 일인가?
Time-based(**시간적일 것**): 언제쯤 목표를 달성할 것인가?

〈표 1-2〉 **목표설계 노트(목표설정에 대한 충분한 사고의 시간을 갖고서 작성)**

| 내용 \ 시간 | 오늘의 목표 | 1주일의 목표 | 한 달의 목표 | 1년의 목표 | 인생의 목표 |
|---|---|---|---|---|---|
| 학습활동 | | | | | |
| 경제활동 | | | | | |
| 가정 · 가족관계 | | | | | |
| 자기계발 · 진로탐색 | | | | | |
| 인간관계 | | | | | |

## 3) 버킷리스트 작성의 즐거움

버킷리스트는 사람이라면, 죽기 전에 해 보고 싶은 것들을 정리한 일종의 목록을 의미하며 일상의 삶에 목표를 정하고 그것과 더불어 살아가기를 권장하는 뜻으로 이해할 수 있다. 사람이 인생에서 가장 많이 후회하는 것은 살면서 한 일들이 아니라 하지 않은 일들에 대한 아쉬움 혹은 후회라고 한다. 후회하지 않는 삶을 살기 위해 나만의 버킷리스트를 만들어 도전해 보며 사는 것은 자신 삶에 또 다른 의미를 부여하는 나침판을 만드는 것이라 하겠다. 오래전 작고하신 우리나라의 훌륭한 성직자 중 한 분이신, 법정 스님께서 돌아가시기 훨씬 전에 "미리 쓰는 유서"라는 제목의 수필을 발표한 적이 있다.

법정 스님은 이 글에서 유서가 '생의 백서'가 되어야 함을 전제하고, 요즈음 우리가 흔히 말하는 버킷리스트로 어린 왕자가 사는 별나라로 날아가고 싶음을 표현하신 바 있다. 법정 스님은 "육신을 버린 후에는 훨훨 날아서 가고 싶은 곳이 있다. '어린 왕자'가 사는 별나라 같은 곳이다. 의자의 위치만 옮겨 놓으면 하루에도 해지는 광경을 몇 번이고 볼 수 있다는 아주 조그만 그런 별나라. 가장 중요한 것은 마음으로 봐야 한다는 것을 안 왕자는 지금쯤 장미와 사이좋게 지내고 있을까. 그런 나라에는 귀찮은 입국 사증 같은 것도 필요 없을 것이므로 한 번 가 보고 싶다."는 글을 남기셨다.

우리가 일상에서 해 보고 싶고 내가 즐겨할 수 있는 것들을 모아 그것을 성취할 수 있는 즐거움이 바로 목표 있는 삶의 즐거움으로 귀결될 수 있을 것이다.

■ 나의 버킷리스트

my bucket list

| |
|---|
| • |
| • |
| • |
| • |

■ 기억나는 사람 버킷리스트

| |
|---|
| • |
| • |
| • |

## 2. 자기이해의 중요성

### 1) 진로계획과 미래탐색은 정확한 자기이해에서

진로설계의 핵심은 정확한 자기이해에서 출발한다. 유명한 철학적 표현으로 "너 자신을 알라"는 자기이해의 출발점이며 자신의 내적 외적 발전 방향을 가리키는 나침판 역할을 하는 말이다. 자신의 성격을 파악하고 자신이 가지고 있는 생활 면면의 장점과 단점 그리고 평소 행동의 습관을 중심으로 자신에 대한 철저한 분석이 있어야 자신이 어디로 무엇을 하러 갈 수 있을지 앞길을 찾을 수 있다. 이는 자신이 앞으로 나아가고자 하는 진로를 기왕이면 좀 더 과학적이며 체계적으로 알아볼 수 있게 하며 진로를 개척하여 나감에 시행착오를 덜 겪으며 바르게 찾아갈 수 있도록 유도할 것이다. 간략하나마 다음 3가지 관점에서 자신을 이해하고 이를 토대로 자신이 향후 나아가야 할 길을 찾는 방법이 필요하다.

### (1) 자신의 정체성

사람의 정체성이란 스스로가 생각하는 자신의 몸과 마음에 대해 확실하면서 일관된 인식이나 이미지를 의미한다. 미래에 대한 자신의 비전 설정과 대학생활에서의 자기 주도적 삶 역시 정확한 자기이해에서 출발한다. 인간은 자신의 정체성에 대한 올곧은 이해로써 삶의 모든 부분을 통합하도록 하고, 애매함을 줄여 주며, 유효성과 자신감을 갖도록 해 준다. 아울러 우리가 자신에 대하여 최고의 이익이 되게끔 행동하도록 한다. 인간 가치관의 정립은 어떤 사물에 대한 판단과 평가 이전에 우선 자신의 의식과 일에 목표가 확립이 되고 확신이 섰을 때 명료화될 수 있다. 이것이 자아정체감, 즉 자신의 정체성이다. 그러나 우리는 자기이해보다는 주변 환경과 변화에 관심을 보이고 해석하려고 한다. 자신에 대한 확신을 위하여 인간들에게는 다방면의 노력이 필요하다. 인생과 가치관의 신장을 위한 노력으로 자신의 의지를 강화하고 삶의 목표에 대한 접근이 용이하도록 고안되어야 한다. 이러한 자신의 정체성에 대한 담보와 확신을 위하여 사람들은 자기상담을 추천한다.

심리학자 매슬로우는 "자신의 내면을 들추어내는 상담은 사랑, 용기, 창조력과 호기심을 증진시키는 반면 두려움과 적개심을 감소시킨다. 이러한 인간의 상담은 무에서 유를 창조해 내는 것이 아니다. 이 말이 함축하고 있는 바는 상담은 애초에 있던 것을 드러낸다는 것을 의미한다"(Maslow, 1970)라고 일상에서의 자기이해를 위하여 상담의 중요성을 강조하고 있다.

사람의 정체성을 공고히 하는 가치관의 정립을 위하여 자기이해가 변화를 촉진케 하는 이유는 이전에 분리된 자신의 부분을 확인하고, 통합하여 자유로운 표현을 하도록 하는 데 있다. 우리 자신의 일부를 부인하거나 억압하게 되면 우리는 비싼 대가를 치르게 된다. 즉, 우리는 막연한 구속감을 느끼기도 하며, 경계하게 되고, 종종 내면적이기는 하지만 표현을 요구하는 낯선 충동들에 의해서 곤란해지고 갈피를 못 잡기도 한다. 가치관의 정립에 의하여 분열된 부분들을 교정할 수 있을 때 우리는 완전함과 깊은 해방감을 경험하게 된다. 곧 확실한 정체성은 가치관의 정립을 담보로 나타난다는 것을 염두에 주어야 할 것이다.

### (2) 일반의 보편성

앞서 살펴본 인간의 정체성은 인간관계에서의 보편성과 사회성이 있을 때 성립될 수 있다. 인간이 갖는 일반적 보편성이란 누구나 언제 어디서나 인간 상호 간에 이해할 수 있고 돌이킬 수 없는 상황에서도 서로를 인정하고 용납할 수 있는 인간의 심리적 상태와 사회적 공감대를 의미한다. 예컨대, 많은 사람이 정신적인 스트레스를 받고 있다고 가정해 보자. 상당수 사람들은 자신만이 유일하게 외롭거나 비참하며 자신만이 어떤 받아들일 수 없는 충동이나 문제들을 가지고 있다고 은밀하게 확신하고 있다. 그들은 흔히 자신의 문제를 자기만이 고통받고 있는 독특한 것으로 여긴다. 조직화되어 있는 집단에서, 특히 초기 단계에 그들의 문제가 혼자만의 문제가 아니라는 것을 인식할 때 조직의 구성원들은 어느 정도 상대적인 안도감을 경험한다.

다른 사람들의 경험으로부터 전적으로 동떨어져 있는 인간의 행동과 사고는 없다. 조직의 구성원으로서 자신의 업무에 집중하지 못하는 것, 부모 형제와의 갈등, 열등감, 지나친 경계심, 두려움 같은 행동이나 감정 상태들과 그리고 보다 절박한 성질의 공상들을 털어놓기도 한다. 인간관계를 형성하며 미래를 설계해야 할 자신의 이해에 있어서 보편성이란 인간 공동체에 중요한 치유 인자이기도 하다. 사람들의 문제가 복잡 다양함에도 불구하고, 어떤 공통 요소가 반드시 있기 마련이다. 이를 그 집단이나 공동체에서의 공감대라고 말한다. 그래서 구성원들은 그 틀 속에서 자신들의 유사점을 인식하게 되고 보편적 사고와 더불어 사회성을 공유하기에 이른다.

### (3) 공동체의 사회성

인간의 자기이해는 스스로에 대한 절대적 평가보다는 오히려 사람과 유대관계를 형성하고 살아가는 사회적인 면에서 형성되고 평가되는 경우가 많다. 일찍이 인간은 사회적 동물로서 사람과 사람이 더불어 살아가면서 인간으로 면모를 갖춘다고 일반적으로 설명하고 있다. 사람을 지칭하는 한자에서 볼 수 있듯이 '사람 인(人)'의 글자는 사람 2인 이상 모여서 사회구성원으로 살아갈 때 비로소 사람이 된다는 것을 의미하고 있다.

인간의 모든 공동체와 조직에서 구성원들은 상호 작용에 의하여 서로 도와가며 삶을 영위한다. 사회의 구성원들은 비슷한 문제를 공유하고 구성원들 서로가 지지, 안심, 제안과 통찰을 제공한다. 바로 여기서 보통 사람들의 타인에 대한 인식이 자신의 사회성으로 나타나게 된다. 이러한 사회성은 개개인의 사회적 신념 혹은 갈등 등의 형태에 따라서 개인의 사회에 대한 자신의 가치관으로 형성된다. 사회성을 나타내는 실례로, 사람마다 가지는 우리 사회의 신념에 따른 자신의 가치관에 따라서 보수적 성향 혹은 진보적 성향으로 나누어지게 된다. 오랜 시간 자신의 성향과 관련하여 사회에서의 행동의 결과 나타나는 것이 반복하여 누적되어졌을 때 우리는 그것을 하나의 이데올로기로 설명한다. 사물에 대한 선호도, 추상적인 인식에 대한 선악의 판단과 같은 요인들이 자신의 이해에 대한 사회성을 나타내는 것이라 할 수 있다.

## 2) 자기이해 프로그램의 활용

독서를 통한 여러 분야에서의 자기이해로 폭을 넓히며, 인 · 적성검사 등의 활용으로 객관적이며 합리적인 자기이해가 있어야 한다. 지금까지 내가 알고 있는, 나의 자질은 과연 얼마나 발휘되고 있는지 알아보는 실험(최정우, 1995)으로 다음과 같은 분야별 지수를 우선 측정해 보는 것도 유효하다.

### (1) 호기심지수: 광고를 보며 무엇을 느끼는가?

사람이 문제를 해결하는 능력을 가지기 위해서는 우선 '호기심'이 있어야 한다. 적어도 창조적 능력은 새로운 것에 흥미를 갖는 것에서부터 출발한다. 예컨대, TV광고는 훌륭한 정보의 보고이다. 이 정보는 짧은 시간에 다른 상품과의 차별성을 보여주고 그 물건에 대하여 관심을 가질 뿐 아니라, 소유욕을 유혹하는 독특한 컨셉이 주어져야 할 것이다. 즉, 호기심을 유발하여야 광고의 효과를 발휘할 수 있다는 의미이다.

### (2) 표현력지수: 다른 사람을 이해시킬 수 있나?

최근 컴퓨터나 다른 영상매체를 통해 서로 얼굴을 보며 대화를 나눌 수 있는 첨단기기가 개발되고 있으나 대중화의 단계에는 아직 시간이 걸리고 있다. 지금 사용중인 전화로 얼굴을 대하지 않고 상대방과의 대화에서 상대를 설득하고, 일을 성사시켜야 할 경우에 자신의 표현력이 문제가 된다. 그것은 상대가 이해하려고 노력하지 않는 한 전적으로 나 자신의 표현력에 달려 있기 때문이다.

### (3) 신념지수: 남들이 모두 반대하는데 어찌하나?

모든 일에 자신의 주관보다 다른 사람의 의견에 쉽게 우왕좌왕하는 사람은 뛰어난 발상을 할 수 없다. 창조적이고 자신감 있는 신념이 무엇보다도 중요하다. 주장이 독특할수록 주위의 반발이 크다. 주장이 특이하고 새로운 아이디어는 '어디 그게 먹혀들겠어' 하는 핀잔을 듣기 일쑤다. 회의를 진행할 때 모든 사람이 고개를 갸웃거리는 의견을 관철시키기 위해서는 합리성과 보편성이 있는 강한 신념을 갖고 그에 상응하는 자료를 풍부하게 제시하여야 한다. 아인슈타인(A. Einstein)은 "남이 이해하지 못하는 건 별 문제가 아니다. 언젠가는 역사가 증명해 줄 거니까"라는 신념을 갖고 있었다고 한다. 지동설을 주장한 코페르니쿠스(Copernicus)도 이러한 신념이 없었다면 역사적 진리를 밝히지 못하였을 것이다.

### (4) 욕망지수: 모든 일의 수행에 어떠한 불만을 갖고 있는가?

불만이야말로 모든 일을 뒤집어 생각하고 새로운 발상의 원동력이다. '이 정도면 되겠지'라고 생각하는 사람에게는 발전이 느리다. 현실이나 자신에 대해서도 마찬가지로 '이쯤이면' 하고 만족하는 사람에게는 도무지 새로운 발상이 나오지 않는다. 항상 의문을 갖고 불만을 해결하려는 노력이 필요하다. 이런 면에서 보면 모든 일에 능동적이고 적극적으로 임하라는 자세를 의미하는 호기심과 여기서 말하는 불만은 일맥상통한다. 호기심이 왕성한 자만이 불만을 가질 수 있다. 기술의 진보와 발전은 언제나 인간의 불만과 현실 거부에서 출발한다.

### (5) 감정지수: 희노애락은 사람만의 특권이다.

문제해결에 적극적인 사람은 감정이 풍부한 사람이다. 주어진 일 뿐만 아니라 진정 자신의 일을 사랑하고 열정에 찬 사람은 이성적인 일의 처리 못지않게 감성적으로 일을 처리함으로써 일과 업무의 효율성을 더욱 높인다. 즐거운 마음으로, 노래하는 마음으로 때로는 슬픈 감정으로 일의 성격에 따라 적극적으로 대처할 수 있다는 것은 인간의 지능보다 중요한 감성지수에 달려 있음이 최근의 예술적 창작활동 등에서 많이 나타나고 있다.

### (6) 의문지수: 어린 아이의 마음으로 세상을 보기

아이들의 마음, 즉 동심이 되어 보게 되는 모든 사물은 의문투성이고 전혀 엉뚱한 생각으로 가득 차 있다. 특히 6세 이하의 어린이는 심리적으로 분별력이 완성되지 않고 있는 시기이다. 모든 사물에 대하여 의문을 갖고 있다. 문제의 시작은 의혹에서 시작된다.

### (7) 애정지수: 자신의 일에 애정을 갖고 덤벼들기

내 일에 얼마나 애정을 갖고 있는가? 목적을 갖고 얼마나 시간을 들여 이룰 수 있다고 생각하고 있는가 그리고 점점 그 일에 가까워지고 있는가? 아니면 하루하루 업무량에 급급한가. 어학 공부만 해도 매달 초가 되면 출석률이 100%이던 것이 일주일 단위로 그 숫자가 줄기 시작해 한 학기가 끝날 때쯤이면 불과 20%만이 자리를 지키고 있을 뿐이다. 목표달성의 의지가 희미해졌기 때문이다. 나의 생활에서 장기적으로 목표달성을 위하여 끈기 있게 집중하고 끝까지 덤벼 본 적이 있는가?

### (8) 환경지수: 긍정적 환경과 부정적 환경을 일깨우자.

일의 추진력이나 자기계발은 환경의 절대적 지배를 받는다. 정보화 사회에서의 자연환경은 물론 물리적 환경까지 모두가 개방적이며 누구에게나 동등하게 보편적인 현상으로 영향을 미친다. 이 경우 사람에 따라 좋은 환경이 되기도 하며 일면 부정적으로 작용하기도 한다.

## 3. 자기계발의 생활화

### 1) 성공을 약속하는 자기계발

우리는 성공적인 대학생활은 물론 장차 성공한 인생을 살기 위하여 항상 치밀한 자기계발이 필요하다. 지금까지 학교라는 제도권에서 자기계발과 지식의 발전을 위하여 공부하며 배우고 있다면 이제 더 넓은 안목으로 자신의 미래를 설계할 수 있는 방법을 찾아야 한다. 21세기를 살아가는 우리는 SNS라는 편리하면서도 유용한 인간 상호 간의 대화와 소통의 디지털 환경을 기본으로 생활하고 있다. 사람들은 자신이

처해 있는 환경과 역할에 따라 첨단 디지털 기기를 이용하여 때로는 타인의 삶을 조명하면서 자신에게 주어진 일과 그 업적을 성공적으로 수행하고 있는지를 알 수 있다. 현대사회에서는 그만큼 자기계발의 효율성과 진위를 재빨리 파악할 수 있으며 결과에 대한 수용 혹은 또 다른 방향으로의 전환을 재빨리 적용할 수도 있는 시대를 살아가고 있다.

그래서 사람의 경험에 따른 가치관의 전환은 환경과 시대의 반영이라고 할 수 있다. 급변하는 환경에서 승리자가 되기 위하여 오늘날의 기업을 경영하는 사람들은 "미쳐야 산다"라고 외치고 있다. 현시대는 '미친 사람'을 원하고 있다는 것이다. 남과 같은 생각을 하고 행동하는 사람보다 남과 다르게 생각하고 실천할 수 있는 사람을 원한다. 튀는 사람, 창의력과 개성이 넘치는 사람, 도전하는 사람을 원한다. 열정으로 자신의 길을 개척하는 사람이야말로 이 시대가 원하는 사람이며 고정관념의 틀에서 벗어나 새로운 가치관과 자주성을 가진 진정한 프로의식을 가진 사람이라고 할 수 있을 것이다.

우리는 뛰어난 운동선수나 예술 창작인들이 어느 날 갑자기 우리들 곁에 나타나 유명세를 타는 것을 자주 보게 된다. 스타와 영웅은 하루아침에 이루어지는 게 아니다. 그들이 쓰는 새로운 역사는 그들의 피나는 노력과 땀의 대가라는 것을 간과해서는 안 된다.

순발력 있는 가치관의 전환으로 시대가 요구하는 삶을 영위할 수 있어야 한다. 자신만의 독특한 개성과 창의성 또한 이 시대가 요구하는 소중한 의식이요, 가치라고 하겠다. 디지털 시대의 IT기술이 고도화될수록 우리 인간은 개성의 시대, 창조의 시대의 모든 면에서 남과 차별화된 가치관을 가질 수 있어야 한다. 열정과 도전이 가능한 가치관으로 무장할 수 있어야 한다. 이러한 도전 의식과 열정은 부단한 자신의 노력 그리고 끊임없는 자기혁신을 통하여 거듭 새롭게 대처해 나갈 때 가능할 것이다. 급격하게 변화하는 환경에 능동적이며 자기주도적인 자기혁신에 꼭 필요한 합리적인 가치관의 전환을 위하여 다음 7가지를 실천하여 보자.

① 일상의 생활환경에서도 긴박감을 조성하여 현재의 상황을 타파하여야 한다.

② 언제나 혁신을 위하여 새로운 비전을 제시할 수 있어야 한다.
③ 생활과 목표의 성취를 위한 체계적 계획과 실천이 반드시 따라야 한다.
④ 급변하는 ICT기반사회에 새로운 지식에 목말라하고 항상 찾아 나서야 한다.
⑤ 생활의 면면에서 자기혁신을 두려워하지 말고 적극적으로 투자해야 한다.
⑥ 목표의 달성을 위하여 와신상담(臥薪嘗膽)의 자세로 높은 뜻을 좇아야 한다.
⑦ '가치는 상대적이다'라는 것을 명심하고 최고의 가치를 추구할 수 있어야 한다.

## 2) 자기계발의 방법

### (1) 좋은 습관 길들이기

우리는 자기계발을 위한 방법으로 일기 쓰기의 습관화를 어린 시절부터 교육받았다. 자신의 생각과 행동을 내면화하고 기왕이면 더 나은 방향으로 길들여질 수 있도록 다양한 방법으로 찾아가는 하나의 과정으로 '일기 쓰기를 습관화'할 것을 배워왔다. 이와 유사한 형태로, 보다 좋은 습관을 지속적으로 유지할 수 있게끔 우리는 대학생활과 일상의 생활에서 '습관 길들이기'를 통하여 자신의 능력을 계발하는 방법을 터득하자. 이를 위하여 먼저, 자신의 일상행동에 대한 문제 인식과 변화하고자 하는 목표를 설정한다. 다음은, 변화시키고자 하는 문제의 해결을 위한 수단과 방법을 강구하고 마지막으로, 문제해결 결과로 보이는 변화된 행동의 실천과 점검으로 습관화를 진행한다.

아주 단순하지만 평생을 좌우할 수 있는 '좋은 습관 길들이기'를 통한 자기계발의 방법은 진로의 설계와 취업을 위한 필수적 과정의 하나이다. 더불어 인성과 적성검사 등을 통하여 자신이 잘할 수 있으며 좋아하는 분야를 찾고 파악하는 일련의 과정이 또 다른 습관과 능력을 배양해 가는 과정이 되어, 내가 할 수 있는 창업이나 스타트업 분야에서도 찾아볼 수 있게 된다. 더불어 사회생활에 있어서 기본적으로 요구되는 자격증의 취득과 취직시험에 대비한 준비과정 그리고 언제나 소통이 가능한 어학실력의 겸비와 같은 실천적 요소들을 체계적으로 계발해 나갈 수 있어야 한다.

또한 지역사회와 국가적 차원에서의 청년창업과 취업을 위한 프로그램을 찾아서 직접 혹은 간접의 경험을 반복할 수 있어야 한다. 지금까지 생각하지 않았던 부분에서 좋은 습관을 길러 점진적으로 자기계발에 활용하여야 한다. 과거에 미국의 경영컨설턴트 스티븐 코비(Stephen Covey)는『성공하는 사람들의 7가지 습관』이라는 저술로 세계적으로 50개국 이상의 나라에서 해당국가의 언어로 번역되고 젊은이들의 성공을 위한 '컨셉'으로 알려진 바가 있다. 우리나라에서는 지금까지도 '300만 명 이상 한국 독자의 삶을 변화시킨' 저서로 소개되며 청년들의 자기계발 필독서로 읽혀지고 있다.

평소에 자신의 진로 디자인과 희망하는 미래직업을 쟁취하기 위하여 우리는 좀 더 구체적인 내용으로써 일찍부터 좋은 습관 들이기와 시간관리를 할 수 있어야 할 것이다. 당장 우리가 일찍부터 몸과 마음에 연마할 수 있도록 실행 가능한 습관을 변화시키는 5단계를 제시하여 보면 다음과 같다.

제1단계: 변화시키고자 하는 습관의 정체를 파악한다.

첫째, 나쁜 습관을 구성하는 행동을 정확히 찾아야 한다.

둘째, 나쁜 습관이 얼마나 자주 일어나는지 빈도를 측정한다.

셋째, 습관이 일어나는 전후 상황을 살펴본다.

넷째, 바꾸어야 할 습관의 근절방법 탐색을 찾는다.

제2단계: 습관변화를 목적으로 구체적인 계획을 세운 후 실행계약을 맺는다.

첫째, 계획은 구체적으로 세워야 한다.

둘째, 새로이 세운 습관을 실천하는 방법을 모색한다.

ex) 습관 변화를 통제하고 조언해 줄 만한 사람에게 자문을 구한다.

셋째, 가까운 장래에 달성할 수 있는 목표를 정한다.

넷째, 목표를 단계별로 나누어 차근차근 진행한다.

제3단계: 상황에 따라 습관 전후를 재점검한다.

첫째, 원하지 않는 습관을 일으키는 자극을 통제한다.

둘째, 원하지 않는 습관을 일으키는 반응을 의도적으로 예방한다.

셋째, 처벌규정을 이용하여 반복적인 나쁜 습관을 억제한다.

넷째, 새롭게 원하는 습관을 재탐색하고 최선의 것으로 바꾸어 실천한다.

제4단계: 원하지 않는 습관들 중에서 무엇이 행동을 강화시키는지 알아낸다.

첫째, 나쁜 습관을 계속 유지하는 결과들을 체크하고 제거방법을 모색한다.

둘째, 계속되는 원하지 않는 습관을 지속시키는 강화요인을 찾아서 제거한다.

제5단계: 바람직한 습관을 구체적으로 정하고 실천한다.

첫째, 좋은 습관을 계속 유지하고 강화하기 위하여 반복 · 실천을 생활화한다.

둘째, 좋은 습관을 실천한 다이어리 혹은 습관 길들이기 표를 작성해 피드백한다.

〈표 1-3〉 **거듭 나타나는 자신의 습관으로 장단점 찾기**

| | 좋은 습관 | 나쁜 습관 | 버려야 할 습관 |
|---|---|---|---|
| 장점 | •<br>•<br>•<br>•<br>• | •<br>•<br>•<br>•<br>• | •<br>•<br>•<br>•<br>• |
| 단점 | •<br>•<br>•<br>•<br>• | •<br>•<br>•<br>•<br>• | •<br>•<br>•<br>•<br>• |

장기적으로는 좋은 습관이 단점이 될 수도 있으며 때로는 나쁜 습관이 장점이 될 수도 있음에 유의하여 자신의 좋은 습관 길들이기를 활성화시켜 보자

### (2) 시간관리의 중요성

'시간은 우리를 기다려 주지 않는다.'는 말을 자주 듣는다. 그래서 흔히 '시간이 없다'는 말을 듣거나 스스로 사용하기도 한다. 사람은 시간을 효율적으로 '내가' 주도적으로 사용할 수 있을 때 시간이 요구되는 목표달성에 쉽게 접근할 수 있다. 시간관리의 중요성에 대하여 많은 표현들이 있다. 누구나 공감하는 시간관리의 중요성을 되새기며 이제 그것을 실천할 수 있어야 한다. 효율적인 시간관리의 방법들을 정리해 보면 다음과 같다.

첫째, 시간활용의 계획을 세워야 한다. 모든 일에는 앞뒤가 있고 선후를 내세워 중요한 일부터 먼저 해야 하는 것과 차례대로 순서를 만들어 일을 수행할 때 그 효율성이 나타나고 성과도 다르게 나타난다. 역설적 표현으로 서둘러서는 정상에 오를 수 없다는 것은 효율적인 시간관리 없이 혼돈의 상태로는 목표를 달성할 수 없다는 의미이다.

둘째, 시간활용의 방법으로 매사에 결단력을 가질 수 있어야 한다. 우유부단한 행동으로는 시간 낭비를 초래한다. 신속한 결정으로 무슨 일을 하거나, 정확한 판단에 의한 빠른 결정을 요구하는 경우가 많다. 사소한 것을 어떻게 할 것인지 망설여 결정하지 못한다면 시간 낭비다. 나아가 시간의 효율성을 염두에 둔 결단력은 전체적인 입장에서 정확한 판단력을 향상시킬 수 있다.

셋째, 시간활용의 내역을 만들어 가며 시간을 관리한다. 즉, 스케줄을 사용하여 우리의 활동을 계획하게 되면 일의 우선순위가 생기고 실천계획에 대한 점검까지 할 수 있다. 흔히 타임테이블, 시간표 작성의 중요성을 어린 시기부터 강조해 왔다. 시간활용의 중요한 동기가 낭비를 줄이는 것이므로 지금까지 활용한 시간 그리고 앞으로 필요한 시간 등을 체크해 가며 시간활용을 함으로써 중복되는 시간을 방지하고 여백의 시간을 효율적으로 이용할 수 있다.

넷째, 자투리 시간활용의 중요성이다. 즉, 여백의 시간이란 시간활용을 준비성 있게 진행하게 되면 생기지 않을 수도 있다. 그러나 일의 중요성이 매겨지고 휴식의 시간 등을 활용하는 과정에서 발생하는 여백의 시간이 있기 마련이다. 이 시간들을 업무(학생은 학습)의 효율성을 위한 재충전의 기회나, 건강을 위한 투자의 시간으로 이용할 수 있어야 한다.

마지막으로, 총체적 시간관리의 중요성을 알고 실천할 수 있어야 한다. 한번 주어진 기회는 또다시 오지 않는다. 우리가 실천에 옮길 수 있는 시간, 타이밍을 놓치지 않는 지혜가 곧 시간관리의 노하우이다. 이를 위하여 평소에 목표 세우기와 좋은 습관으로 길들여져 있다면 시간을 나의 것으로 만들어 삶을 주도적으로 만들게 된다.

'Time is Money'라는 말이 있듯이, 귀중한 시간의 효율적 관리를 위하여 다음과 같이 시간관리 매트릭스를 통해 활용해 보자.

〈표 1-4〉 **시간관리 매트릭스의 활용**

| | 긴급함 | 긴급하지 않음 |
|---|---|---|
| 중요함 | 〈I〉사분면<br>• 급박한 위기<br>• 당면 문제(입사시험, 면접)<br>• 마감 시간 임박 프로젝트<br>• 중요한 회의, 긴급한 보고 | 〈II〉사분면<br>• 예방, 준비, 계획 · 구상<br>• 재충전<br>• 필요한 휴식<br>• 자기계발(독서, 공부) |
| 중요하지 않음 | 〈III〉사분면<br>• 불필요하나 응답해야 하는 전화, 이메일<br>• 불필요한 보고서<br>• 사소하지만 바쁜 일<br>• 다른 이들의 사소한 문제 | 〈IV〉사분면<br>• 하찮은 일이나 활동<br>• 지나친 휴식<br>• 불필요한 전화통화<br>• 기타, 시간낭비 행동 |

- 〈I〉사분면은 중요하고도 긴급한 일의 영역으로 즉각 응해서 처리해야 하는 일
- 〈II〉사분면은 중요하지만 긴급하지는 않은 영역으로 시간 여유를 가지고 처리하되 빼 버리거나 거르지 말아야 할 일
- 〈III〉사분면은 긴급하지만 중요하지 않은 영역으로 마치 "긴급하다고 핑계 삼아 중요한 것처럼 보이는 일"들이며 쉽게 허비하는 일

- 〈Ⅳ〉사분면은 중요하지도 긴급하지도 않은 영역으로 되도록 다음으로 미루거나 하지 않는 편이 때로는 나을 수도 있는 일

참고로 〈Ⅱ〉사분면은 사전 계획을 세운 행동으로 미리 준비해서 시간낭비를 최소화하고, 효율적인 시간의 관리로 스스로 삶의 가치를 높이고 인간관계를 쌓아 가는 등, 육체적 정신적 자기관리를 위해 활동을 하는 시간일 경우가 많다. 그래서 우리는 평소 적절한 시간관리를 통해 〈Ⅱ〉사분면의 시간을 만들 수 있어야 하며, 또한 〈Ⅲ〉사분면과 〈Ⅳ〉사분면의 중요하지 않은 일 등에 낭비하는 시간 등을 관리하여 〈Ⅱ〉사분면으로 이동할 수 있도록 통제하여야 한다.

## 4. 디지털 시대의 대학생활

### 1) 대학의 기본에 충실한 지성과 낭만의 대학생활

첨단 전자장비로 중무장한 디지털 기기가 아무리 고도화되었다 하더라도 대학의 본질, 근원적인 존재의 의의는 인간과 자연에 대한 진리탐구와 자유를 기반으로 하는 학문연구이다. 즉, 인간사회에서 대학의 교양교육과 더불어 학문연구와 진리탐구의 중요성은 새삼 언급할 필요가 없다. 그중에서도 대학인들의 특권이라고 할 수 있는 '지성과 낭만'의 대학생활은 새로운 인류문화를 창조할 뿐만 아니라 당대의 사회와 문화를 선도하는 파이오니어 정신을 대변하는 것으로, 현대를 살아가는 사람이라면 누구나 부러워하고 꼭 한번은 즐겨보고 싶어 하는 청춘들의 창의적이며 도전적인 학문의 연구과정이며 문화활동이라고 할 수 있을 것이다.

과거 서울의 동국대학교의 대학보인 「동대신문」에서 "知性(지성)과 浪漫(낭만)의

調和(조화)"라는 제목의 사설을 읽은 적이 있다. 사설에서 '大學生活(대학생활)의 멋은 知性(지성)과 낭만의 화려한 조화에 있다'라고 전제하고, 대학생활은 젊음의 屬性(속성)으로 봐서 知的(지적) 意慾(의욕)이 가장 왕성한 때이며 가장 낭만적인 꿈과 정열을 불태우는 시절로 규정한다. 그러면서 의욕적인 대학생활은 무엇을 의미하느냐 하는 것에 대하여 그것은 世俗的(세속적)이거나 現實的(현실적)인 實利(실리)를 추구하는 따위는 아니다. 未來指向的(미래지향적)인 것과는 전혀 별개의 次元(차원)에서 이해해야 한다고 역설하고 우리는 비현실적 또는 理想(이상)追求(추구)의 열정적인 覇氣(패기)로 파악해야 한다. 여기서 대학생만이 누릴 수 있는 낭만은 知性的(지성적)으로 換骨奪胎(환골탈태)가 된 상황에서 파악해야 하고, 이런 뜻에서 대학생들 사이에서 오르내리는 낭만이 知性的(지성적) 調和(조화)를 이룰 것을 강변하고 있다. 나아가 젊음은 꿈과 覇氣(패기)의 대명사이므로 눈앞의 "實利(실리)로만 생활하다가 社會(사회)로 나간다면, 그런 사람에게서 무엇을 기대할 수 있을 것인가."라고 반문하고 "大學(대학) 출신다운 관용의 美德(미덕)과 폭넓은 교양인의 품위, 그리고 풍부한 人間性(인간성)과 包容力(포용력)은 知的(지적)인 낭만과 모험이 충만한 대학 시절에 길러야 한다."며 "우리는 대학생활의 精華(정화)라고 할 수 있는 健全(건전)한 知性(지성)과 낭만을 再吟味(재음미)하면서 낭만적인 대학생활을 영위해야 하겠다."(동대신문, [사설] 2016.12.13.)라고 결론 맺고 있다.

'지성과 낭만'의 대학생활의 精髓(정수)를 명쾌하게 제시하는 글이며, 오늘을 살아가는 대학생들에게 학문과 생활에 대한 지혜를 제공하는 나침판과 같은 역할을 하는 내용을 담고 있다. 지성과 낭만의 조화를 이룬 대학생활은 한 개인의 영광과 미래에 대한 성공을 보장하는 길이 될 것이다. 진로설계와 미래를 개척하는 우리는 대학이 갖고 있는 본래의 가치를 향유할 수 있는 지성과 낭만의 대학생활이 되어야 할 것이다.

## 2) 높은 이상과 엄혹한 현실

우리는 대학 입학 후 학과 신입생환영회나 MT의 모임에서 스스로 혹은 다른 사람에게서 왜 대학을 다니고 대학에서 무엇을 할 것인가에 대하여 한번쯤 생각을 하게 된다. 즉, 나의 대학생활의 목적이나 목표가 무엇인가에서부터 '삶'이라는 근본 문제에 대해서 깊은 고심을 할 때가 생긴다. '10년 후 나는 무슨 일을 하며, 무엇에 생의 가치를 두고 또 어떻게 생업의 수단을 얻고 살아가고 있을까?' 라고 막연히 의문이 반복되기도 하며 반면에 때로는 대학생활을 통해 앞으로 나아갈 방향과 꿈이 다 정해질 것이라 기대하거나 막연한 환상을 가질 수도 있다. 또한 스스로 미래 계획에 대해 평소에 고민도 하고 친구 학우들과 서로의 인생을 논하고 대학생활을 설계한다.

학창시절을 마지막으로 보낼 수 있는 대학은 지금까지의 이상과 졸업 후 곧 다가올 현실을 이어 주는 교두보가 되기도 한다. 내가 어떤 생각과 행동으로 이 교두보를 잘 활용할 수 있는가가 바로 이상적인 나를 현실 속의 나의 생활로 성공적으로 인도하게 될 것이다.

대학생으로서의 이상과 꿈이 반드시 실현될 수 있도록 우리는 많은 노력과 투자를 한다. 인생의 최고의 시기에 모든 노력과 지혜를 동원하여 우리의 일생을 위한 반석을 세우고 삶의 동력(힘)을 확보할 수 있어야 한다.

여기서 잠시 인도의 철학자가 소개하는 인간의 삶의 단계를 조명해 보면, 수많은 인도 철학자 중의 한 사람인 하인리히 짐머(H. Zimmer)는 힌두 철학에서는 삶의 길에 네 단계가 있다고 말한다. 첫 번째는 학생의 단계로 배우는 자로서 제자의 단계다. 하루 중의 아침에 해당하는 이 삶의 단계에서는 주로 스승의 명령에 복종하고, 그의 말씀에 귀 기울이고, 비판을 겸허히 수용하고, 정해진 원칙에 따라야 하며 모든 걸 받아들여야 한다.

하루 중의 정오에 해당하는 두 번째 단계에는 성인이 된 인간이 결혼하여 한 가정의 가장이 되고 자신의 가정을 책임지게 된다. 재산을 관리하고, 가족들의 생활비를 보조해 주고, 어떤 직업에 종사하고, 사회적 제약을 따르고, 그것을 다른 사람에게도 강제하기도 한다. 그는 사회와 가정에서 자신이 어떤 역할을 해야 하는지를 정해 주는 사회적 가면을 쓰라는 요구를 받아들인다.

훗날 삶의 오후에 해당하는 세 번째 단계가 되어서는 자식들이 그의 뒤를 이을 준비가 되면 인간은 사회적 의무와 가족 부양의 의무, 경제적 부담을 훌훌 벗어던져 버리고 은자가 된다. 바로 이것이 '숲으로 떠나는' 단계로, 여기서는 명상과 묵상을 통해 이미 오래전부터 우리 마음속에서 변하지 않고 있는 것, 우리 마음속에서 깨어나기를 기다리고 있는 것과 가면과 직무와 정체성과 역사를 초월하는 그 영원한 자아와 친숙해지는 법을 배워야 하는 단계라고 한다.

그리고 마지막 단계로 인간은 순례자가 되어 은자의 뒤를 이어받아 우리 삶의 끝없이 이어지는 찬란한 여름밤을 보낸다. 그 뒤로 이 삶은 이동으로 이루어지며, 여기서는 이곳에서 저곳으로 이동하는 끝없는 걷기가 이름 없는 자아와 이 세상 어디에나 존재하는 마음의 일치를 잘 보여 준다고 한다.

흔히 접하는 철학적 담론과는 다른 심오한 인도철학에서의 인간의 삶을 단적으로 표현하는 것이라 다소 이해의 어려움은 있으나 인간의 이상과 현실의 삶에 대한 단상을 보여 주는 글이다. 이와 같이 젊은 시절의 이상과 달리 계속 이어지는 삶에서의 현실은 매우 불안하고 초조하며 때로는 냉혹하기 그지없다.

그렇다면 대학생활의 이상과 현실이 이렇게 다르기만 한 것일까. 꼭 그런 것은 아닐 것이다. 우리가 생각과 마음을 굳게 하여 항상 우리의 이상은 패기와 열정으로 가득 채워서 현실의 엄중함에 주도적으로 대처해 나가는 지혜를 가져야 할 것이다.

### 3) 메타버스를 즐기는 학문연구와 자기계발

대학에서의 비대면 수업이 장기화되면서 대학마다 학업성취도를 극대화하기 위한 다양한 디지털 첨단기기들이 소개되고 활용을 확대해 나가며 중요한 수업의 도구가 되고 있다. 4차 산업 혁명 시대를 선언한 이후 우리나라도 첨단 디지털 기술의 고도화와 함께 인공지능의 시대가 산업 부문별로 현실로 나타나고 있다. 2016년 서울의 한 호텔에서 진행된 '알파고'와 우리나라 바둑계의 대표인 이세돌 9단과의 바둑 대국은 오늘을 살아가는 우리 모두에게 삶의 모습을 되돌아보게 만들었고 미래사회에 대한 진지한 과제를 제시해 주었다. 우리에게 주어진 미래사회의 과제는 아직은 이해하기 어려운 제4차 산업혁명의 흐름에 어떠한 형태로든 참여하여야 하고 지금 즐겨 보는 공상과학영화가 가상현실과 증강현실이 혼용되어 나타나면서 이제 우리 스스로가 삶을 창의적으로 개척해 나가야 한다는 메시지를 강력하게 보내오고 있다. 코로나19 팬데믹이 장기화되면서 우리의 대학가도 더 이상 소극적인 방법이 아니라, 메타버스를 활용한 대학과 학생들에 의하여 즐기는 모양새로 바뀌고 있음에 유의해야 한다.

2021년 11월 e대학저널지의 "취업도, 축제도 메타버스 시대"라는 제목의 보도에 따르면 디지털 기기를 활용한 메타버스의 특성과 장점을 살려 최근 대학 현장에서는 메타버스 도서관 개설을 비롯하여 메타버스 입학식이 거행되는가 하면 취업 상담, 대학 축제, 전시 등 다양한 분야에 활용되는 사례를 보여 주고 있다. 경희대학교와 중앙대학교에서는 취업 시즌을 맞아 메타버스 취업페스티벌 등을 진행하는 한편 메타버스를 통한 대학 축제와 MT, 졸업작품 전시회 등 행사 개최는 물론 영진전문대학교에서는 메타버스를 활용한 도서관도 개설돼 주목을 받고 있다. 또한 연세대학교 글로벌인재대학(GLC)은 학생 100여 명을 대상으로 넷플릭스 오리지날 드라마 '오징어게임'을 주제로 메타버스 MT를 진행했으며 메타버스 공간에서 '무궁화 꽃이 피었습니다' 게임과 조별 랜선 파티, 오디션 프로그램 'GLC GOT TALENT' 등을 진행하며 학생들과 교류를 더욱 활성화하는 모습을 보여 주기도 하였다. 또한 경희대학교에서는 메타버스로 시공간 제약 없는 취업 상담을 제공하는 여유를 보여 주며 코로나19 상황으로 참여가 어려운 학생들을 위해 메타버스 취업박람회 잡 페스티벌(Job Festival)을 열었다.

급변하는 디지털환경과 더불어 메타버스의 적극적인 활용의 이면에는 우리가 향후 미래세대로서 앞으로 다가올 세상에 대한 예언으로써 훨씬 더 피부에 와닿는 표현, 즉 "10년후 일자리 60%는 아직 탄생하지도 않았다."라고 언급한, 구글이 선정한 미래학 분야 권위자 토마스 프레이(Thomas Frey, 다빈치연구소 소장)의 주장을 한번 더 주목해 보아야 한다. 미래사회에 대한 불확실성과 경외감 그리고 심지어 두려움에 대한 이중적인 표현이라고 할 수 있다. 이제 불확실성에 대한 경외심을 극복할 수 있는 것은 끊임없는 진리 탐구를 묵묵히 수행해 나가는 우리 대학인의 학문하는 자세에서 찾을 수 있다고 확신한다. 이처럼 '본질적 원칙'에 기반을 둔 미래사회를 탐구하는 학문에 대한 자세는 매우 어렵고 힘들며, 시대적 상황을 간과하는 이상주의라고 매도될 수 있다. 그러나 우리가 대학인이라면 반드시 지녀야 할 역사적 사명이라는 것을 잊지 말아야 한다.

오히려 21세기를 살아가는 대학생들의 진로 개척의 고민과 탐색은 여기에서 출발해야 한다. 미래학자들뿐만 아니라, 동서양의 창업 성공자들의 후일담은 자신들의 미래사회에서의 역할을 강조하고 있다. 심지어 창업 컨설턴트들은 '먹고살기 위한 직업'을 구하려 하지 말고 '놀기 위한 창업'을 주장하고 있다. 여기서 논다는 의미는 자신만의 일, 즉 내가 하고 싶은 일, 잘할 수 있는 일을 찾아서 즐기라는 의미이다. 진리 탐구에 대한 우리의 태도가 이와 같이 되면 지금 우리는 무슨 직업을 선택하고, 살아가는 방법을 찾아야 할 것이며 또 어떻게 주도적인 삶을 살아갈 수 있느냐에 대한 긴박감과 위기의식을 느끼지 않을 수 없을 것이다.

결국, 메타버스 시대를 즐기되 우리의 불확실한 미래를 보장받기 위해서는 더욱 본질적이며 원칙적인 학문연구를 바탕으로 대학의 기능적인 측면에 충실히 대처해 나갈 때 성공적인 대학생활과 미래를 보장받고 주도적 삶을 영위하게 될 것이다.

02 CHAPTER

# 제4차 산업혁명 시대를 살아가는 지혜

## 1. 첨단 현대사회의 이해

### 1) ICT 시대와 제4차 산업혁명

지금 우리는 매우 광범위한 분야에서 빠르게 변화하는 4차 산업혁명의 시대를 살아가고 있다. 해마다 연초에, 스위스의 중소도시 다보스에서 개최되는 세계경제포럼(WEF)에서 클라우스 슈밥(Klaus Schwab)[1] 회장은 "우리는 지금까지 우리가 살아왔

---

1) 현재 흔히 사용하는 경제용어로써 '제4차 산업혁명'의 주창자인 클라우스 슈밥(독일인, 세계경제포럼 설립자)은 코로나19 팬데믹 현상 이후 나타나는 제4차 산업혁명의 뉴 노멀 시대를 『COVID-19:The Great Reset』이라는 저술을 통해 향후 전개될 인간사회와 국제경제의 방향을 '강력한 리셋'이 필요한 시기로 규정하고, 포스트 코로나 시대의 경제 및 사회변동의 어젠다를 거시적, 미시적 그리고 개인적 차원에서 트렌드와 새로운 개념들로 제시하고 있다.

고 일하고 있던 삶의 방식을 근본적으로 바꿀 기술 혁명의 직전에 와 있다. 이 변화의 규모와 범위, 복잡성 등은 이전에 인류가 경험했던 것과는 전혀 다를 것이다."라고 제4차 산업혁명의 중요성을 거듭 제시하고 있다. 4차 산업혁명은 현대를 살아가는 우리가 이해하여야 할 중요한 화두일 뿐만 아니라 이제는 보편적으로 사용하는 경제 · 사회적 용어가 되었다. 4차 산업혁명이 현재진행형이기 때문에 디지털 기기의 수준과 기술 그리고 그에 대한 경제 · 사회적 영향력의 평가를 어떻게 이해하여야 할지 의문이 있는 것도 사실이다.

현실적으로는 경제와 경영 분야의 전문가들은 생산중심의 사회에서 소비중심의 사회로 그리고 2차산업 주도형에서 3차산업 시대의 확산이라는 4차 산업혁명 특징이 직업의 세계와 노동시장에 미치는 영향이 과거의 산업혁명과는 차원을 달리하고 있다는 것을 주장한다. 무엇보다 '코로나19 팬데믹'을 겪으며 우리는 생활 현장에서 비대면과 자율기능을 활성화한 디지털 기기의 성능을 충분히 경험하고 있으며 로봇을 비롯하여 4차 산업혁명의 결과물들과 함께 알게 모르게 생활하고 있다. 이와 같은 디지털 기기에 의한 급격한 사회환경의 변화와 함께 미래사회에 대한 불확실성은 더욱 커지고 있는 것도 사실이다. 지금까지 막연히 편리하게 활용하고 있는 모바일 기기나 인공지능이 탑재된 산업용 기계나 생필품에 대한 더욱 구체적인 이해가 필요한 만큼 4차 산업혁명에 대한 더욱 확실한 이해와 향후 방향성에 대한 예측이 특히 요구된다고 할 것이다. 나아가 우리 대학인들은 학교생활을 떠나 직업을 구하고 미래를 설계해 나가야 할 중차대한 시점에서 매우 현명한 대처가 필요하며 디지털 환경에 대한 정확한 이해가 그 어느 때보다 절실하다 할 것이다.

### (1) ICT 사회의 이해

현대사회는 초고속의 정보화 사회라고 규정하고 있다. 나아가 정보화 사회를 의미하는 IT 시대를 넘어 정보통신이 고도화된 ICT 사회라고 전문가들은 주장한다. IT의 의미가 인터넷, 휴대전화 등에 사용되는 전반적인 기술을 말하는 개념이라면, ICT는

IT라는 정보화 사회의 용어에서 통신(Communication)에 관련된 사업만을 지칭하는 것으로, IT의 포괄적 의미 속에 포함되는 개념이다. 즉, ICT는 IT 범주 내에서 통신사업과 관련된 부분만 지칭하는 것이다.

인터넷을 기반으로 모든 것이 연결돼야 유기적으로 반응하는 다방면에 있어서 쌍방향 연결사회가 펼쳐지고 있다. 독자적 기술로 주도적 생태계를 만들어 가던 아날로그 시장 지배 전략은 이제 더 이상 글로벌 디지털 시장에서 통하지 않는다. 정보화 사회의 끊임없는 진화는 세상의 변화를 주도한다. 변화하는 세상에 걸맞게 우리의 사고와 행동도 변해야 한다. 변화의 주제는 미래사회에서 특히 요구되는 융합과 협업의 세상이다. 각 분야에 흩어져 있는 역량들을 찾아내 서로 묶어 내고 지금까지 모습의 ICT를 정확히 이해하여 세계를 무대로 경쟁력을 갖출 수 있도록 변화해야 하는 것이다.

출처: 스마트아카데미(http://smartacademy.tistory.com/32 ; ICT란 무엇인가?).

[그림 2-1] ICT의 상징의미들

20년 이상 책상 위에서 펼쳐지던 인터넷 세상은 이제 스마트폰을 중심으로 모바일에 의하여 활용될 뿐만 아니라, 어느 날 갑자기 IOT(사물인터넷)라는 이름으로 우리들의 삶에서 언제나 어디서나 활용 가능한 형태로 매우 빠르게 진화하고 있다. 사물인터넷은 스마트 디지털 시대에 상응하는 벤처기업 육성과 새로운 시대에 맞는 기술을 효율적으로 여러 가지 형태로 사람들에게 습득되고 있다. 이러한 스마트기기를 기반으로 하는 ICT 시대의 편리함과 유용성은 인간의 삶의 방식은 물론 인간사회의 모습을 엄청나게 변화시키고 있다. 그것도 매우 빠른 속도로 다양한 분야에서 일어나고 있다는 점에 유의하여야 한다. 예를 들면, 자동화된 스마트 디지털(Automated smart digital) 기술의 발달은 산업환경에서 단순 반복적 노동력을 대체하면서 감성 · 상상력 · 창의력을 지닌 인재 채용을 증가시킬 것으로 예고하고 있다. 이에 따라 사람들은 자신의 취향과 감성 등에 따른 생활방식을 구현하고 이제는 스마트한 산업구조가 이에 맞춰 변화할 것으로 예측할 수 있다. 참고로 ICT 산업의 예를 들어 보면, 우리와 관계 깊은 e러닝방식의 원격수업을 비롯하여 소셜네트워크(SNS), 플랫폼, 모바일 컨텐츠, 스마트폰워치, 태블릿PC용 앱 그리고 클라우드, 전사적 모바일 프로그램 등이 있다. 이러한 콘텐츠가 우리의 다가올 미래직업과 큰 관계가 있다는 점에 유의하여야 할 것이다.

ICT 시대의 미래직업과 관련하여 우선 예상해 볼 수 있는 것은, 스마트 디지털 경제활동의 생산성 향상에 따라 기존의 획일적인 전일제 근무에서 탈피하여 탄력적이고 유동적인 근무가 가능하게 된다. 이미 구글을 비롯한 첨단 IT분야의 기업들에서 이러한 기업경영이 일상화되고 있다. 뿐만 아니라 노동의 질적 측면에서 근로기준 관련 법제의 정비와 기업 인사관리 제도의 근본적 변화의 필요성이 부각된다. 또한 스마트 디지털 인프라에 기초한 다양한 산업과 문화콘텐츠의 개발 및 유통부문 비즈니스 영역의 창업이 활성화될 것이라고 예측하고 있다.

따라서 우리는 보다 확실하고 준비 가능한 ICT 사회를 대비하면서 취업과 창업 등 직업개발에 임하여야 한다.

### (2) 제4차 산업혁명의 이해

제4차 산업혁명은 인공지능에 의해 자동화와 연결성이 극대화되는 산업환경의 광범위한 변화를 의미하는 것이다. 2011년에 '인더스트리 4.0'이라는 주제로 독일의 산업정책에서 생산효율이 고도화된 '스마트 공장'을 실현하려는 것에서 맨 처음 사용되었다. 2010년 당시, 독일 정부가 내세운 '하이테크 2020'이라는 산업정책에서 처음 「INDUSTRY 4.0」이라는 용어가 생겨나서 사용되었고 2014년 4월에는 「INDUSTRY 4.0」백서가 발표되었다. 아이러니하게도 「INDUSTRY 4.0」이 포커스를 맞추는 곳은 IT 분야가 아닌 제조업 분야였다는 것이다. 제조업의 혁신적 생산방식, 즉 '스스로 생각는 공장'이라는 스마트한 공장의 생산 메커니즘으로 생산라인의 효율성과 획기적 생산성의 향상에서 출발해서 제조업의 전 영역에서 확산하기에 이른다. '모든 산업을 혁신한다'는 슬로건으로 스타트업 방식의 빠른 업무 진행으로 지난 산업사회는 질적 양적으로 업그레이드된 기업체계를 바꾸는 것을 강조한다. 그리고 그 중심에는 사람이 변혁의 원동력으로 기업의 철학까지 쇄신함으로써 근본적 가치관을 바꾸어 사람을 움직인다는 것이다.

18세기 중반, 증기기관의 발명으로 기계화, 자동화 그리고 대량 생산체계를 이룩한 제1차 산업혁명 이후 생산에너지의 변화를 모색하여 전기와 컨베어 시스템에 의한 생산성 제고에 획기적 변화를 가져오는 2차 산업혁명을 일으켰다. 그리고 컴퓨터에 의한 제어시스템의 개발과 계속된 PC와 IT산업의 발전으로 3차 산업혁명으로 이어졌으며 이제 인간이 사물인터넷과 인공지능으로 연결된 4차 산업혁명의 시대를 맞이하고 있다는 것이다.

현재의 4차 산업혁명은 디지털혁명이라는 3차 산업혁명 과정의 기반 위에서 창조되고 있다고 평가된다. 4차 혁명의 특징은 디지털, 바이오 등 기술 사이의 융합이다. 전문가들은 이 융합으로부터 새로운 창조가 이뤄질 것으로 예상한다.[2] 빅데이터, 인공지능, 3D프린팅, 자동차의 자율주행 기능, IoT, 바이오 테크놀로지 등이 이미 알려진 4차 산업혁명의 주요 기술이다. 그리고 끊임없는 기술혁신이 4차 산업혁명의 역동성을 상징한다. KAIST 이민화 교수에 의하면 4차 산업혁명으로의 이행은 '모든 것이 연결되고 보다 지능적인 사회로의 진화'라고 요약한다. IoT와 인공지능을 기반으로 사이버 세계와 물리적 세계가 네트워크로 연결돼 하나의 통합 시스템으로서 지능

2) 경향비즈, [경제Talk] 다보스포럼, 제4차 산업혁명을 논하다(2016.1.20.일자)
http://biz.khan.co.kr/khan_art_view.html?artid=201601200957091#csidx33477636e774bef83f0d61a4ff96b35

형 CPS(cyber-physical system)을 구축할 것이란 예측이다.

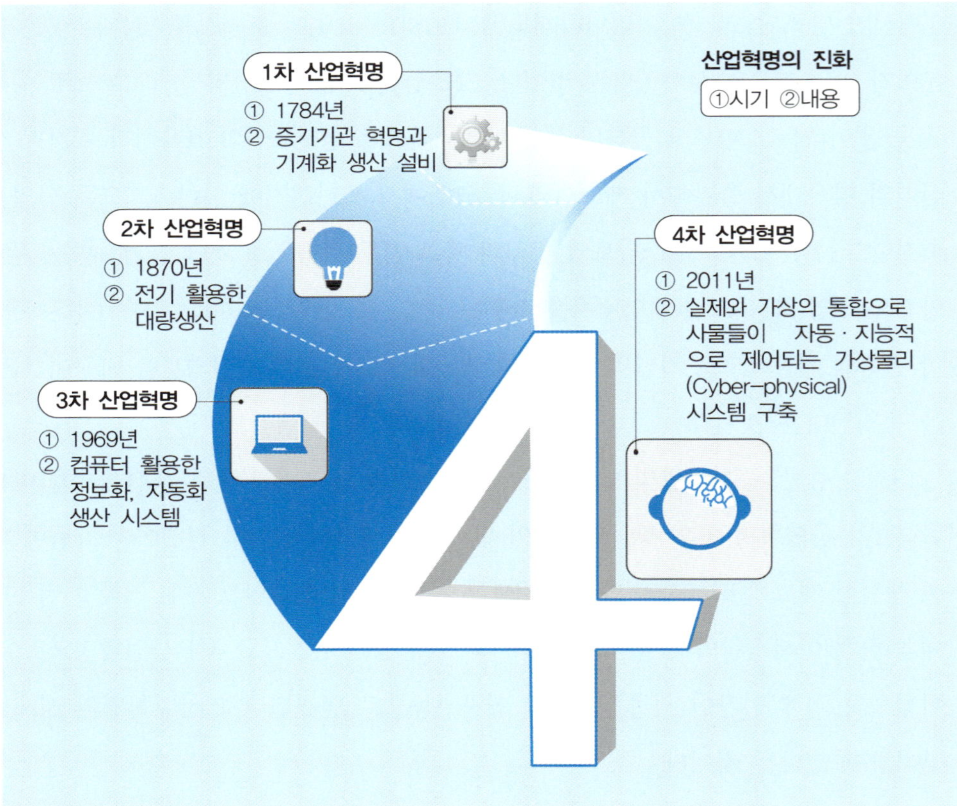

| 제1차 산업혁명 | 제2차 산업혁명 | 제3차 산업혁명 | 제4차 산업혁명 |
|---|---|---|---|
| 18세기 | 19세기~20세기초 | 20세기 후반 | 2011년~ |
| 증기기관 기반의 기계화 혁명 | 전기 에너지 기반의 대량생산 혁명 | 컴퓨터와 인터넷 기반의 지식정보 혁명 | IoT/CPS/인공지능 기반의 초지능 혁명 |
| 증기기관을 활용하여 영국의 섬유공업이 거대산업화 | 공장에 전력이 보급되어 벨트 컨베이어를 사용한 대량생산 보급 | 인터넷과 스마트기기 혁명으로 세계적 글로벌 IT기업 탄생 | 사람, 사물, 공간을 초연결, 초지능화하여 산업구조 사회구조 혁신 |

[그림 2-2] **산업혁명의 진화**

4차 산업혁명의 핵심은 융합이다. 클라우스 슈밥 회장은 "물리적 시스템 · 전자적 시스템 · 생물적 시스템이 융합한 인류 역사 최대의 혁명이 되어 쓰나미처럼 밀려올 것"이라고 주장하고 있다. 사물인터넷과 인공지능을 기반으로 사이버 세계와 물리적 세계가 네트워크로 연결돼 하나의 통합 시스템으로서 지능형 CPS(cyber-physical system)을 구축할 것이란 예측이다. 이 상태에서 각각의 하드웨어들은 스마트폰처럼 데이터를 축적해 이를 필요에 따라 해석해 가며 스스로 자동 갱신한다. 이 같은 과정을 통해서 제조업과 인간을 둘러싼 시스템 운용방식은 대폭적인 변화를 초래할 수밖에 없다는 것이다. 요약하건대 클라우스 슈밥 회장은 제4차 산업혁명의 시대는 "우리는 지금까지 우리가 살아왔고 일하고 있던 삶의 방식을 근본적으로 바꿀 기술 혁명의 직전에 와 있다. 이 변화의 규모와 범위, 복잡성 등은 이전에 인류가 경험했던 것과는 전혀 다를 것이다."라고 전 세계의 정치 경제 지도자들이 모이는 2016 다보스 포럼에서 주장하고 책(Schwab, 2016)으로 발행하여 전 세계인들에게 메시지를 전하고 있다.

결국 제4차 산업혁명의 시대에 진로를 탐색하여야 하는 우리의 마음가짐은 새로운 사고에 의한 패러다임의 '융합적 변화'를 모색하여야 한다는 것이다. 취직이나 직업 구하기의 일방적 탐색보다는 취업과 창업을 동시에 추구하는 한편 이 두 가지를 혼용하여, 예컨대 창직이라는 진로전략을 모색해 볼 만하다.

제4차 산업혁명의 현대사회에서 우리의 미래탐색을 위해 한 가지만 더 강조하고 넘어가야 할 사안이 바로 인공지능의 시대가 점차 현실화되고 있다는 것이다. 2016년 봄, 서울의 한 호텔에서 진행된 알파고와 이세돌 9단의 바둑 대국은 오늘을 살아가는 우리 모두에게 삶의 모습을 되돌아보게 만들었고 미래사회에 대한 진지한 과제를 제시해 주었다. 우리에게 주어진 미래사회의 과제는 제4차 산업혁명의 흐름에 능동적으로 참여하고 공상과학영화가 현실화되는 삶을 창의적으로 개척해 나가야 한다는 것이다. 앞에서 살펴본 "10년 후 일자리 60%는, 아직 탄생하지도 않았다."라는 말은, 제4차 산업혁명의 시대로 대변되는 새로운 패러다임의 시대가 우리에게 반드시 긍정적 의미로 다가오는 것이 아니며 지금 우리는 어떤 직업을 선택하고 살아가는 방법을 찾아야 할 것이며, 또 달리 어떻게 주도적인 삶을 살아갈 수 있느냐에 대한 긴박감과 위기의식을 느끼지 않을 수 없다. 21세기를 살아가는 대학생들의 진로개척의 고민과 탐색은 여기에서 출발해야 한다. 이에 관한 내용은 다시 미래의 직업연구와 취 · 창업환경의 변화에 관한 논의에서 구체적으로 살펴보게 될 것이다.

## 2) 현대사회의 특징

### (1) 현대사회와 인간의 삶

우리가 굳이 역사상 시간의 관점에서 현대를 21세기 혹은 새로운 시대라고 주장하지 않더라도 이미 살펴본 바와 같이 모든 분야에 걸쳐서 엄청난 변화를 요구하는 제4차 산업혁명의 정보화 사회, 정보기술 혁명의 시대를 살아가며 현재의 대학인들에게는 일상이 되었음을 이미 알고 있다. 그래서 자주 메타버스를 상용화하여 가상현실과 증강현실을 혼합한 시대를 살아가고 있다.

끊임없이 발전하는 과학기술에 의한 정보혁명은 인간 삶의 형태를 신속히 변화시키면서 새로운 직업과 정치 환경 그리고 새로운 경제 패턴을 만들었다. 그러면서도 우리는 이러한 정보에 맞서고 이해하는 훈련을 올바르게 습득할 수 있는 기회도 없이 오히려 매일같이 정보의 홍수 속에 살아가고 있다. 더욱이 과학기술혁명의 과정과 속도는 더욱 가속화되고 있다.

이미 오래전 다니엘 벨(Daniel Bell)과 피터 드러커(Peter Drucker)는 우리가 살아가야 할 21세기는 정보화 사회, 지식사회, 탈공업사회로 나가게 될 것이라고 규정하였다. 미래학자들은 현대사회의 특징적 현상으로 경제부문에서는 서비스 중심의 경제로 변화를 예견하고 이에 따라 직업구조에 있어서 전문직, 기술직의 비교우위를 역설하였다. 그리고 이론적 지식이 강한 자만이 살아갈 수 있도록 지식을 단위로 조직되고 사회적 관리 및 기술혁신을 변화의 목표로 설명한다.

중요한 점은 현대사회에서 이러한 이론적 지식이 사회의 전략 자원인 동시에 사회관계 확립을 위한 원리가 된다는 점이다. 말하자면 산업사회는 에너지와 대량생산에 의존하고 물질적 경쟁이 지배적이지만 현대의 정보화 사회에서는 정보와 정보의 처리에 의존하고 인간의 지식정보력에 의한 경쟁이 지배적인 사회가 된다는 주장이다. 정보화 사회는 이상과 같은 사회구조의 본질적 변화를 불러일으키는 과학기술의 급속한 발달을 전제로 하고 있음을 이미 알고 있다.

산업혁명 이후 어느 사회를 막론하고 인간의 삶에 많은 변화를 가져왔지만, 그 변화의 과정과 속도 그리고 폭이 지금만큼 빠르고 광범위한 사례는 없다고 해도 과언이 아니다. 그중에서도 과학기술의 발달은 현대사회변화의 핵심적인 요인이라서 우리는 혁명적 변화라고 규정한다. 또한 과학기술의 발전과 발달은 동시에 다른 분야의 연쇄적인 변화의 중요한 원인이 되기 때문에 더욱 우리에게 절박하게 닥쳐오고 있다는 사실에 두려움까지 느끼고 있다.

미래학자 허만칸(Herman Kahn)은 현대사회 변화의 특징으로 우선 과학기술의 발달이 더욱 촉진될 것으로 전망하였다. 과학기술의 발달은 종래 생산수단과 기술에 익숙해 있는 모든 사람에게 새로운 학습을 강요하고 있다는 것이다. 또한 산업구조의 변화에 따른 새로운 시설 투자에 의한 직업환경의 확대와 경제 패턴의 변화를 가져오고 그에 의한 인구이동이 필연적으로 증대되고 있다는 것이다.

그러나 현대사회는 물질적 번영은 이룩했으나 과학기술 지상주의의 한계에 따라 도덕과 인간성 상실 현상이 그 어느 때보다도 심각하게 나타나고 있다. 중세 말의 르네상스가 신과 종교로부터 인간의 재발견이라면 이제 제2르네상스 운동으로 현대 물질문명과 과학기술의 오류를 극복하고 인간이 원래 모습을 다시 발견하여 도덕과 인간성을 회복하고 인생의 보람과 사회적 평화를 실현하자는 운동을 벌이는 것 역시 현대 과학기술사회의 특징적 현상이다.

### (2) 현대사회의 특징

고도화되어 가는 물질문명과 함께 현대 과학기술의 발전이 초래하는 문제점과 부작용에 대한 비판 또한 적지 않다. 과학발달의 이면에는 발달을 위한 인위적 희생과 자연의 훼손과 오남용이 필연적으로 발생하게 된다. 그리하여 최근 자연환경을 원래의 모습대로 원상복구를 전제로 탄소배출권에 관한 문제를 비롯해 기업활동에 친환경의 사회적 책임경영으로 지배구조를 개선하자는 ESG(environmental social and governance)경영 방법론이 제기되어 각국에서 위원회 활동으로 활성화되고 있다. 현대사회를 의미하는 도시화와 공업화 그리고 자본주의적 사회경제구조의 일반화는 인간의 공동생활에 양면성으로 나타나고 있다. 일반적으로 나타나는 과학기술의 발달과 인간의 생활, 인간과 인간 상호 간의 문제, 인간과 사회의 관계 그리고 인간과 자연환경 등에서 발생하는 문제점들이 보편성의 균형을 깨뜨리는 결과를 초래하였다는 점 등이 현대사회의 특징적 현상으로 나타나고 있다. 이러한 특징을 요약해 보면 다음과 같다.

첫째, 과학기술의 발전과 과학만능주의 사고는 인간들의 문화적인 삶이나 상호작용, 보편적 삶의 가치 등을 왜곡하고 위축시켜 기형적인 현상으로 나타나 코로나19 팬데믹과 같은 질병을 초래하기에 이르렀다. 둘째, 과학기술의 혜택은 하나의 수단 혹은 힘으로서 그것이 인간 모두에게 골고루 돌아가지 않고 일부 사람들에게 집중되었기 때문에 그 자체가 불평등이기도 했지만, 특히 경제적 문제에 의한 불평등을 심화시키면서 인간 상호 간에 지배와 피지배의 관계로 나타나는 결과를 초래하기도 하였다. 현대사회에서는 발전된 공학 기술과 과학기술을 소유하고 상업적 경제행위가 고도화된 자본가들의 '부의 축적'을 한층 더 편리하게 해 주었으며, 직접적 혹은 간접적으로 노동자에 대한 예속적 관계를 강화시켰다. 셋째, 인간과 인간 사이의 불평등과 지배관계에 의하여 발생한 부작용과 마찬가지로, 과학기술은 서양과 동양, 선진국과 후진국 사이의 불평등과 주종관계를 심화시키는 데 중요한 요인으로 작용하고 있다. 넷째, 디지털 시대의 혁신적 변화는 심지어 자연 생태계의 균형을 파괴하는 힘으로 작용하였다. 과학기술의 발달과 응용이 수반한 이와 같은 문제점과 부작용은 사실상 과학 기술주의에 대한 지나친 낙관적 태도 등의 문제점이 대책 없이 되풀이되면서 불균형으로 나타나는 부작용이다.

궁극적으로 인간과 인간사회에 대한 긍정적이며 낙관적으로 작용을 기대했던 과학과 기술의 고도화는 짧은 시간에 인간사회와 인간 주변의 자연환경에 훼손과 파괴의 모습으로 나타나 지구 온난화와 기상이변과 같은 돌이킬 수 없는 환경의 변화 등을 가속화하고 있는 것도 특징이다.

### (3) 특징적 변화의 현상

최근 코로나19 팬데믹을 비롯한 국경을 초월한 전염병 그리고 급격한 기후변화와 같은 자연재해 등 다양한 원인으로 현대사회는 여러 가지 모습으로 변화하고 있다. 이러한 변화의 과정은 사회체계, 즉 사회구조와 제도의 전반적인 변화를 수반하게 되는데 여기에는 생산력의 변화를 통한 새로운 부의 탄생과 소비 그리고 새로운 화폐가 등장하고 있다. 뿐만 아니라, ICT업종 중심의 도시편중에 의한 과도한 성장과 그 정반대로 노령화 사회로 인한 도시소멸과 같은 양극화 현상 등이 나타나고 있다. 현대사회 변화의 특징적 현상들을 요약하면 다음과 같다.

첫째, 개인의 가치관 등 기본적인 것에서부터 변하고 있다. 즉, 지금까지의 가족중심적 또는 공동체 의식의 가치관에서 개인 중심의 가치관으로 급속히 변해 왔다. 이것은 곧 전체 사회문화의 공통성과 다양성으로 변하게 만들고 있으며 여기에는 집단적 사고보다 개별적 사고를 중요시하는 개인주의가 팽창되고 있다. 또한 개인의 장래 문제는 개인이 책임지는 책임주의로 팽배되어 각 개인으로 하여금, 사회에 잘 적응할 수 있는 능력을 갖추도록 요구하고 있다. 따라서 개인은 스스로 그의 욕구충족을 위하여 필요한 교육 등 다양한 문화 활동에 참여하게 되고 인간들은 그러한 기회를 얻고자 노력하고 있다.

둘째, 개인의 가치관 변화에 따라서 개인으로 구성되는 집단의 역할도 변하게 되었다. 즉, 지금까지 집단은 일차적 집단과 이차적 집단(이익 집단)으로 분류되어 오던 개념이 단일화된 이차적 집단으로 공동화되는 현상을 초래하게 되어 그 집단의 역할이 변하게 되었다. 과거의 일차적 집단은 주로 그 집단구성원 상호 간의 상부상조와 정신적 결합을 통해 집단구성원의 만족감을 충족시켜 왔으나 현대사회에서는 주로 외부적 요인에 의해 구성원의 만족감을 좌우하게 되었다.

공동체의 구성이 유사한 집단이라 하여도 그 구성원들의 사회적 지위가 어떤 사람들로 구성되는가에 따라 다른 구성원들의 소속감에 영향을 주고 있다. 예를 들면, 구성원 중에 사회적으로 인정되는 정치가, 경제인 또는 지식인들이 소속되어 있으면 그 집단은 활성화되고 그렇지 못하면 그 집단은 지속적으로 집단으로서 유지되기 어렵게 되는 경우를 많이 볼 수 있다.

셋째, 현대사회에서의 조직은 과거보다 매우 복잡다양하며 대규모화되어 거대한 관료성을 띠게 되었다. 이것은 곧 조직에 대한 익명성을 보장하게 되면서 사회적 역할 관계에서도 조직 간의 유기적 관계보다 조직의 이해관계에서 조직 활동이 전개되게 되었다. 뿐만 아니라 어떤 조직의 다른 조직과의 관계는 기능적으로 상호협조적 관계보다는 갈등적 관계로 등장하게 되었으며 그러한 갈등 관계에서 낙오되는 조직은 힘없이 해체되는 현상들을 많이 볼 수 있다.

넷째, 우리의 사회구조의 변화는 혁명적이라 할 만큼 급변하고 있다. 도시와 농촌 간의 인구구성의 변화, 새로운 남북의 갈등, 부익부 빈익빈의 심화 현상, 여성 차별의 극복과 여성인력의 진출 확대 그리고 새로운 지구환경의 개념이 등장하기에 이르렀다.

다섯째, 21세기는 문화의 세기라고 규정될 정도로 문화의 영향력이 매우 커졌음을 어느 누구도 부인할 수 없다. 따라서 고전적 단순한 영역에서의 문화들이 이제 과거와는 전혀 다른 새로운 모습으로 우리에게 다가오고 있다. 우선 규모 면에서 그것은 상상을 불허할 정도로 확대되었으며, 내용 면에 있어서 과학기술의 발달과 더불어 다양한 영역이 상호교호작용으로 특정한 분야를 초월한 모습으로 우리에게 다가오고 있다.

다음 문화 · 예술적인 면에서 살펴보면, 음악에서 시작된 인간예술의 발달은 산업혁명이 발생하기까지 1차원적으로 진행되었다. 즉, 과학이 급속도로 발전하기 이전에 음악과 연극, 문학, 미술, 무용 그리고 건축이 인간의 내적 세계의 승화된 모습으로 다양한 인간의 심성을 반영한 것이었다면 이후 제7의 예술로써 영화 그리고 사진과 만화에 이르기까지 그것은 종합예술 등으로 표현되고 있다.

그러나 컴퓨터에 의한 통신과 정보의 혁명이 시작된 현대사회에서는 예술발전의 예측을 힘들게 하고 있다. 그것은 엄청난 변화를 전제로 제10의 예술로만 표현될 뿐 아직까지, 어떤 장르로 나타날지 예측을 불허한다. 미술과 음악의 만남, 인간 행위와 건축의 만남 등 복합예술을 나타내고 있을 뿐만 아니라, 컴퓨터와 인터넷에 의한 또 하나의 예술에 대한 표현은 추측만 가능할 뿐이다.

## 2. 현대사회의 구조적 변화와 환경변화

### 1) 패러다임의 변화

현대사회에 대한 보편적 이해와 특징적 현상으로 ICT 사회의 이해와 함께 빠르게 변화하는 모습을 살펴볼 수 있었다. 이제 일상의 생활방식에서는 물론 미래의 환경변화에 대한 이해, 즉 인간의 삶과 사회구조에 있어서 패러다임의 변화에 대비하여야 한다. 이미 현대사회에 대한 개념정의는 너무나 다양하고 현대사회를 규정짓는 사람마다 각양각색이다. 이것은 현대사회의 특징과 의의가 다양한 만큼 곧 현대사회의 복잡성을 대변하는 것이라 할 수 있다. 불과 수년 전까지도 산업사회의 구조에서 생활방식을 찾았으나 이제 우리는 누구도 거역할 수 없는 정보화 사회의 생활방식에 익숙하게 살아가고 있다. 이러한 현대사회의 출현에 대한 규정은 이미 1960년대에 '자본주의 이후의 사회'를 '지식사회'로 설명하는 피터 드러커 그리고 '제3의 물결', '미래의 충격'이라는 주제로 미래를 예견한 앨빈 토플러(Alvin Toffler)와 같은 사회와 경제 분야의 학자나 전문가들이 정보기술 사회, 정보화 사회로 규정하였다. 이러한 사회 구체적 현상들을 되돌아 살펴보면, 지금까지 우리 인간사회는 초기 유목 생활을 벗어나 정착 생활을 가능하게 하였던 1만 년 전의 '농업혁명' 이후 2,500년에 걸쳐 농경사회를 겪었다. 그리고 인류문명의 획기적 전환을 이룩한 산업사회를 가져온 270여 년 전의 '산업혁명'이 있었으며, 이제 최근 불과 25년에 걸쳐 인류역사에 일찍이 경험해 보지 못한 새로운 과학적, 기술적 혁명이 도래하였으니 우리는 그것을 일컬어 '디지털혁명[3)]'의 시대 그리고 이제4차 산업혁명의 현대사회를 요약 설명하고 있다. 그동안의 사회구조의 패러다임의 변화를 도표화해 보면 〈표 2-1〉과 같다.

〈표 2-1〉 **사회구조의 변화와 단계별 내용 차이**

| 사회 / 내용 | 농업화 사회 | 공업화 사회 | 정보화 사회 | 창조화 사회 | 미래 사회 |
|---|---|---|---|---|---|
| 물결단계 | 제1의 물결 | 제2의 물결 | 제3의 물결 | 제4의 물결 | 제5의 물결 |
| 시기 | ~18세기 초 | 18세기 | 20세기 후반 | 21세기 이후 | |
| 사회의 변화 (혁명) | 농업화 (농업혁명) | 공업화 (공업혁명) | 정보화 (정보혁명) | 창조화 (창조혁명) | 가상적 |
| 인간의 외부도구 | 발 | 손 | 눈, 귀, 입 | 머리 | 정보 |
| 가치 (MERIT) | 공동화 (Co-work) | 표준화 (Scale) | 시스템화 (Scope) | 네트워크화 (創意發明) | |
| 법칙 (국 력) | 자연법칙 (군사력) | 정치법칙 (정치력) | 경제법칙 (경제력) | 문화법칙 (문화력) | |
| 생산형태 | 소품종 소량 | 소품종 다량 | 다품종 소량 | 다품종 단품 | 가상품 |
| 기술의 척도 | 철, 도구 (돌) | 증기기관, 에너지(칼로리) | IC, 컴퓨터 (비트) | Idea (創發量) | |
| 키워드 | 오곡, 량 | 자동, 기계 | 최소 | 사랑, 즐김 | |
| 주도국 | 이집트, 중국 | 영국 | 미국 | ???(한국) | |

3) 디지털혁명이란 전자 전기분야에서 모든 정보를 기호화, 부호화하여 단순하게 표현하여 쉽게 전달할 수 있게 되면서 과학기술의 발달에 의한 인간들의 의사소통 체계의 획기적 변화를 가져오고 그와 관련된 전자 · 전기기기, 즉 컴퓨터에 의한 인간 생활 전반에서 획기적 변화 현상을 가져와 인류 전체에 전방위적 변화를 준 혁명이다. 특히 컴퓨터의 발전과 통신체계의 혁신 그리고 인터넷이 발전하면서 정치 경제 사회 전반의 변화가 이루어졌고 다양한 비즈니스의 유형이 등장하였다. 인터넷이 도입되면서 정부와 군사 그리고 기타조직에서 인터넷 사용이 활성화되고 이러한 디지털혁명의 전개로 세계는 빠른 속도로 변화했다.

지금까지 디지털혁명과 디지털 기기에 의한 정보화 사회의 문화는 네트워크 문화, 즉 수평적이며 쌍방향의 교류를 전제로 평등의 문화로 설명될 수 있다. 정보화 사회는 컴퓨터와 통신 기술의 결합에 의하여 시간과 거리를 초월하여 인간의 삶을 공존하고 공유하는 통합의 시대를 열었다. 또한 디지털혁명을 통하여 가상사회(Virtual Community)를 출현시켜 가상공간(Cyber Space)을 일상화하였다. 가상공간은 사람들로 하여금 새로운 문화 공간을 만들고 무제한의 정보를 질적, 양적으로 역시 무한정 공급받을 수 있도록 하였으며 가상공간에서의 정보 공유는 일방적이면서도 필요에 따라 쌍방 대화의 장으로 복합적 공간을 만들었다. 그 공간은 평등한 조직문화가 되고 있다. 이러한 디지털문화의 진화는 사용자가 네트워크나 컴퓨터를 의식하지 않고 장소에 상관없이 자유롭게 네트워크에 접속할 수 있는 정보통신 환경을 만들어 인간들의 삶에 유비쿼터스[4)][Ubiquitous]의 시대를 열었다.

앞에서 언급한 바와 같이 개인 컴퓨터(PC)를 이용한 가상공간에서의 인간 생활은 수평적이며 네트워크화된 특징을 나타내고 있다. 그래서 디지털 시대의 리더십은 중앙집권적 시대의 패러다임을 철저히 거부하고 새로운 패러다임으로 수평화되어 있으며 모든 구성원의 상호작용에 의한 원형을 이루며 상호 간 분권화된 패러다임으로 바뀌었다.

한편 아날로그 방식에서 디지털 방식에로의 전환은 디지털이라는 첨단 전자도구에 의하여 산업사회에서 정보화시대로의 진입을 의미하고 있음이 이미 살펴본 바와 같다. 그래서 사회구조에 있어서 에너지 집약적 사회구조로부터 정보 집약적 사회구조에로 패러다임의 근본적 변화를 가져왔다. 또한 외형적으로 산업사회의 피라미드형의 종적이며 수직적이고 테일러적인 조직으로부터 횡적이며 수평적으로 정보가

---

4) 유비쿼터스(Ubiquitous)란 "언제나, 어디에나 있음"을 의미한다. 라틴어 'ubique'를 어원으로 하는 영어의 형용사로 '동시에 어디에나 존재하는, 편재하는'이라는 사전적 의미를 갖고 있다. 즉, 시간과 장소에 구애받지 않고 언제나 정보통신망에 접속하여 다양한 정보통신 서비스를 활용할 수 있는 환경을 의미한다. 또한, 여러 기기나 사물에 컴퓨터와 정보통신 기술을 통합하여 언제, 어디서나 사용자와 커뮤니케이션할 수 있도록 해주는 환경으로써 유비쿼터스 네트워킹 기술을 전제로 구현된다. 사용자가 네트워크나 컴퓨터를 의식하지 않고 장소에 상관없이 자유롭게 네트워크에 접속할 수 있는 정보통신 환경을 의미한다.
(위키백과: https://ko.wikipedia.org/wiki/%EC%A0%84%EC%9E%AC)

자연스럽게 순환하여 네트워크화되어 분권화된 구조로 옮겨 가고 있다. 그러나 정보화시대의 이러한 사회구조는 순차적인 것이 아니라, 두 가지, 즉 아날로그 방식과 디지털 방식이 공존하고 있다는 점에 유의해야 한다.

## 2) 글로벌 환경변화

이상에서 살펴본 디지털혁명에 의한 사회구조와 패러다임의 변화를, ① 경영환경 ② 기업환경 ③ 인재상의 변화 ④ 직업관의 변화 ⑤ 근로가치관의 변화 등으로 구분하고, 다음과 같이 도식화하여 글로벌 환경변화를 요약해 설명할 수 있다.

### (1) 경영환경

| 국가경영 | | 세계경영 | | 글로벌경영 |
|---|---|---|---|---|
| (중앙집권적 · 폐쇄적)<br>정보의 수직화 | ⇨ | (분권적 · 개방적)<br>정보의 수평화 | ⇨ | (원심적 · 개방적)<br>정보의 쌍방향화 |

### (2) 기업환경

| 고도 성장기 | | 저성장기 | | 미세 성장기 |
|---|---|---|---|---|
| (저임금)<br>가격 경쟁력 | ⇨ | (가치창출)<br>기술 경쟁력 | ⇨ | (융 · 통합)<br>이미지 경쟁력 |

### (3) 인재상의 변화

| 범용성 인재 | | 다양한 전문인력 | | 융복합형 인재 |
|---|---|---|---|---|
| (성실 · 근면성 강조)<br>그물형(공개) 채용 | ⇨ | (도전 · 창의성 강조)<br>낚시형(열린) 채용 | ⇨ | (창의 · 혁신성 강조)<br>(수시) 채용 |

### (4) 직업관의 변화

| 평생 직장<br>조직가치 인정<br>전공, 학력 위주 | ⇨ | 평생 고용<br>개인가치 인정<br>능력, 경험 위주 | ⇨ | 평생 직업<br>개인 창직 · 창업<br>전문성, 자율 위주 |
|---|---|---|---|---|

### (5) 근로가치관의 변화

| 통일적, 집단적<br>보상관리 | ⇨ | 개별적, 차별적<br>보상관리 | ⇨ | 개별적, 독창적<br>창조적 관리 |
|---|---|---|---|---|

# 3. 현대사회에의 대처 방법

이제 빠르게 변화하며 새로운 패러다임을 요구하는 4차 산업혁명의 현대사회에서 인간들의 삶은, 역설적으로 불평등을 야기하고 무능력자는 소외당하며 기존의 생활 터전(일자리)을 잃어가고 있는 현실이다. 우리는 여기서 한 번 더 구체적인 패러다임의 변화를 곱씹어 보고 현명한 대처 방법을 찾아서 대비해야 할 때이다.

## 1) 패러다임의 변화에 대처

현대사회의 중요한 새로운 패러다임의 변화를 먼저 재정리하고, 합리적인 대처법을 습득해 나가야 한다. 그래서 우선 패러다임의 변화를 먼저 살펴보면 다음과 같다.

첫째, 정보화 사회에서 지식 중심 사회로의 패러다임 변화이다. 정보와 지식은 흔히 혼동하기가 쉽다. 정보는 원인 또는 결과라는 단편적 사고이고 지식은 원인과 결과라는 종합적 사고이고 정보는 외부에서 수용되는 수동적 성격이 강하고 지식은 생각, 가공, 판단하는 주체적 성격이 강하다. 또한 정보는 지식 창조의 매개체나 자료의 역할을 띈 플로우(flow)적 성격이 강하고 지식은 사고와 경험을 통한 스톡(stock) 성격이다. 그리고 정보는 가치판단 및 정보체계에서 정태적 성격이 강하고 지식은 동태적 성격이다.

예를 들면, "구슬이 서 말이라도 꿰어야 보배"라는 우리의 옛말을 생각하면 된다. 여기서 정보는(구슬) 지식(보배)이라는 말로 표현할 수 있다. 이는 앨빈 토플러가 말하는 제3의 물결과 제4의 물결로 산업화 사회 · 정보화 사회를 뛰어넘는 이른바 제5의 물결에 비유되고 있는 전문화와 지식화 시대의 도래를 의미하며 정보화 이전과는 전혀 다른 트렌드를 보여 주고 있다. 이러한 형상은 농업사회에서의 "농민시대" 산업사회에서의 "화이트칼라" 계층을 지나 지식화 사회에서는 "골든칼라"가 주요 사회계층이 된다는 것, 그리고 소위 하드웨어가 경제를 지배하던 시대가 끝나고 새로운 사회를 이끌어 갈 경제 원리는 바로 지식이라는 것이다. 만약 어떤 사람이 빌 게이츠(Bill Gates)의 마이크로소프트사 혹은 미국의 제너럴모터스사보다 더 가치 있는 회사라고 생각하면 지식경제에 이미 몸담고 있다고 할 수 있을 것이다.

둘째, 수직화에서 수평화 사회로 패러다임의 변화를 보면 경영환경의 변화 엔진은 네트워크이다. 산업 경제 시대에서의 경제 규모는 이제 범위의 경제와 연결의 경제라고 한다. 짧게 요약하면 과거 규모의 경제와 정보 단속 주의에서의 규모와 범위 그리고 연결경제와 정보 공개주의로의 변화이다. 기업들은 과거 중앙집권적 위계질서를 버리고 수평적 네트워크 체제로 변신하며 아웃소싱과의 제휴로 가벼운 경영을 해야 한다.

셋째, 제품중심 시장에서 서비스 중심시장으로의 패러다임 변화이다. 제조 기술과 제품들이 범용화에 따라 이를 부가서비스와 효과적으로 결합해 고객에게 전달하는 접점확보가 기업경쟁력에서 중요하다는 이야기이다. 이른바 고객 만족 시대에서 고객 감동 시대로의 변화이다. 쉽게 고객 만족 시대를 지나 고객 감동 시대가 다가왔다. 예컨대, 만족은 제품에서 나오고 감동은 서비스에서 나온다는 것 등이다.

넷째, 생산자 중심에서 소비자 중심으로의 변화이다. 지금까지 생산 규모의 확장 전략은 판매확장 전략으로 바뀌는 상황이다. 예전에는 우선적으로 공장을 완성한 후 일정 규모 이상을 생산해야 수익을 내는 형태였지만 정보재는 생산비용이 거의 없는 관계로 생산 확대에도 수익의 정체 현상이 발생하지 않는다.

재화의 생산과 유통은, 제품제작 후에 고객을 찾는 대중 마케팅에서 일대일 마케팅으로 전환되는 추세이다. 그래서 21세기 시장의 모습을 이른바 백인 백색의 시장이라고 한다. 이에 따른 마케팅 방법의 진화로 현재 인터넷은 고객과 양방향 정보교환으로 고객별 맞춤 서비스를 가능케 하고 있다. 한 예로, 미국의 델 컴퓨터 회사는 주문형 컴퓨터를 생산해 창업 3년 만에 세계3위 업체로 부상했다. 이처럼 이제 경영 성패를 생산자가 아닌 소비자가 좌우하는 시대가 열렸다.

마지막으로, 환경적응에서 환경창조의 시대로의 변화이다. 말하자면 패러다임의 변화도 새로운 환경창조의 일종이다. 마이크로소프트사의 빌 게이츠도 최근의 저서 『생각의 속도』에서 자신도 "언제가 경쟁에서 뒤쳐져 사라질 때가 올 것이다, 다만 그 시기가 되도록 늦게 찾아왔으면 한다"고 말했다. 환경을 창조하지 않는 자는 영원할 수가 없다는 말이다.

결국 성공적인 패러다임의 전환을 위해서는, 우리 스스로가 변화의 중심에 서야 한다. 변화란 보다 훌륭한 목적과 미래를 위하여 현재 생각하고 행동하며 원하는 것들을 포기할 수 있을 때에야 비로소 가능하다. 우리 스스로가 패러다임의 변화에 중심적 역할을 하기 위하여 하버드 경영대학의 존 코터(John Corner) 교수는 『변화의 리더』에서 패러다임의 변화를 성공으로 이끄는 8단계 과정을 다음과 같이 제시하고 있다.

제1단계에서는 조직의 경영혁신을 위하여 '위기감의 조성'을 주장한다. 조직 내부에 자만심이 팽배해 있으면 혁신을 위해 공포분위기를 조성해서라도 구성원들의 자발적인 역할의 분담과 효율적인 태도의 전환을 일으킬 수 있다는 것이다. 제2단계에서는 '강력한 팀의 구성'을 제안하고 강력한 '혁신 지도부'가 항상 필요하다는 것이다. 신뢰를 잃은 팀은 구성원들의 의사를 집중할 수 없는 것이다. 성공적인 지도부를 구성하기 위하여 힘이 있는 자리에 전문성과 진실성이 있으며 리더십이 있는 사람들로 팀을 구성할 것을 주장한다. 제3단계에서는 '비전과 전략의 개발'을 동원할 수 있어야 한다는 것이다. '비전'은 미래에 대한 그림으로, 첫째, 경영혁신의 기본 방향을 명확히 해 주며, 둘째, 비록 힘은 들지만, 단기적이고 개인적인 이익보다 옳은 행동을 추구하게 되며, 셋째, 비전은 각자 다른 사람들의 개성을 빠르고 효과적인 방법으로 조화를 이루도록 만드는 효과가 있다는 것이다. 제4단계에서는 '새로운 비전을 널리 알리기'로 조직과 집단이 추구해야 할 새로운 방향을 사람들에게 이해시키고 헌신적인 봉사를 얻어 낼 수 있어야 한다. 이러한 비전의 성공적 전파를 위해 '쉬운 용어'를 사용하고 '은유법과 유추법 그리고 사례를 이용'할 것과 '다양한 방법과 기회를 이용'하여야 하며, 거듭하여 '반복 또 반복'하여 효과적인 정보의 전달이 되도록 하고, 또한 '솔선수범'하며 '모순처럼 보이는 사실은 분명히 해명할 것'과 서로 주고받기로 '먼저 잘 들은 뒤, 잘 듣게 만들어라'라고 입곱 가지 원칙을 제시한다. 제5단계에서는 '부하직원의 권한을 넓혀 주기'를 역설한다. 권한의 박탈보다는 권한의 위임으로 스스로 문제를 해결하는 능력에 적극적이며 주체적으로 나설 수 있도록 그 활동 무대를 넓혀 줌으로써 제 3 · 4단계에서의 효율적인 비전의 전파를 통한 경영혁신 그리고 궁극적으로 조직의 목표 달성을 성공시킨다. 제6단계에서는 '단기간에 가시적 성과 얻기'를 통해 경영혁신을 도모한다. 이것은 여러 가지 사례의 연구를 통해서 단기간의 성과가 희생한 보람을 즉시 증명할 수 있다든지, 냉소주의자와 반대론자들을 무력화시킬 수 있으며 추진력을 증가시킬 수 있다는 등 그 역할 면에서 강조되고 있다. 제7단계에서는 '프로젝트를 본격적으로 추진'하고 마지막 제8단계에서는 노력의 결과로써 '새로운 제도의 정착'을 통해 마침내 조직과 그 구성원들의 경영혁신에 도달함으로써 마침내 변화에 주체적으로 성공하게 된다고 강조한다.

이상과 같이 어느 때보다 계획적이며 체계적인 패러다임의 변화에 대처하여 나 자신이 주체적으로 삶을 영위할 수 있도록 현대사회의 변화에 능동적으로 대비하여야 한다.

## 2) 현대사회를 즐겨라

디지털 혁신의 현대사회에서 또 다른 중요한 화두는 변화를 어떻게 맞이하고 대처하며 살아가느냐 하는 것이다. 변화는 기존의 가치나 개념이 전혀 다른 혹은 새로운 것으로 바뀌는 것을 의미한다. 적극적인 변화에 대해 대처하는 메시지를 살펴보면, “변화하지 않으면 살아남을 수 없다” 혹은 “바보는 변화했다고 하고 현명한 사람은 변화하고 있다고 말한다” 또는 “변화를 두려워하지 말라”라는 주장들이 있다. 오히려 더욱 능동적으로 “변화를 예상하고 변화에 신속히 적응하라” 그리고 “변화를 즐겨라”라는 변화를 맞이하는 강력한 대책이 앞서 제시하는 현대사회의 변화에의 대처 방법을 모두 포괄하는 것으로 이해할 수 있다.

여러 차례 지적한 바와 같이 현대사회의 변화가 급격하게 그리고 빠르게 바뀐다는 데 그 핵심이 있다. 그래서 현대사회는 눈깜짝 할 사이 빛의 빠르기로 변화한다고 정의하였다. 그러면 현대사회의 변화를 즐기기 위하여 우리가 명심하여야 할 사고방식과 행동 방식을 정리해 보고자 한다.

첫째, 새로운 것에 대한 창의력으로 차별화를 할 수 있어야 한다. 이미 일상화되고 보편화된 지식으로 변화를 능동적으로 대처해 나갈 수 없다. 고정관념에서 해방되어 적극적으로 관련 영역을 넓힘으로써 기존의 가치나 제도를 타파하고 여러 가지 가설에 도전할 때 창의력으로 대처하여야 한다.

둘째, 지금까지 쌓아 온 지식을 구체화할 수 있어야 한다. 현대사회와 같이 변화가 많은 사회일수록 실력이 있어야 한다. 앞의 장에서도 언급되었듯이 자신이 가진 전문화된 지식으로 어떠한 장소 어떤 때에도 사용이 가능하도록 평소에 지식을 구체적으로 연마해 두어야 한다.

셋째, 배짱을 가지고 즐겨야 한다. 지식을 갖고 창의적으로 차별화된 생활을 할 수 있도록 모든 일을 수행하고 대처해 나갈 때 배짱을 갖고 있어야 한다. 농경사회에서 오랫동안 강조되어 온 양보와 겸손이 변화하는 사회의 미덕이 될 수만은 없다. 혁신적인 사고를 하고 그것을 행동화하기 위하여 위험부담을 산정하여 때로는 실패의 부담을 갖고서라도 과감하게 실행에 옮길 수 있는 배포가 있어야 한다. 특히 급변하는 4차 산업혁명의 환경에 주체적으로 대응하고 승리의 전략을 세우기 위하여 두둑한 배짱을 가질 수 있어야 한다.

넷째, 시간관리를 철저히 할 수 있어야 한다. 최근 유명한 경영 컨설턴트들은 모두가 성공의 열쇠를 철저한 시간관리에서 출발한다는 것을 역설하고 있다. 디지털 혁신의 시대에는 소프트웨어가 하드웨어를 주도하는 만큼 철저한 시간관리는 업무의 신속한 결정과 추진에 중요하다. 그래서 시간은 곧 돈으로 환산된다.

이상과 같이 4차 산업혁명에 의한 현대사회의 급격한 패러다임의 변화를 '즐기며' 살아갈 수 있는 지혜가 아주 절실하다.

## 4. 현대사회의 직업환경 변화

### 1) 취업환경의 변화

사회구조의 급격한 변화와 함께 취업 및 기업경영 환경이 엄청나게 변화하고 있다는 것을 살펴보았다. IT와 정보화시대로 표현되는 현대사회는 평생직장의 개념보다는 평생직업의 개념화가 생겨나면서 개인과 공동체의 특성이 가미된 새로운 기업경영방식이 다양한 형태로 나타나고 있다. 이것은 IT시대의 또 다른 사회 특성으로 재화나 자본의 질과 양과는 관계없이 사업체 운영을 다양화하는 형태로 변화하고 있다. 즉, 창업이 다양하게 이루어지고 있다는 점이다. 우리나라에서는 1990년대 OECD(경제협력개발기구; Organization for Economic Cooperation and Development) 가입과 WTO(세계무역기구)의 회원국이 되면서 자연스럽게 창업과 취업 역시 글로벌화하고 E-비즈니스의 형태로 진화하였다. 이러한 양상은 우리나라가 IT 강국으로서 국가 경제가 발전하면서 기업경영의 형태와 분야는 물론 경제구조의 글로벌화가 다른 나라보다 빨리 진행되고 있는 것도 알아야 한다.

현재의 우리나라 고용구조의 변화 현상들도 사회 전체적인 변화는 물론 이상과 같은 맥락에서 이해되어야 할 것이다. 즉, E-비즈니스에 의한 고용과 경영환경이 현대 기업경영의 특성이라는 분위기가 되면서 고급인력시장에서도 엄청난 혁신과 구조변화가 필연적으로 발생하게 되었다는 것은 누구나가 인정할 수밖에 없는 현실이다.

한편 특이하게도 우리나라에서는 1990년대 중반 이후 IMF를 경험하고 벤처사업의 열풍이 거쳐 가면서 취업보다는 창업을 원하는 사람들이 많아졌다. 우리나라의 창업 환경이 매우 좋아서 생겨난 현상이면 매우 좋은 것이라고 하겠으나 취업환경이 불리해서 생겨난 '창업 분위기'라고 한다면 다시 생각해 보아야 할 문제이다. 한때 창업 대란이 일어나, 창업으로 인하여 가계 파산은 물론 가정의 파탄까지 이어지는 매우 나쁜 경우도 있었다. 이러한 일이 되풀이되지 않도록 창업에 대한 기본적인 자세와 기업경영에 대한 보편적인 지식이 그 어느 때보다 요구되는 시기이기도 하다. 사람의 직업은 인생을 디자인한다는 말이 많이 쓰여지고 또 누구나 그렇게 인정하고 있다. 사전에 철저한 준비 없이 창업을 남발하는 우를 범하지 말아야 한다. 취업을 준비하는 과정에서 자신만의 가치(혹은 브랜드) 만들기, 도전정신, 거듭된 배움과 성장에 대한 열망, 계속적 열정과 도약에 대한 확신 그리고 자신의 주변과 비즈니스 공간에서의 인간 소통, 사회경제적 부문에서의 선택과 성공, 나아가 장차 비전에 대한 확신이 취업은 물론 창업을 성공시킬 수 있을 것이다.

## 2) 급변하는 취업환경에서 창업환경으로

그러나 "지금은 청년창업이 대세다."라는 구호가 우리나라는 물론, 미국을 비롯한 선진국에서는 이미 '대세'가 되었고 중국, 인도 등 동아시아에까지 점차 확산되는 추세이다. 미국의 경우 빌 게이츠와 스티브 잡스(Steve Jobs)의 IT분야에서 확실한 성공 이후, 창업정책과 교육이 세계에서 최고로 앞서 나가 있다.

강유리(2013. 8. "미국의 창업정책 현황 및 시사점: Startup America를 중심으로", p.10)에 의하면 당시 미국의 오바마 대통령은 이미, 그해 연초 국정연설을 통해 창업 및 중소기업 투자 활성화, 연구개발 촉진, 고성장 기업 육성, 기업가정신(Entrepreneurship) 고취 등을 골자로 하는 스타트업 미국 정책(Startup America Initiative) 계획을 발표하고 미국경제의 성장, 혁신 그리고 양질의 일자리 창출에 기여할 중소기업의 창업을 촉진하고, 기업가정신을 미국인의 핵심 가치이자 경쟁적 우위의 원천으로 존중하고 고양시키는 것이 Startup America의 핵심 목표라고 발표하였다. 그리고 "Startup America 주요 정책"으로는, 첫째, 고성장 창업 기업의 자금 접근성 확대와, 둘째, 국민들이 일자리를 얻고 일자리를 창출할 수 있도록 기업가정신 교육 및 멘토십 프로그램 확대, 셋째, 연간 1,480억 달러 규모의 연방 R&D 성과 상용화를 강화하여 혁신적인 창업기업과 신산업이 창출될 수 있도록 지원하며, 다섯째, 고성장 스타트업에 불필요한 장애의 식별 및 제거 그리고 마지막으로 대기업과 창업 기업 간 협력을 강화한다는 것 등이다. 또한 미국은 2010년부터 해마다 '창업강좌'의 수강생이 600만 명을 넘어서고 있다고 전해진다.

이 외에도 중국 역시 BAT로 표현되는 바이두(Baidu), 알리바바(Alibaba), 텐센트(Tencent) 3대 미래산업의 선두주자들이 중국의 '플랫폼 중심의 메신저, 모바일 게임에서 전자상거래, 모바일 결제, 인터넷금융과 전자상거래, 지불결제, 인터넷금융 사업'을 집중과 영역 확대와 같은 인터넷 산업발전을 견인함과 동시에, 이를 기반으로 하는 중소 기업의 IT산업의 확대와 경쟁을 위하여 창업을 중국국가 산업경제정책의 우선으로 정하여 지원하고 있다. 이즈음 우리나라도 창조경제 혁신센터를 중심으로 해마다 강화된 '청년창업'정책이 시행되고 있으나 몇몇 대학을 제외하고 실질적인 창업 교육, 즉 소비재 산업과 서비스업 분야를 제외한 IT제조업과 같은 분야에서의 창업교육과 지원은 시간이 오래 경과되었으나 성과는 아직 미미한 것이 사실이다.

그럼에도 불구하고 고용이 없는 성장의 시대가 지속되는 상황에서 우리 대학생들과 젊은이들은 심사숙고를 거듭하여 새로운 시대의 취업환경, 즉 전문성을 살린 창업환경에 직접 몸으로 부딪쳐 봐야 할 때가 되었다.

03
CHAPTER

# 디지털 혁신의 리더십

## 1. 현대사회에 요구되는 리더십

### 1) 변화와 혁신의 리더십

지금 우리가 속해 있는 공동체나 집단에서는 리더십이 매우 혼란스러운 시대를 살아가고 있다. 모든 분야에서 '검색창'을 이용해서 터득한 넘쳐 나는 지식과 정보의 홍수로 인하여 너나 할 것 없이 모두가 전문가적 자질을 나타내며 또한 앞서가는 지도자의 행세를 보이며 리더십을 남발하고 있기 때문이다. 그래서 인터넷과 모바일에 의하여 왜곡된 정보나 허위 과장된 정보들에 의하여 '짝퉁 리더십'이 난무하는 시대가 되었다. 적어도 참과 거짓을 분별할 수 없는 정보의 집단적 확산이라는 측면에서만 보았을 때 참으로 무섭고 위험한 시대를 살아가고 있는 것이 현실이다. 심지어 메타버스라는 가상현실과 증강현실을 넘나드는 시기의 리더십은 참으로 애매모호하다. 기존의 리더십의 개념으로 디지털 혁신의 시기 리더십을 설명하기에는 역부족이다. 이유는 때와 장소를 초월한 리더십이 언제 어디서나 리더십 본래의 존재의의를 생성하거나 사라질 수 있기 때문이다.

불확실성이 지배하는 사회일수록 인간공동체와 그 구성원들에게 필요한 것은 인간 본연의 모습과 행위규범 그리고 가치관을 가져야 한다는 것이다. 급변하는 사회에서 인간의 존엄성 실현을 기본으로 하는 자세는 특히 고도화된 IT기술과 메타버스 시대에 절대적으로 요구되는 가치관이다. 금세기 최고의 리더십 코치라 할 수 있는 스티븐 코비는 현대사회에서 결코 변화하지 않는 것 세 가지를 제시한다. 첫째는 원칙(principle), 둘째는 변화(change), 셋째는 선택(choice)이 그것이다. 말하자면 현대사회는 선택의 여지없이 변화하는 사회에 우리가 원칙을 갖고 대처해 나갈 것을 요구하는 말이다. 역시 현대사회에서의 중요한 화두는 변화이다. 그것도 매우 빠르게 변화한다는 것이다. 변화는 가히 빛의 속도로 변화를 거듭한다. 변화란 기존의 가치나 개념이 전혀 다른 혹은 새로운 것으로 바뀌는 것을 의미한다. 급변하는 모습들을 살펴보자.

첫째, 지구가 변한다. 지구는 살아 있는 유기체다. 최근 지구는 파괴되고 생명체로서의 지구가 신음하고 있음을 우리는 이미 체감하고 있다. 기후환경을 비롯한 지구의 자연환경이 빠르게 변하고 있다. 둘째, 국가가 변한다. 종래의 국가는 지배하고 군림했지만, 미래의 국가는 모든 분야에서 국민을 위한 서비스가 전제되어야 한다. 셋째, 지식이 변한다. 지난 시대의 지식이 논리와 형식을 중시하는 하드웨어 형태였다면, 새로 맞이한 시대의 지식은 감성과 내용을 중시하는 소프트웨어 형태라고 할 수 있다. 넷째, 돈이 변한다. 과거 돈이 눈이 보이듯이 쌓이고 축적되는 특성을 가진 것이 뱅킹머니였다면, 새로 맞이한 시대의 돈은 눈에 보이지 않고 온라인망을 타고 휘몰아 다니는 일렉트로닉 푸로잉머니의 성격으로 이제 핀테크시대가 일상화되고 있다. 또한 블록체인과 같은 가상화폐로 돈이 변화하고 있는 것도 있다. 다섯째, 학교가 변한다. 지난 시대의 학교는 가르치고 배우면서 경험을 공유하는 곳이었다. 이제 ICT 시대의 학교는 지식과 경험을 배우고 가르치기보다, 지식은 언택트(Untact)의 방법에 의한 단순 전달의 형태로 변하고 학생과 학교 그리고 교사가 직접 지식을 일깨우고 시도하는 조인트 벤처의 현장이 되고 이러닝이 확대되고 있다. 여섯째, 인간 육체가 변한다. 과거 인간의 육체는 오직 한번 성장하고 형성되면 그만이었다. 인공 지능과 로봇산업의 발달로 육체도 업그레이드될 수 있다. 보디 업그레이드가 그것이다. 이런 의미에서 사이보그(cyborg)로의 길이 열린 셈이다. 일곱째, 시간이 변한다. 이제까지의 시간은 하루 24시간, 1년 365일이라는 도식 속에서 쳇바퀴 돌듯 관리된 시간(managed time)이었다. 빠른 속도로 디지털화되고 네트워크화되어 광속도로 이루어지는 일상의 생활로 창출된 시간(creative time)이 나오고 있다. 여덟째, 공간이 변한다. 지금까지 우리의 주된 공간은 현실공간이었다. 그러나 새로 맞이한 시대에 우리의 생활은 가상공간을 통해 더 확장되어 이루어지게 될 것이다. 특히 인간들은 지구 안의 공간시대에서 지구 밖의 공간시대로 옮아갈 것이다. 또한 우리는 생명과 유전자의 비밀에 접근하기 위해 우리의 눈을 외부의 거시공간에서 내부의 미시공간으로 더 깊이 옮겨 놓고 있다. 아홉째, 일이 변한다. 제레미 리프킨(Jeremy Rifkin)은 『노동의 종말』(The End of Work)이란 책에서 물리적 노동의 종말과 사이버 워크(cyber work)의 출현을 이야기했다. 지난 시대처럼 '몸을 움직이고 손이 수고해야' 무엇인지를 수확할 수 있다는 고전적 노동의 공식은 무너졌다. 새로 맞이한 시대에는 '마음을 움직이고 머리를 써야' 부가가치를 획득할 수 있다는 새로운 일의 공식이 더욱 보편화되고 있다. 열째, 전쟁이 변하고 있다. 지금까지의 전쟁은 물리전(physical warfare)이었다. 디지털 시대의 전쟁은 사이버전(cyber warfare)으로 전개될 것이다. 전쟁사가 존 키건(John Keegan)의 말처럼 전쟁은 일종의 문화양식이다. 인류의 삶 전반이 사이버 환경으로 더 폭넓게 진입하는 이 시대에 전쟁 역시 사이버전의 양상을 띨 것임은 그리 어렵지 않게 예측된다.

인간사회의 근본은 바뀌지 않고 있으나 인간 및 인간집단에서의 수단과 도구의 실질적인 변화 때문에 리더십의 가치 역시 변화하여 혁신의 리더십이 요구되고 있다. 혁신의 리더십은 어떤 조직이 집단적 목표를 달성함에 있어 구성원 모두가 공동의 운명체로서 상하 혹은 주종의 수직적 지배와 명령으로, 구성원 상호 간의 역할관계로 성과를 달성하는 것이 아니라 조직의 구성원 모두가 상호 의존과 동등한 수평적 팀원으로 셀프리더가 되어 목표를 달성하고 공유하는 조직의 특성을 반영하는 리더십을 뜻한다. 이러한 변화하는 시대의 혁신적 리더십의 대표적 사례로 봉사자로서의 리더십, 즉 서번트 리더십이 있다.

## 2) 봉사자로서의 리더십

대학생활 초기 진로 탐색의 과정에서는 지금까지 노력하며 준비해 온 자신의 스펙 쌓기를 요구하고 또한 미래 직업에의 도전(목표달성)을 위한 지적, 경험적 태도의 전환이 필요하다. 디지털 혁신의 시기에 자신의 변화로 주변의 변화에 능동적으로 대처할 수 있는 지혜와 용기가 있어야 한다. "바보는 변화했다고 하고 현명한 사람은 변화하고 있다고 말한다." 여러 차례 언급한 변화에 대한 중요한 화두는 변화의 필연성과 함께 현재진행형을 강조한다. 우리가 언제 어떻게 변화하는가에 관심을 가지는 사이에도 변화는 반드시 일어나고 있다는 데 유의하여야 한다.

취업과 창업을 준비하는 사람은 변화를 주도해 가는 자기혁신과 창조적 리더십이 필요하다. 정보화 사회에서는 더 이상 농경사회와 산업사회에서 볼 수 있었던 절대권력에 의한 지배와 통치 형태는 무의미하다. 권모술수형의 전제군주는 새삼 언급할 필요도 없으며 이념지향의 지도자, 권력 추종형의 지도자는 이제 설 자리가 없다. 지식과 정보화에 의하여 전문성과 다양성을 지니면서 철저한 권력의 분화와 네트워크화를 전제로 한 리더십을 예상할 수 있다. 이것은 지식과 정보라는 눈에 보이지 않는 자산으로 경쟁하고 공동체와 조직 구성원들의 욕구를 만족시킬 수 있어야 하기 때문이다.

전통적 후기산업사회 이후 리더십의 유형은 지식과 정보사회에 상응하는 조직구조와 경영환경에 따라 ① 강자형 리더십, ② 거래형 리더십, ③ 영웅형 리더십,

④ 슈퍼 리더십으로 나누어 설명하고 있다. 4가지 형태의 리더십을 먼저 정리해 보면 〈표 3-1〉과 같다.

〈표 3-1〉 **현대사회의 슈퍼리더십**

| 유형 \ 구분 | 강자형 리더십 | 거래형 리더십 | 영웅형 리더십 | 슈퍼 리더십 |
|---|---|---|---|---|
| 초 점 | 명 령 | 보 상 | Vision | Self-Leadership |
| 권력의 행사 | 직위와 권한 | 보 상 | 영감과 관계 | 공유가치 |
| 리더의 지혜와 지식의 원천 | 리 더 | 리 더 | 리 더 | 구성원 모두와 리더 |
| 구성원들의 반응 | 강압에 의한 복종 | 계산상의 복종 | 리더의 비전에 기초한 감성에 호소 | 구성원 모두의 주인의식 |
| 리더의 행동 | 지시와 명령, 협박, 징계 | 상호교환적 조건부 보상, 조건부 징계, 질책 | 리더의 비전과 교감, 훈계, 교화적 설득 | 유능한 셀프리더, 긍정적 사고유형 건설적 환경유도 셀프리더 문화조성 |

출처: Manz & Sims, 1991.

ICT시대의 봉사자의 리더십은 〈표 3-1〉에서 나타나듯이 구성원들 상호 간에 지배와 피지배의 관계가 아니라 구성원 모두가 주인의식을 갖고 조직사회에 경쟁력을 스스로 발휘하여 창의적으로 대처해 나갈 수 있는 슈퍼 리더십을 의미한다. 과거 산업사회 이전의 리더십이 구성원들에게 '나를 따르라'는 식으로 구성원들을 끌고 가는 역할이었다면 디지털 시대의 리더십은 스스로 문제를 파악하고 해결할 수 있는 능력을 배양해 줌으로써 구성원 모두가 주체적으로 역량을 발휘할 수 있도록 하는 봉사자의 역할이 더욱 중요시되는 '서번트 리더십'이 되어야 한다.

# 2. 혁신적 자기계발

## 1) 자기혁신의 자세

제4차 산업혁명의 시대를 선도할 수 있는 새로운 리더십, 즉 혁신하는 조직의 봉사자로서의 리더십을 갖기 위하여 우리는 인간적이며 창의적인 리더십을 함양할 것을 강조하고 있다. 1차와 2차 산업 혁명 이후 많은 사람들이 자신의 일자리로부터 소외되고 자동화와 기계화 시대의 부속으로 전락하는 비인간적 현상들을 경험한 바 있다. 지금까지의 자동화와 기계화된 기술 발전의 고도화로 인한 인공 지능과 로봇시대에는 일자리의 변동이 더욱 많아지고 또 더 많은 사람들이 실업자로 전락하거나 과거와는 전혀 다른 고용형태의 변화를 예고하고 있다. 이러한 시대에 절실히 요구되는 인간의 모습은 어느 시대에서나 통용 가능한 전문성을 지닌 전문인(장인)이 되어야 하는 시대이다. 또한 이러한 시기에 어떤 사람들은 통섭(通涉)과 넘나듦의 시대로 묘사하기도 한다. 통섭의 시대란 어디에도 막힘이 없이 서로 통하여 내왕함을 이르는 말이다. 바로 참여과 공유 그리고 개방의 디지털 정보화 시대를 가장 잘 표현하는 상징적 언어라고 할 수 있을 것이다.

이러한 산업 간 경계가 애매모호한 통섭과 융합의 시기에는 직업의 탐구와 중요한 아이디어에 의한 창업에 대해 누구나 따라 할 수 있는 것이 아니라, 열정이 넘치는 기업가정신과 취업을 향한 새로운 태도와 지식을 함양할 수 있도록 확실한 자기혁신 전략이 있어야 한다. 직업인으로서 발전적인 사회진출을 앞두고 우리는 정신적 · 육체적 자기혁신이 있어야 한다는 뜻이다. 여기서 우리는 육체적 고통을 감수하며 자신의 삶을 전환시키는 솔개의 지혜를 응용할 필요가 있다.

과거 우리들에게 노래로 친숙했던 솔개는 가장 장수하는 조류로 알려져 있다. 솔개의 수명은 최고 약 70년을 살 수 있는 것으로 알려져 있다. 솔개가 이렇게 장수하려면 약 40년이 되었을 때 매우 고통스럽고 중요한 결심을 해야만 한다는 것이다.

즉, 생후 40년 정도가 시간이 흐르면서 노화된 육체의 쓸모를 감안하여 앞으로 솔개는 자신의 생에 대하여 생사기로의 선택을 해야만 된다고 한다. 솔개는 약 40여 년을 살고 나면 전체 신체의 기능이 떨어지고 발톱이 노화하여 사냥감을 그다지 효과적으로 잡아챌 수 없게 된다. 또한 솔개의 부리는 길게 자라면서 구부러져 가슴에 닿아 심장을 찌르게 될 정도가 되고, 깃털 역시 짙고 두껍게 자라서 날개가 매우 무겁게 되어 하늘로 날아오르기가 나날이 힘들게 된다. 이런 상황이 지속되면 솔개는 사냥을 못하게 되고 심한 고통 속에서 죽음에 이른다.

이때 솔개가 선택하는 방법은 두 가지가 있다. 하나는 현재대로 고통스럽게 심장을 부리에 찔리며 '굶어 죽게 되는' 것이며 다른 하나는 '새로 태어나는' 것이다. 여기서 새로 태어나려는 솔개는 높은 절벽의 산으로 올라가 갱생을 위한 자기혁신을 하게 된다. 갱생의 길을 선택한 솔개는 먼저 산 정상부근으로 높이 날아올라 그곳에 둥지를 짓고 머물며 고통스런 수행을 시작한다. 시작의 단계에서 솔개는 바위에 자신의 부리를 찧어 대기 시작한다. 그리고 결국 엄청난 고통 속에 부리가 빠지게 되면 새 부리가 돋아나게 된다. 솔개는 새 부리로 두꺼워서 쓸 수 없게 된 발톱을 하나하나 뽑아 내고, 역시 자신의 깃털을 고통 속에 모두 뽑아 낸다. 그렇게 하면 새 발톱과 새 깃털이 나게 되고 솔개는 완전히 새로운 모습으로 변신하게 된다. 솔개가 이 모든 과정을 거치는 기간은 약 6개월 정도이며, 이와 같이 혁신적으로 다시 태어난 솔개는 계속해서 30년을 새로 태어난 것처럼 마지막 수명을 누리게 된다고 한다.

인간을 비롯한 모든 영장류는 각자 자신의 삶을 살아가기 위하여 끊임없는 노력과 혁신으로 거듭 태어나려고 자기혁신을 택하게 된다. 그 방법은 여러 가지가 있을 수 있을 것이다. 인간의 경우에는 생활환경과 밀접한 관계가 있으며 이는 곧 자신의 자세와 연결되어 또 다른 삶으로 인생을 즐길 수 있을 것이다. 부모의 품을 떠나 자신의 가정과 인생을 설계하려는 시점에서 자신만의 혁신의 방법을 찾아야 할 것이다.

## 2) 자기혁신의 필요성

미래학자 피터 드러커(2001)는 저서 『이노베이터의 조건』에서 새로운 정보화 사회에서 "이제 혁신하는 자만이 살아남을 것이다!"라고 역설하고 있다. 디지털혁명의 새로운 사회에서 개인의 사회적 지위와 역할은 바뀌어지는 것이 너무나 당연한 것으로 설명하고 그것은 사회의 합법적 권력에 의한 강요로 나타난다는 것이다. 그리하여 새로운 사회질서가 생성이 되며 이를 위한 개개인의 자기혁신은 선택사항이 아니라 필연적인 자기 생존의 의무라는 것이다.

그러면 우리는 지금까지 어떠한 생활방식을 가지고 어떻게 살아왔느냐를 규명해 보아야 할 것이다. 새로운 시대에는 생활의 모든 면에서 전문성을 요구하는 한편 개개인의 개성을 극대화시킬 것을 요구한다. 지금까지 타의에 의하여 우리 자신의 삶이 이끌려 왔다면 이제는 스스로 고유한 영역을 찾고 나만이 할 수 있는 전문화된 능력을 신장할 수 있어야 한다. 이때 필요한 것이 나만의 개성을 극대화하기 위하여 자기혁신을 할 수 있어야 한다는 것이다. 자기혁신을 위하여 우선 자가 진단을 해 보아야 한다.

자신은 지금까지 일상적인 생활에서부터 습관 길들이기 그리고 미래를 위한 자기계발에 프로인가 아마추어인가? 어느 방면에서나 자신의 삶에 적극적이고 능동적인 사람들은 '프로'의 기질을 발휘하게 될 것이다. 아마추어에게는 불신, 실패, 변명, 회피 등의 부정적 요소가 많다. 반대로 프로라면 성공, 자신감, 확실한 목표, 가능성, 자기 투자 등 긍정적 요소가 압도적이다. 사람들이 긍정적이며 능동적인 사고를 하지 못하게 만드는 원인은 무엇인가.

여러 가지 원인이 있지만 그중에서도 가장 큰 원인은 '실패에 대한 두려움'이라고 할 수 있다. '일을 그르치면 어떡할까' 또는 '전에도 그래서', '나는 곤란해'라는 경험이 두려움을 갖게 한다. 나이가 들수록 이러한 실패의 축적 등으로 인하여 앞으로 나아가는 것을 방해한다. 실로 악화가 양화를 구축하는 셈이다. 이럴 때일수록 과거의 패배의식이나, 자신감의 결여에서 벗어나서 도전정신과 진취적인 자세로 과거와 그리고 주변 환경과 차별화를 할 수 있어야 한다.

자기혁신을 위한 프로그램들에서 조사한 내용을 바탕으로, 나 자신의 혁신전략을 과거에 관행화되어 있는 내용 중 긍정, 부정적 요인들을 내외부적 환경에 따라 먼저 분석을 해 보고, 다음 장단기 발전 전략을 〈표 3-2〉와 같이 작성해 보면서 지금까지의 아마추어적 발상에서 프로의 근성을 가질 수 있도록 자기혁신전략을 구체화시켜 나가야 한다.

〈표 3-2〉 **자기혁신전략 계획**

| 혁신의 단계 / 혁신의 요인 | | 과 거 | 현 재 | | 미 래 | |
|---|---|---|---|---|---|---|
| | | | 1단계 | 2단계 | 1단계 | 2단계 |
| 긍정 요인 | 내부요인: | | | | | |
| | 외부요인: | | | | | |
| 부정 요인 | 내부요인: | | | | | |
| | 외부요인: | | | | | |

## 3) 진로개척을 위한 자기혁신

『바보들은 항상 결심만 한다』의 저자 팻 맥라건(Pat McLagan)은 변화하는 시대에 변화에 능동적인 능력으로 강한 신념, 강한 품성, 강한 행동을 요구한다(McLagan, 2002). 그리고 변화를 즐기기 위하여, 즉 변화의 시대를 나 자신의 것으로 만들기 위하여 다음 네 가지 행동을 통하여 자기혁신을 강조하고 있다.

첫째, 나 자신이 하나의 기업이 되어야 한다는 것이다. 자신 스스로 상품과 서비스를 파는 하나의 작은 기업, '당신의 주식회사'로 생각하라는 것이다. 둘째, 정보화 시대의 기술을 개발하라는 것이다. 이 주장은 이미 살펴본 바와 같이 특히 자기혁신을 위한 커뮤니케이션의 능력, 문제 해결 및 의사결정 능력, 사고력과 학습 및 교수 능력 그리고 금융지식 등을 더욱 높이고 개발하라고 지적한다. 셋째, 자신의 인적 자원 관리자가 되라고 한다. 철저한 자기관리를 통하여 자신을 정보화하라는 메시지를 전달하고 있다. 넷째, 자신의 변화과정을 자신이 책임질 것을 지적하며 변화의 역동성을 이해하고 그것의 활용으로 항상의 변화에 능률적으로 대처할 수 있을 것을 강조하고 있다.

자기계발서 『벼랑 끝에 나를 세워라』의 저자는 자기혁신을 위하여 그리고 성공을 위한 자신의 운명에의 도전을 "나 자신을 벼랑 끝에 세울 수 있는 혁신전략을 강구하여야 한다."라고 역설한다. 그는 성공하려면 먼저 나를 바꾸라고 주장한다. 내 인생의 업그레이드는 내가 만들어 가는 것이다. 자신의 혁신을 위한 '벼랑 끝 전략'은 오늘날과 같이 변화가 극심하고 생존 경쟁이 치열한 사회에서 시사하는 바가 매우 크다.

이 외에도 『위대함에 이르는 8가지 열쇠』의 저자 진 랜드럼(Gene Landrun)은 인간의 위대함은 타고나는 것이 아니라 학습되는 것임을 강조하고 있다. 인간은 누구든지 강철 같은 의지에 제대로 된 조건만 주어진다면 어떤 분야에서든 최고의 자리에 도달할 수 있음을 지적한다. 달리 말하면 위대함이란 생득적인 재능이 아니라 삶의 태도라는 것이다. 진 랜드램은 위대함에 이르는 열쇠로써 카리스마, 승부 근성, 자신감, 의욕, 직관, 반항, 모험, 끈기 8가지를 제시하고 있다. 그는 지금까지 우리가 위대한 사람으로 내세우는 정치지도자, 기업가, 인권운동가, 예술가, 과학자, 운동선수 등 모두 여섯 분야에서 최고의 자리에 오른 인물들이 과연 어떻게 자신의 재능과 능력을 치열하게 발휘했는지, 그들에 관한 자료와 그를 아는 모든 사람들의 증언과 실제 조사를 바탕으로 8가지 성공요인을 제시하고 있다.

그는 발자크, 도스토예프스키, 헤밍웨이, 나폴레옹, 예카테리나 여제, 히틀러, 에디슨, 테슬라, 월트 디즈니, 빌 게이츠, 마가렛 대처, 헬레나 루빈스타인, 테레사 수녀,

오프라 윈프리, 마이클 조던, 애거서 크리스티 등 우리에게 친숙한 48명의 인물들을 소개하면서, 이들이 분명 보통 사람과는 다른 길을 걸어갔음을 분석적으로 나열하고 있다. 보통 사람들이 쉽게 포기하는 일에도 이들은 결코 포기하는 법이 없다. 또한 보통사람들이 불가능하다고 여기는 그 모든 일에 자신의 신념을 가지고 도전했다. 이들은 자신의 분야에 매진할 때 혼신의 힘과 열정으로 대단한 성공을 이루었다. 이들에게 주어진 위대함이란 타이틀은 거저 얻은 것이 아니다. 이들은 그 누구보다도 근면함과 성실함, 그리고 지독한 노력으로 자신의 성공을 향해 매진한 사람들이다.

일상에서의 위대한 삶이란 유전적인 우수함이 아니라 자기 긍정, IQ보다는 열등함을 만회하려는 노력, 정규 교육이 아니라 끈기와 집념, 물질적인 상승만을 추구하기보다 기꺼이 위태로운 모험을 택하는 도전정신이라 할 수 있다. 이와 같이 개인적으로 자기혁신을 위한 전략을 세워 자신을 만들어야 한다.

## 3. 디지털 혁신 시대의 리더십 함양

### 1) 리더십의 의의와 중요성

#### (1) 현대적 의미의 리더십 개념

현대사회의 리더십은 인간적이며 창의적인 리더십이어야 한다. 본질적으로 리더십의 사전적 의미는 "조직(공동체, 집단) 구성원들이 조직의 목표 달성을 위하여 행동하는 구성원 상호 간의 작용"이다. 조직구성원 상호 간에는 인간적이어야 하며 목표 달성을 위한 행동은 창의적이어야 한다는 것이다. 경영컨설턴트 로스트(Rost)는 현대사회에서의 리더십이란, "한 조직사회에서 그 조직 구성원들의 공동목표 달성을 위하여 구성원들 상호 간의 交互作用(interaction) 혹은 相互作用(reciprocal action)의 과정"으로 정의하였다(Rost, 1993). 현재 리더십의 본질은 조직 상층부의 지도자에 초점을 맞추는 것이 아니라, 어떤 조직에 있어 구성원 모두의 상호관련성(relationship)으로 그것은 집단 구성원들 사이에서의 '제휴하고 협력하려는 노력'으로 정의되고 설명된다. 그래서 정보화시대의 리더십이란 지배와 복종의 관계가 아니라 협력과 조화의 관계이며, 상명하복의 수직적 개념이 아니라 상호작용의 수평적 개념이다.

구성원들 상호 간의 '상호작용'과 '과정'은 인간적이어야 한다. 오늘도 우리는 인간답게 살아가기를 다짐한다. 그리고 무엇이 인간답게 살아가는 것인지를 고민해 본다. 인간다움은 휴머니즘이다. 휴머니즘은 인간중심주의로서 인간을 최상의 가치로 인간의 이성과 감성을 최대한 보장하는 것이어야 한다. 그것은 산업화와 더불어 시작된 물질문명의 발달에 따라 인간이 물질과 기계의 노예로 전락된 비합리적 사고에서 다시 원래의 이성적이며 합리주의적인 인간중심사상을 말하는 것이다. 최근 물질문명이 극대화된 컴퓨터기술의 발달과 더불어 더욱 인간은 자신의 가치를 찾지 못하고 컴퓨터와 그 기술에 예속되고 있음을 부정할 수 없다. 사이버 세상의 현란한 모습은 인간을 또다시 컴퓨터의 노예로 전락시키는 결과를 낳았다. 비참하게도 오늘 인간사회에 컴퓨터가 없거나 그 기능이 일시 정지해 버리면 인간세상은 아비규환이 되어 버린다. 그래서 인간사회의 발전과 더불어 본래 인간의 모습이 절실히 요구되는 시점에서 인간적이며 합리적인 인간성의 추구가 더욱 당연하다고 할 것이다.

디지털에 의한 정보화시대가 고도화되어 가던 10여 년 전 '서울디지털포럼'회의에 참여한 미국 부통령 출신의 앨 고어(Al Gore)는 "휴머니즘: 디지털 기술의 영원한 화두"의 주제로 연설을 하였다. 앨 고어는 "정보가 넘치는 시대이다. 혼돈을 헤치고 제대로 방향을 설정하는 것이 쉽지 않다. 이 같은 시기에 더없이 소중하게 다가오는 리더십이 있다. 사람들에게 화두를 던지는 리더십이다."라고 주장하면서 그 화두는 현재 발전된 디지털 기술을 통해 휴머니즘을 구현해야 한다는 것이다. 디지털혁명이 진행되는 시기에 다시 '휴머니즘'이 근본이 되어야 한다고 강조한다.

### (2) 리더십의 중요성

정보화시대의 발전과 더불어 누적되고 있는 세계의 경제위기는 여러 가지 원인이 있겠지만 패러다임 전환 시대에 리더십의 위기라 할 수 있다. 우선 경제 각 부문 CEO들의 새로운 리더십의 부재를 그 원인으로 지적할 수 있으며, 정치를 비롯한 사회 각 분야 구성원들이 전환의 시기에 인간적이며 창의적인 리더십을 발휘하지 못한 데서 또한 그 이유가 있다. 이론적으로 그리고 구호상으로, 자칭 위대한 세계무대에서의 CEO들은 자신의 원칙에 입각한 리더십이 마치 최상의 방법이요, 어느 누구보다 훌륭한 리더십을 발휘하여 오늘의 사회경제발전을 이룩한 것으로 선전하고 있다. 그러나 그 결과는 지금과 같이 불확실성의 지속과 저성장 그리고 빈부격차의 극심한 양극화 현상들이 한순간에 다가와 몰락의 위기에서 허우적거리는 상황을 만들고 있는 것은 리더십의 패러다임 전환에 실패한 그들이 이룩해 놓았음을 부인할 수 없다. 참으로 한심한 리더십이며 19세기의 리더십으로 21세기 첨단 디지털 시대의 리더만 하려고 했으니 어찌 보면 너무나 당연한 결과라고도 할 수 있다.

정보화시대에, 첨단 디지털 방식을 대변하는 융합과 대전환의 방식에 상응하는 새로운 리더십이 절실히 요구되는 시대이다. 디지털 시대의 쌍방향의 소통방식을 웹 2.0 시대라고도 한다. 참여와 공유 그리고 개방을 특징으로 하는 웹2.0의 패러다임 시프트는 우리 인간들의 삶을 수평적으로 그리고 시간과 공간에 있어서 초월적으로 만들어 놓고 있는 현실이다. 이러한 이유로 조직의 발전과 개인의 리더십은 이제 '틀에 얽매인 사고'를 과감하게 탈피하고 무한한 잠재 능력을 개발하여 발상의 전환이 필요하다.

## 2) 인간중심과 창의적 리더십의 개발

인간중심의 창의적 리더십의 핵심은 인간 존중과 창의적인 조직의 목표달성이다. 인간 존중의 정신은 먼저 상대방을 존중하고, 정직과 신뢰, 봉사 그리고 배려하며,

긍정적이며 열정적이어야 한다. 인간주의적인 리더십의 강조는 미국의 인력개발팀 AT&T의 경영자 로버트 그린리프(Robert K. Greenleaf)가 '서번트 리더십'을 내세우는 데서 더욱 힘을 받고 있다. 인간 존중을 바탕으로 다른 구성원들이 잠재력을 발휘할 수 있도록 도와주고 이끌어 주는 것이 서번트 리더십의 핵심이다. 인간의 본성을 신뢰하고 그 능력을 무한정으로 배려하는 데서 리더십의 의의를 찾는다. 과학이 발달하고 인간사회가 복잡하면 할수록 인간관계는 본질적인 인간성에 회귀하는 것이다. 즉, 인간의 가치를 최고로 소중히 하는 리더십을 강조한다.

그래서 인간의 사회성에서 비롯된 리더십의 본질은 인간관계의 합리적 · 보편적 운용에 관한 것으로 볼 수 있을 것이다. 다원화되고 고도화된 인간사회에서의 리더십은 더욱 인간의, 인간을 위한 인간관계의 정립이 되어져야 한다. 즉, 인간사회 구성원들의 상호관계에서 인간의 존엄성을 최고의 가치로 두어야 한다. 상호 간에 인간 존중의 정신을 둠으로써 비인간화와 인간성 상실을 극복해야 본래의 리더십의 완성될 것이다.

상대를 배려하는 마음, 끊임없이 상대를 격려하고 칭찬하는 모습에서 인간애를 가질 수 있다. 설득과 타협, 봉사와 희생, 믿음과 사랑 그리고 통합의 정신은 휴머니즘의 기본이다. 배려하는 마음은 모든 종교의 출발점이기도 하다.

인간 세상에는 남들을 생각해 주지는 못할망정 남들이 잘 안되고 남들이 불행해지기를 원하는 사람들도 있다. 그리하여 버트런드 러셀(Bertrand Russell)의 말이 참 설득력이 있어 보인다. 그는 "오늘 세상에 남이 불행해지기를 원하기보다 자기 자신의 행복을 바라는 사람이 많이 있다면 불과 몇 년 안에라도 우리는 낙원을 가질 수 있게 될 것이다"라고 말한 것이다. 즉, 남이 불행해지기를 바라자지 않고 그저 나만을 소중히 여기기만 해도 세상은 이다지도 어둡지는 않을 것이라는 그의 충고는 우리에게는 매우 통렬한 것이다. 구성원들의 상호관계에서 인성을 최고의 가치로 두어야 한다.

그래서 리더십은 어떤 조직의 유지와 발전은 물론, 그 조직이 공동으로 추구하는 목표를 달성시키기 위하여 그리고 집단적, 자발적, 조직적인 노력을 동원하는 작용

그리고 집단 혹은 조직 구성원들의 노력과 행동, 역할을 분담하고 실행해 나가도록 하는 일체의 작용으로 이해할 수 있다.

또한 우리 사회에서 가장 필요한 것 중의 하나가 창조적인 문제 해결 능력이다. 패러다임의 전환 시기 혹은 발상의 전환이 요구되는 시기에 창의적인 문제의식과 접근방식은 당연하다고 할 것이다. 공동체와 조직의 목표 달성을 위하여 행하여지는 일들은 창의적이어야 한다. 다른 사람 다른 조직과 차별화된 새로운 아이디어가 있어야 목표 달성이 뛰어나다.

창의력을 강조하는 리더십의 개념은 발상의 전환을 통한 창의성 경영, 서비스 경영 등 최근 각광받고 있는 리더십 이론들과 같이 모두 과거의 기계론적 리더십을 극복하려는 시도라고 할 수 있다. 급변하는 환경 속에서 번성하는 조직이란 에너지와 창의력, 휴머니즘, 문화와 가치가 넘치는 조직인데, 신체와 영혼을 분리하고 인간을 조직의 부속물로 간주하는 기계론적 패러다임을 가진 리더는 그러한 조직의 변화를 주도할 수 없기 때문이다. 과거와는 차별화되는 창의성이 있어야 한다.

## 4. 성공한 직업인의 리더십

자신의 직업에 성공한 사회인이라면 누구나 희생과 봉사의 정신을 겸비한 서번트 리더십으로 인류와 사회에 공헌하고 있음을 알 수 있다. 자신의 입신출세와 욕구충족을 위한 직업과 직장생활이 아니라, 개인에 속해 있는 조직이나 공동체에 대한 책임완수는 물론 자신의 지역과 사회에서 역할로 희생과 봉사를 우선으로 생각하는 사람들이 있다. 그리고 이들은 일정부분 자아실현을 통한 사회의 역할 분담에 앞장서서 일하는 사람들로 성공한 직업인이라고 말할 수 있을 것이다.

### 1) 서번트 리더십

#### (1) 서번트 리더십이란?

서번트 리더십(Servant Leadership)은 단어 그대로 조직의 목표 달성을 위한 조력자로서의 리더십을 발휘하는 것으로 과거의 권위주의적인 리더십과는 큰 차이가 있다. 수직적 사회에서 리더십이 조직구성원의 앞에서 조직구성원을 이끄는 역할을 하였다면 서번트 리더십은 조직구성원의 일체화와 공감대 형성을 통하여 조직의 목표 달성을 위해 조직구성원들을 위한 리더 자신의 희생과 봉사에 초점을 맞추고 있다. 20세기까지는 거대한 조직을 위하여 그 구성원들 상호 간의 연결을 중요시하였던 제조업의 시대에 필요한 강력한 리더십, 즉 카리스마적 리더십이 필요하였다. 그러나 그러한 권위주의적인 구조 속에서도 아날로그적인 인간관계 형성은 리더가 갖추어야 할 중요한 조건으로 존재하고 있었다.

21세기는 정보산업과 네트워크 산업의 발달로 거대 조직보다는 개인주의가 심화되었고 전문성이 많이 요구되고 있다. 이러한 디지털적인 사회환경 속에서 희미하여지는 인간관계 형성은 더욱 중요한 이슈가 되었고 심지어는 어느 리더가 더 많은 인적 네트워크를 갖고 있느냐가 리더의 역량을 가름하는 상황까지 되었다. 이러한 의미에서 서번트 리더십은 새로운 시대에 잃어버리기 쉬운 조직구성원의 역량을 새롭게 정립하였다고 할 수 있다.

#### (2) 서번트 리더십의 역할

첫 번째, 방향 제시자로서 역할로 조직의 비전을 제시해 주는 역할을 한다. 서번트 리더가 조력자이면서도 리더인 이유는 다른 구성원들이 보지 못하는 미래를 바라보고 비전을 보여 줄 수 있는 능력을 갖고 있기 때문이다. 최고 경영자는 중간 관리자에게, 중간 관리자는 일선 실무자들에게 조직이 나아가고자 하는 방향과 목표를 설명해 줄 수 있어야 한다.

두 번째, 업무와 일상에서의 상호 간의 파트너로서 구성원들 간의 합의를 이끌어 내기 위해 의견들을 조율하는 역할을 한다. 흔히 서번트 리더는 재능 있는 음악가들로 구성된 오케스트라의 지휘자 모습에 비유할 수 있다. 연주의 템포를 유지하고, 연주자의 역할과 능력이 적절한지, 연주자들 간의 조화가 이루어지는지 확인하는 지휘자의 모습은 조직내부를 조율하는 리더의 모습이다.

세 번째, 모든 업무에 있어 솔선수범하는 지원자로서 구성원들이 업무 수행을 원활히 할 수 있도록 지원하고, 업무 외의 개인적인 삶에 있어서도 업무와 균형을 이룰 수 있도록 돕는 역할이다. 즉, 일과 삶의 균형을 이룰 수 있도록 배려하는 것도 서번트 리더십의 중요한 특징 중의 하나다.

### (3) 서번트 리더십의 특징

#### ① 청지기 의식(Stewardship)

리더는 서번트(Servant), 즉 '종'이 되어야 한다는 말로 다른 사람을 섬기는 청지기 의식을 갖어야 한다는 뜻이다. 청지기 의식은 '타인을 섬기는 자세'로서 서번트 리더십의 바탕을 이루는 가치관이다. 이러한 리더십은 최고 경영자 '예수'의 리더십에서도 볼 수 있다.

#### ② 구성원들의 성장에 대한 지원

서번트 리더십을 통해 조직을 성공으로 이끌기 위해서는 구성원들에게 적절한 성장기회를 제시하고 적극적으로 지원함으로써 구성원들이 스스로 역량을 개발할 수 있도록 환경을 조성해 주는 지원이 필요하다. 서번트 리더는 우선 구성원들에게 바라는 목표와 기대치가 무엇인지 명확하여야 한다. 그다음 단계로는 특정 업무를 처음으로 수행하는 구성원의 경우에는 그 업무를 수행하는 기본적인 방법과 규칙을 가르쳐 주는 것이 필요하다. 마지막으로 구성원들이 스스로의 방법으로 일하도록 하고, 필요로 하는 자원을 지원하며 불필요한 외부의 간섭을 막아 주는 등 구성원이 자신의 역량을 최대한 발휘할 수 있도록 스폰서 역할을 한다.

③ 구성원들에 대한 인간적 배려

구성원들이 제대로 업무 수행을 하기 위해서는 업무 성과에 앞서 부하들의 개인적인 사정을 배려하는 노력도 중요하다. 구성원들이 잠재력을 발휘할 수 있도록 환경을 조성해 준다는 것은 구성원들에 대한 정서적 배려를 포함한다. 부하들이 업무와 개인적인 삶 사이의 균형을 이룰 수 있도록 리더가 적극적으로 배려해야 함을 말한다.

④ 공감대의 형성과 협력

서번트 리더십을 통해 조직을 효율적으로 운영하기 위해서는 리더와 구성원들 간의 공감대를 형성하는 것이 필수 불가결한 요소다. 공감대 형성이란 구성원들이 업무적인 측면과 정서적인 측면에서 강한 유대감을 갖는 것을 의미하는데 이는 구성원들에게 주인의식과 책임의식을 갖게 하는 가장 기본적인 요소이다. 공감대 형성을 위해서는 다양한 경영 현안에 대해 리더와 구성원들 상호 간의 경청과 공감, 설득과정이 지속적으로 이루어져야 한다. 이러한 개방적인 커뮤니케이션은 구성원들이 리더와의 파트너십을 형성하고 조직에 대한 주인의식과 책임감을 갖게 하는 데 매우 효과적인 방법이다.

### 2) 잭 웰치의 성공을 위한 리더십

잭 웰치(Jack Welch)의 자서전적 도서 『끝없는 도전과 용기』(Straight from the Gut)의 내용 중 에서 웰치가 주장하는 '최고의 CEO가 알아야 할 모든 것'(What This CEO Thing Is All About)에 의하면, "CEO는 정말 골치 아픈 직업이지만, CEO보다 더 좋은 직업은 없다!"라고 하면서 CEO에게서 요구되는 성공자질로, 행복할 때나 고통스러울 때 흔들림 없는 성실성(Intergrity)을 지적하고 있다. 성실한 카톨릭 신자인 동시에 사업가가 될 수 있느냐는 질문에 그는 단호히 그럴 수 있다고 대답한다. 그렇게 할 수 있는 간단한 방법은 도덕성을 유지하기 위한 것이라고 한다. 도덕성을 확립하고 절대 흔들리지 않는 것이 그가 행복할 때나 고통스러울 때 변함없이 그를 지탱해 준 절대 기준이라 한다. 누구나 항상 옳을 수는 없을 것이다. 하지만 언제나 솔직하고 정직하게 모든 일을 처리하는 도덕적 신뢰는 고객, 공급자, 애널리스트, 경쟁자, 그리고 정부와 보다 더 나은 관계를 만들어 나가는 데 도움을 준다. 그것은 조직의 품격을 결정한다. 그는 결코 속 다르고 겉 다르게 행동하지 않는다. 그에게는 단 하나의 길, 앞으로 똑바로 나아가는 정직한 길이라는 것을 알아야 한다.

무엇보다도 웰치는 위의 자서전에서 "약 30년간 (GE에서) 리더를 채용하고 때로는 해고하면서 리더는 어떻게 보이고 행동하는지 알게 됐다"며, 현대 리더십의 특징인 '4E'를 강조했다. 즉, 4E로 Energy(활력), Energize(동기부여), Edge(결단력), Execute(실행력)를 제시하고, 그는 월스트리트저널 기고문에서 리더십 있는 사람을 구별해 내는 방법을 제시했다. 명실공히 리더십이 있는 사람이라면, 첫째, 활동과 변화를 좋아하는 '활력(Energy)'을 가지고 있어야 하며, 둘째, 만약 산을 옮겨야 한다면 사람들이 그렇게 할 수 있다는 신념을 갖게 할 만큼 '동기를 부여(Energize)'할 수 있는 사람, 셋째, 예와 아니오의 결정을 내릴 수 있는 '날카로운 결단력(Edge)'이 있는 사람 그리고, 넷째, 일을 '실행(Execute)'할 수 있는 능력이 있어야 한다는 것이다. 웰치는 "만약 '4E'가 모두 있다면, 끝으로 삶과 일에 대해 '열정(Passion)'이 있는지 확인해야 한다"고 덧붙였다. 웰치는 또 '4E'와 '열정'이 있는지 확인하기 전에 반드시 체크해 봐야 할 두 가지 질문이 있다고 제시하였다. 하나는 그가 '성실성(integrity)'을 갖고 있느냐는 것이고, 또 하나는 다른 우수한 사람을 지휘할 만큼 폭넓은 지식을 가진 '똑똑한(intelligent)' 사람인가라는 것이다.

웰치는 이 기준으로, 한 때 미국 대통령선거 후보 경선에 나선 민주당 후보들의 리더십을 저울질하기도 했다. 당시 선두를 달리고 있는 존 케리(John Kerry) 상원의원의 경우 '4E' 중에서 주위에 동기를 부여하는 능력이 부족해 카리스마가 없다는 비난을 받을 수 있다고 주장한 적이 있다.

지금 우리 사회는 개인적으로 성공한 사람들의 리더십, 즉 서번트 리더십이 매우 필요한 것이 사실이다. 리더 한 사람의 성공이 필요한 것도 사실이지만 수평화되고 공동의 선을 추구해 나가는 디지털 문화의 대중성을 감안한다면 모두가 성공적인 삶을 살아가기 위하여 꼭 필요한 리더십이 서번트 리더십이다. 더욱이 소프트웨어의 다양성과 국경을 초월한 글로벌 사회에서는 현재 자신의 직업 혹은 위치가 있는 곳에서 모든 사람이 셀프리더십을 발휘하여 봉사와 희생의 정신이 바탕이 되는 서번트 리더십으로 사회의 봉사자가 되어야 할 때이다.

04
CHAPTER

# 진로탐색과 자기이해

## 1. 자기이해를 위한 분석과 진로탐색

### 1) 객관적 자기분석을 통한 진로탐색

우리는 대학생활 내내 취업과 미래의 희망과 목표 달성을 위하여 심신의 단련에서부터 사회가 요구하는 자질들을 준비하고 실력을 양성하여야 한다. 자신에 대한 신체적 · 정신적 정확한 이해와 판단을 기초로 미래를 설계하여야 한다. 더 강력하게 표현하자면, 시대와 사회가 바라는 나 자신의 최고 브랜드를 만들기 위하여 엄청난 공을 들여야 한다. 삶의 여정에서 신체적으로도 강인한 힘(力)이 있어야 하지만 자신에게 주어진 모든 일들을 능수능란하게 치러 낼 수 있는 실력(力)이 있어야 한다. 이러한 자기 능력계발과 실력의 향상을 위하여 우리는 먼저 자신을 알아야 한다.

대학생활과 미래를 위한 진로탐색에 있어서 중요한 것은 자질과 능력개발과 같은 자기완성을 위해 먼저 합리적 자기분석, 즉 정확한 자기진단이 선행되어야 한다는 것이다.

평소에 내가 좋아하고, 내가 하고 싶은 일을 찾고 또 잘할 수 있는 일이 무엇이냐를 찾으며, 한 가지 더 꼭 해야 할 일까지 모두를 만족시킬 수 있는 자기분석과 이해가 이루어지도록 객관적이고 합리적인 방법으로 자기진단이 이루어져야 한다. 꿈과 현실을 구분하여 꿈과 이상은 높이 설정하되 목표는 현실에 맞는 선택이 되어야 한다.

자신에 대한 좀 더 체계적이고 합리적인 정보를 알아보기 위하여 진로 및 직업과 관련된 한국직업능력개발원에서 운영하는 커리어넷 등을 이용해 자가 진단을 할 수 있다. 인성의 기초를 알아볼 수 있는 각종 심리검사를 비롯하여 직업 흥미도 검사, 직업적성검사, 진로성숙도 검사, 직업가치관검사, 진로개발준비도 검사, 이공계전공적합도검사, 주요효능감검사 등이 있다. 과거에는 이들 검사가 대행기관이나 학교에서 서류상으로 이루어졌으나, 이제는 ICT 시대 온라인 방식으로 실행해 볼 수 있다.

**TIP**

**다음과 같은 준비단계를 거치며 마음의 자세를 가다듬어 정확한 자기분석을 한다.**

1. 사전 준비의 재정비와 실전취업을 해 본다는 마음자세를 가진다.
2. 내가 좋아해서 잘할 수 있으며 하고 싶은 일을 찾아보고 꼭 해야 할 일은 무엇인지 자신만의 진로 로드맵을 그려 본다.
3. 나의 장단점을 살펴보고 다른 사람과 차별화, 전문화, 개성화 전략을 세운다.
4. 자신에 대한 이해를 합리적으로 분석하는 한편 처음에는 발상의 전환도 시도한다.
   아래 다양한 심리검사 및 직업진로검사 사이트를 참고해서 활용해 위 제시문을 시행한다
   http://www.careernet.re.kr/, http://www.happycoach.co.kr/, www.jobkorea.co.kr
   http://www.guidance.co.kr/, http://www.work.go.kr/, http://www.career.com/

## 2) 진로선택을 위한 자기진단

청년 학생들이 대학생활에서 진로를 찾아서 혹은 전공 공부와 연결하여 자신의 미래를 설계하고 고민하는 모습은 동서고금을 통해 젊음이 가지는 특권이며 장차, 국가와 민족의 장래가 걸린 매우 아름다운 모습으로 국민적 염원을 보여 주는 것이기도 하였다. 한 국가의 미래가 달려 있는 청년 학생들의 향후의 진로와 관련된 '인재 발굴'은 그 중요성에 비추어 국가의 정책적 지원과 함께 스스로가 처해 있는 환경을 기반으로 다양한 방법으로 전개되어야 할 것이다. 최근 우리나라도 정부 혹은 지자체 차원에서 청년 일자리 찾기 혹은 청년복지 지원제도가 많이 생겨나 시행이 되거나 계획들이 세워지고 있다.

막중한 임무를 가진 청년학생들의 진로의 선택은 무엇보다 시간이 빠르면 빠를수록 좋다는 사실을 알고 있을 것이다. 남보다 조금이라도 빠른 목표 의식과 함께 결단력 있는 미래에 대한 체계적이며 빈틈 없는 계획과 선택은, 우선 '내 준비'가 선행되어야 할 것을 우리는 알고 있다. 과거 중고교 시절, 진학 준비를 위하여 이루어졌던 주입식 교육과정에서는 찾아볼 수 없었던 '자기알기', 즉 자기분석과 탐색이 체계적으로 이루어져야 한다. 흔히, 지피지기면 백전백승이라는 표현과 같이 자신의 장래와 미래를 계획하고 그 수행과정을 결정하여야 하는 과정에서 과학적이며 합리적인 정확한 자기진단이 반드시 선행되어야 한다.

자신의 성격 분석은 물론 취업을 위한 자기진단검사와 직업심리검사(자기진단검사)의 종류는 다양하고 많다. 초·중등학교 시절 실시해 보는 IQ검사와 EQ검사를 비롯하여 성격적 특성 그리고 잠재능력을 진단해 보는 인·적성검사 등이 있으며, 체계적인 자기분석의 기초검사를 비롯하여 다음과 같은 직업심리검사(http://www.work.go.kr/consltJobCarpa/jobPsyExam/jobPsyExamIntro.do 참고) 등을 취업을 앞두고 사전에 실시해 보고 자기만의 분석적이고 합리적인 취업준비를 해 보아야 한다.

① MBTI 성격검사: 개인의 성격을 16가지의 성격유형검사로 분류한다.

② 성인용 직업적성검사: 직업적성을 종합적으로 판단하는 능력검사로 언어력, 상

황판단력, 문장도해력 등 11개의 적성요인으로 구성되어 있다.

③ 직업가치관 검사: 어떤 직업을 가치 있게 생각하는지, 직업가치관 이해 및 적합 직업 안내에 대한 검사로 구성되어 있다.

④ 직업선호도검사 S형: 개인의 흥미유형 및 적합 직업을 탐색해 보기 위해서 현실형, 탐구형, 예술형, 사회형, 진취형, 관습형 여섯 가지 흥미유형으로 구분해 적합한 직업을 탐색한다.

⑤ 직업선호도검사 L형: 개인의 흥미검사 6개 및 성격검사 5개, 생활사 검사 9개에 대한 특성을 측정하여 적합한 직업을 안내한다.

⑥ 구직 준비도 검사: 구직활동과 관련한 특성들인 경제적 취약성, 사회적 취약성, 자아존중감, 자기효능감, 구직기술, 의사전달능력, 대인관계활용, 구직정보수집 등을 측정하여 구직활동에 유용한 정보를 제공한다.

이 외에 대학생 진로개발 준비도 검사, DiSC 행동유형검사, 이공계 전공적합도 검사 등으로 본인의 정확한 적성을 파악하게 되며, 상담을 통해서 개별적으로 진로에 관한 많은 정보를 얻을 수 있기 때문에 진로선택에 보다 큰 역할을 할 수 있다.

## 2. 자기진단의 합리적 방법들과 검사 예시

### 1) 인 · 적성검사와 직무적성검사

#### (1) 인성검사 평가의 구성

인성검사는 자기보고형 진단 평가 도구로서의 목적뿐만 아니라 정상인들의 성격 특성, 정서적 적응 수준, 검사에 임하는 태도 등 다양한 심리 내적 영역을 양적으로 측정한다. 이를 위하여 1943년 미국 미네소타 대학의 정신심리교수들이 임상진단용의 목적에서 원판 MMPI의 개정판인 성인용 MMP-2와 청소년용 MMPI-A가 사용되고 있다. MMPI-2는 수검 태도를 반영하는 타당도 척도와 10개의 임상 척도, 그 밖에 재구성 임상 척도, 성격 병리 5요인 척도, 내용 척도, 보충 척도 및 결정적 문항 등으로 구성되어 있다.(미네소타 다면적 인성 검사[Minnesota Multiphasic Personality Inventory]: 심리학용어사전, 2014. 4., 한국심리학회 참고)

이들 인성검사 평가의 구성 내용을 도표화해 보면 〈표 4-1〉과 같다.

〈표 4-1〉 인성검사 평가의 구성요소

| 구성요소 | 평가내용 | 평가목적 |
|---|---|---|
| 정서적 측면 | 감정의 안정상태와 조직적응력 | 직장적응력 |
| 성격유형 측면 | 흥미의 관심방향과 지원자의 의향 일치도 | 흥미와 관심방향의 일치도 |
| 행동적 측면 | 대인관계 및 사물탐구경향과 신체활동성 | 지원자의 성격 중 행동 경향 |
| 의욕적 측면 | 일하는 데 있어서 달성의욕과 활동의욕 | 일하고자 하는 의지 |
| 라이 스케일 | 응답을 솔직하게 했는지 거짓으로 했는지의 정도 | 정직성 |

출처: 권창오(2015: 134 재인용).

### (2) 직무적성검사의 기본구성

적성검사는 분류기준에 따라 다양한 유형이 있다. 크게 일반적인 적성검사와 특수 직업 직무적성검사로 나누어 실시한다. 직무적성검사의 평가요소는 언어능력, 수리능력, 공간지각능력, 추리능력, 창의력, 상황 판단력 사회 및 직무종합상식 등으로 구성되어 있다.

역시 검사의 기본 구성은 〈표 4-2〉와 같이 요약할 수 있다.

〈표 4-2〉 **직무적성검사 평가의 구성요소**

| 평가요소 | 평가내용 |
|---|---|
| 언어능력 | 동의어와 반대어, 고사성어, 한자풀이, 속담풀이, 단어의미 찾기 |
| 수리능력 | 산술응용 및 기초통계 |
| 공간지각능력 | 문자배열, 숫자배열, 도형배열 |
| 추리능력 | 언어이해추리, 수추리, 기계추리 |
| 창의력 | 수식만들기, 가정세우기, 등식메우기, 그림완성 |
| 상황판단능력 | 절차계획력, 상황평가력, 분석종합력, 상황대처력 |
| 사회 및 직무종합상식 | 정보화능력, 국제화능력, 사회경제 · 경영상황 파악능력 |

출처: 권창오(2015: 135 재인용).

## 2) MBTI 성격유형검사와 예시

### (1) MBTI검사

MBTI검사는 가장 일상적인 성격유형검사로 자기 자신의 기본 성향 이해와 함께 자신의 성격유형을 찾고, 자기와 비슷한 사람과 다른 사람의 특성을 이해하도록 하여 대인관계 설정에 도움을 얻을 수 있도록 돕는다.

### (2) MBTI 검사지와 검사

다음 MBTI 성격유형검사의 간이 검사지를 통해 자신의 성격유형을 찾아본다.

출처: 김영근; 성격검사를 통한 자기발견(http://cafe.daum.net/familytherapy0191).

실시 방법: ① 다음 각 번호별로 제시되어 있는 두 개의 문장을 읽고 나에게 보다 많이 해당되는 것에 ✔ 한다.
② ✔ 개수를 세어 합계란에 쓰고 점수가 큰 쪽의 유형을 □ 안에 표시
③ □ 안에 쓴 영어 알파벳을 맨 나중에 차례대로 4가지를 붙여 표시

| 번호 | E 유형 | 표시 | I 유형 | 표시 |
|---|---|---|---|---|
| 1 | 나는 여러 친구들과 많이 사귀는 편이다. | | 나는 몇 명의 친구들과 깊이 사귀는 편이다. | |
| 2 | 계발활동을 갈 때 새로운 친구들을 만나는 것이 신난다. | | 새로운 계발활동 부서에 갈 때 처음 보는 친구들과 앞으로 어떻게 지낼까 걱정이다. | |
| 3 | 처음 보는 친구들을 만나면 내가 먼저 말한다. | | 처음 보는 친구들을 만나면 다른 친구가 나에게 먼저 말한다. | |
| 4 | 나의 생각이나 느낌을 다른 사람에게 이야기하는 편이다. | | 나의 생각이나 느낌을 내 마음 속에 간직하는 편이다. | |
| 5 | 나는 친구들과 함께하는 놀이가 좋다. | | 나는 나 혼자 재미있게 하는 놀이가 좋다. | |
| 6 | 나는 많은 친구들에게 이야기하길 좋아한다. | | 나는 친한 친구들에게 이야기하기를 좋아한다. | |
| 7 | 친구들과 함께 공부하면 잘된다. | | 나 혼자 공부하면 더 잘된다. | |
| 8 | 나는 나의 생각과 느낌을 말로 표현하는 것이 편하다. | | 나는 나의 생각과 느낌을 글로 표현하는 것이 편하다. | |
| 9 | 주위 사람들은 내가 활발하다고 말한다. | | 주위 사람들은 내가 얌전하다고 말한다. | |
| | 합 계 | | 합 계 | |

이 단계에서 나의 활동 유형은? □

| 번호 | S 유형 | 표시 | N 유형 | 표시 |
|---|---|---|---|---|
| 1 | 나는 친구들에게 내가 직접 보고 들은 것에 대해 얘기하는 것을 좋아한다. | | 난 친구들에게 내가 상상한 것을 이야기하는 것을 좋아한다. | |
| 2 | 나는 실제로 있었던 사람이나 사실에 대한 책을 좋아한다. | | 나는 상상으로 지어낸 이야기를 좋아한다. | |
| 3 | 어려운 일에 부딪히면 하던 일을 잘못한다. | | 어려운 일에 부딪히면 도전하고 싶은 마음이 생긴다. | |
| 4 | 나는 무엇을 할 때 전에 배웠던 대로 하는 것이 편하다. | | 나는 무엇을 할 때 새로운 방법을 생각해서 해 볼 때 더 재미있다. | |
| 5 | 나는 그려진 그림에 색칠하기를 좋아한다. | | 나는 이야기 지어내기를 좋아한다. | |
| 6 | 나는 현재에 최선을 다하는 것이 중요하다고 생각한다. | | 나는 미래에 대한 꿈을 갖는 것이 중요하다고 생각한다. | |
| 7 | 나는 선생님이 가르쳐 주신 방법대로 하는 편이다. | | 나는 나 스스로 나만의 방법을 만들어서 하는 편이다. | |
| 8 | 내가 좋아하는 책은 읽은 것이라도 또 읽는다. | | 나는 새로운 다른 책을 읽는 것이 좋다. | |
| 9 | 나는 부지런하고 성실하다는 얘기를 듣는 편이다. | | 나는 기발하고 엉뚱하다는 얘기를 듣는 편이다. | |
| | 합 계 | | 합 계 | |

이 단계에서 나의 인식 기능은? □

| 번호 | T 유형 | 표시 | F 유형 | 표시 |
|---|---|---|---|---|
| 1 | 나는 불공평한 것이 가장 나쁘다고 생각한다. | | 나는 다른 사람의 마음에 상처를 주는 것이 가장 나쁘다고 생각한다. | |
| 2 | 나는 공부 잘하는 실력 있는 학생으로 인정받고 싶다. | | 나는 친구들 사이에서 인기가 좋은 학생으로 인정받고 싶다. | |
| 3 | 우리 편이 지면 다음 번에는 이기도록 계획을 짠다. | | 우리 편이 지면 '다음에 이기면 되지'하면서 친구들의 기분을 좋게 해 준다. | |
| 4 | 친구의 잘못된 점은 지적해 주는 편이다. | | 친구의 잘못된 점을 지적해 주면 친구가 어떻게 생각할까 걱정이 돼서 말하지 않는 편이다 | |
| 5 | 나는 공평한 사람이 되고 싶다. | | 나는 친절한 사람이 되고 싶다. | |
| 6 | 달리기에서 이기면 기분이 아주 좋다. | | 달리기에서 이기면 기분은 좋지만 진 사람은 기분이 어떨까 생각한다. | |
| 7 | 나는 똑똑한 사람으로 인정받고 싶다. | | 나는 따뜻한 사람으로 인정받고 싶다. | |
| 8 | 도둑질을 하는 학생은 벌을 받아야 한다고 생각한다. | | 도둑질을 하는 학생은 도둑질을 하지 않도록 도움을 받아야 한다고 생각한다. | |
| 9 | 벌금을 받을 때는 규칙대로 정확하게 받아야 한다. | | 벌금을 받을 때는 상황에 따라 그 사람의 사정을 고려해서 받아야 한다. | |
| | 합 계 | | 합 계 | |

이 단계에서 나의 판단기능은? □

| 번호 | J 유형 | 표시 | P 유형 | 표시 |
|---|---|---|---|---|
| 1 | 내가 해야 할 일을 먼저 하고 논다. | | 내가 할 수 있는 일이라면 먼저 재미있게 놀고 난 후에 해도 괜찮다. | |
| 2 | 수업 계획에 따라 차근차근 가르쳐 주시는 선생님이 좋다. | | 그때그때마다 우리가 좋아하는 것에 맞추어 수업내용을 바꾸어서 가르치는 선생님이 좋다 | |
| 3 | 나는 정리정돈된 깨끗한 방이 좋다. | | 나는 내 마음대로 흩어 놓을 수 있는 방이 좋다. | |
| 4 | 하기 쉽게 잘 짜여진 숙제를 나는 좋아한다. | | 새로운 방법으로 하는 숙제를 나는 좋아한다. | |
| 5 | 자전거를 탈 때 어디로 갈지 미리 생각하고 탄다. | | 자전거를 탈 때 그냥 달리고 나서 어디로 갈지 생각한다. | |
| 6 | 나는 일기장이나 과제물을 잘 챙기는 편이다. | | 나는 일기장이나 과제물을 잘 잊어 먹는 편이다. | |
| 7 | 무엇을 공부해야 할지 자세히 가르쳐 주시는 선생님이 좋다. | | 우리들 스스로 공부할 것을 선택하도록 맡기시는 선생님이 좋다. | |
| 8 | 게임의 규칙은 절대로 바뀌어서는 안된다. | | 게임의 규칙은 경우에 따라 바뀔 수 있다. | |
| 9 | 나는 일을 계획적으로 해내는 편이다. | | 나는 일을 그때그때 해내는 편이다. | |
| | 합 계 | | 합 계 | |

이 단계에서 나의 생활 양식은? □

MBTI 간이 성격유형 검사 결과 / 나의 성격유형은 □□□□입니다.

나와 같은 성격유형을 가진 친구들과 같이 모여 서로 성격특성에 대하여 대화 나누기를 하며 타당성 여부를 토론한다.

| 성격유형 | 특 징 | 관련 직업 |
|---|---|---|
| ISTJ | 실제 사실에 대하여 정확하게 체계적으로 기억하며 일처리에 신중하며 책임감이 강하다. | 회계, 법률, 생산, 건축, 의료, 사무직, 관리직 등 |
| ISTP | 말이 없으며 객관적으로 인생을 관찰하는 편이고 필요 이상으로 자신을 발휘하지 않는다. | 법률, 경제, 마케팅, 판매통계분야 등 |
| ESTP | 사실적이고 관대하며 개방적이고 사람이나 일에 대한 선입견이 별로 없다. | 의사, 군인, 검사, 경찰관, 운동가 등 |
| ESTJ | 실질적이고 현실감이 뛰어나며 일을 조직하고 계획하여 추진시키는 능력이 있다. | 사업가, 행정관리, 생산건축 등 |
| ISFJ | 책임감이 강하고 온정적이며 헌신적이고 침착하며 인내력이 강하다. | 의료, 간호, 교직, 사무직, 사회사업 등 |
| ISFP | 말없이 다정하고 양털안감을 넣은 오버코트처럼 속마음이 따뜻하고 친절하다. | 농장경영, 교통, 유흥업, 간호직, 비서직 등 |
| ESFP | 현실적이고 실제적이며 친절하다. 어떤 상황이든 잘 적응하며 수용력이 강하고 사교적이다. | 의료판매, 교통, 유흥업, 간호직, 비서직 등 |
| ESFJ | 동정심이 많고 다른 사람에게 관심을 쏟으며 인화를 중시한다. 동료애가 많고 친절하다. | 교직, 성직, 판매, 간호, 의료분야 등 |
| INFJ | 창의력, 통찰력이 뛰어나며 강한 직관력으로 말없이 타인에게 영향력을 미친다. | 성직, 심리치료와 상담, 예술과 문학 분야 등 |
| INFP | 마음이 따뜻하고 조용하며 자신이 관계하는 일에 대하여 책임감이 강하고 성실하다. | 언어, 학문, 문학, 상담 등 |
| ENFP | 온정적이고 창의적이며 항상 새로운 가능성을 찾고 시도한다. | 상담, 교육, 저널리스트, 광고, 판매, 작가 등 |
| ENFJ | 민첩하고 동정심이 많고 사교적이며 인화를 중요시하고 참을성이 많다. | 교직, 성직, 심리상담, 예술, 문학 등 |
| INTJ | 행동과 사고에 있어서 독창적이며 강한 직관력과 의지와 결단력, 인내심이 있다. | 과학, 엔지니어링, 발명, 정치, 철학 등 |
| INTP | 과묵하나 관심이 있는 분야에 대해서는 말을 잘하며 이해가 빠르고 높은 직관력으로 통찰하는 재능과 지적 호기심이 많다. | 순수과학, 연구, 수학, 엔지니어링, 경제, 철학, 심리학 등의 학문 |
| ENTP | 독창적이며 창의력이 풍부하고 넓은 안목을 갖고 있으며 다방면에 재능이 많다. | 발명가, 과학자, 언론, 마케팅, 컴퓨터 분석 등 |
| ENTJ | 활동적이고 솔직하며 결정력과 통솔력이 있고 장기적 계획과 거시적 안목을 선호한다. | 판매업, 건축업, 선장, 군인, 경찰관 등 |

출처: 한국심리연구소.

MBTI 검사는 각각의 쌍으로 이루어진 네 범주의 선호경향과 각 범주를 구성하는 8가지 특징으로 구성된 16가지의 성격유형을 판정하는 검사도구이다. 4가지 선호경향은 다음과 같다.

### (3) 결과분석

① **외향형 내향형**: 에너지의 방향과 주의 초점이 외부로 향하는 사람은 외향형, 내부로 향하는 사람은 내향형으로 구분된다. 이것은 일반적으로 말하는 외향적이냐 내성적이냐 하는 개념과는 다른 것으로 주의집중이 자기 내부를 향하느냐 외부세계를 향하느냐를 말한다.

② **감각형/직관형**: 기준은 나무를 보는가, 숲을 보는가라고 할 수 있다. 감각형이 오감을 사용하여 지금과 현재에 초점을 두는 반면 직관형은 육감을 사용하여 사물의 본질과 추상적 특성을 꿰뚫어 보는 능력을 가진다.

③ **사고형/감정형**: 사물과 상황을 판단할 때 사실에 초점을 두느냐 사람들 사이의 관계와 감정에 초점을 두느냐에 따라 나뉘어진다. 사고형은 진실과 사실에 초점을 두고 분석적이고 객관적으로 상황을 파악하며 감정형은 관계와 사람에 초점을 두고 상황적이고 정상을 참작하여 상황을 파악한다.

④ **판단형/인식형**: 과제를 수행하는 방식에 따라 나뉜다. 판단형은 일을 시작하기 전에 치밀하게 계획하여 상황을 통제하고 조정하는 것을 중시하며 직관형은 상황에 따라 순발력 있게 대처하는 자율성을 가진다.

### (4) 성격유형 분석

앞의 네 가지 선호경향의 조합에 따라 16가지의 성격유형이 나누어지는데, 유형별 특성을 간략하게 소개하면 다음과 같다.

① ISTJ: 신중하고 조용하며 집중력이 강하고 매사에 철저하다. 구체적, 체계적, 사실적, 논리적, 현실적인 성격을 띠고 있으며, 신뢰할 만하다. 만사를 체계적으로 조직화시키려고 하며 책임감이 강하다.

② ISTP: 차분한 방관자이다. 조용하고 과묵하며, 절제된 호기심을 가지고 인생을 관찰하고 분석한다. 때로는 예기치 않게 유머감각을 나타내기도 한다. 대체로 인간관계에 관심이 없고, 기계가 어떻게 왜 작동하는지 흥미가 많다. 논리적인 원칙에 따라 사실을 조직화하기를 좋아한다.

③ ESTP: 현실적인 문제해결에 능하다. 근심이 없고 어떤 일이든 즐길 줄 안다. 기계 다루는 일이나 운동을 좋아하고 친구 사귀기를 좋아한다. 적응력이 강하고 관용적이며, 보수적인 가치관을 가지고 있다.

④ ESTJ: 구체적이고 현실적이고 사실적이며, 기업 또는 기계에 재능을 타고난다. 실용성이 없는 일에는 관심이 없으며 필요할 때 응용할 줄 안다. 활동을 조직화하고 주도해 나가기를 좋아한다. 타인의 감정이나 관점에 귀를 기울일 줄 알면 훌륭한 행정가가 될 수 있다.

⑤ ISFJ: 조용하고 친근하고 책임감이 있으며 양심 바르다. 맡은 일에 헌신적이며 어떤 계획의 추진이나 집단에 안정감을 준다. 매사에 철저하고 성실하고 정확하다. 기계 분야에는 관심이 적다. 필요하면 세세한 면까지도 잘 처리해 나간다. 충실하고 동정심이 많고 타인의 감정에 민감하다.

⑥ ISFP: 말없이 다정하고 친절하고 민감하며 자기 능력을 뽐내지 않고 겸손하다. 의견의 충돌을 피하고 자기 견해나 가치를 타인에게 강요하지 않는다. 남 앞에 서서 주도해 나가기 보다 충실히 따르는 편이다. 일하는 데에도 여유가 있다. 왜냐하면 목표를 달성하기 위해 안달하지 않고 현재를 즐기기 때문이다.

⑦ ESFP: 사교적이고 태평스럽고 수용적이며 친절하고 만사를 즐기는 형이기 때문에 다른 사람들로 하여금 일에 재미를 느끼게 한다. 운동을 좋아하고 주위에 벌어지는 일에 관심이 많아 끼어들기 좋아한다. 추상적인 이론보다는 구체적인 사실을 잘 기억하는 편이다. 건전한 상식이나 사물뿐 아니라 사람들을 대상으

로 구체적인 능력이 요구되는 분야에서 능력을 발휘할 수 있다.

⑧ ESFJ: 마음이 따뜻하고 이야기하기 좋아하고, 사람들에게 인기가 있고 양심바르고 남을 돕는 데에 타고난 기질이 있으며 집단에서도 능동적인 구성원이다. 조화를 중시하고 인화를 이루는 데 능하다. 항상 남에게 잘해 주며, 격려나 칭찬을 들을 때 가장 신바람을 낸다. 사람들에게 직접적이고 가시적인 영향을 줄 수 있는 일에 가장 관심이 많다.

⑨ INFJ: 인내심이 많고 독창적이며 필요하거나 원하는 일이라면 끝까지 이루려고 한다. 자기 일에 최선의 노력을 다한다. 타인에게 말없이 영향력이 미치며, 양심이 바르고 다른 사람에게 따뜻한 관심을 가지고 있다. 확고부동한 원리원칙을 중시한다. 공동선을 위해서는 확신에 찬 신념을 가지고 있기 때문에 존경을 받으며 사람들이 따른다.

⑩ INFP: 정열적이고 충실하나 상대방을 잘 알기 전까지는 이를 드러내지 않는 편이다. 학습, 아이디어, 언어, 자기 독립적인 일에 관심이 많다. 어떻게 하든 이루어 내기는 하지만 일을 지나치게 많이 벌이려는 경향을 가지고 있다. 물질적 소유나 물리적 환경에는 별 관심이 없다.

⑪ ENFP: 따뜻하고 정열적이고 활기에 넘치며 재능이 많고 상상력이 풍부하다. 관심이 있는 일이라면 어떤 일이든지 척척 해낸다. 어려운 일이라도 해결을 잘하며 항상 남을 도와줄 태세를 가지고 있다. 자기 능력을 과시한 나머지 미리 준비하기보다 즉흥적으로 덤비는 경우가 있다. 자기가 원하는 일이라며 어떠한 이유라도 갖다 붙이면서 부단히 새로운 것을 찾아 나선다.

⑫ ENFJ: 주위에 민감하며 책임감이 강하다. 다른 사람들의 생각이나 의견을 중히 여기고, 다른 사람들의 감정에 맞추어 일을 처리하려고 한다. 편안하고 능란하게 계획을 내놓거나 집단을 이끌어 가는 능력이 있다. 사교성이 풍부하고 인기 있고 동정심이 많다. 남의 칭찬이나 비판에 민감하게 반응한다.

⑬ INTJ: 대체로 독창적이며 자기 아이디어나 목표를 달성하는 데 강한 추진력을 가지고 있다. 관심을 끄는 일이라면 남의 도움이 없어도 이를 계획하고 추진해

나가는 능력이 뛰어나다. 회의적, 비판적, 독립적이고 확고부동하며 때로는 고집스러울 때도 많다. 타인의 감정을 고려하고 타인의 관점에도 귀를 기울이는 법을 배워야 한다.

⑭ INTP: 조용하고 과묵하다. 특히 이론적 과학적 추구를 즐기며, 논리와 분석으로 문제를 해결하기를 좋아한다. 주로 자기 아이디어에 관심이 많으나, 사람들의 모임이나 잡담에는 관심이 없다. 관심의 종류가 뚜렷하므로 자신의 지적 호기심을 활용할 수 있는 분야에서 능력을 발휘할 수 있다.

⑮ ENTP: 민첩하고 독창적이고 안목이 넓으며 다방면에 재능이 많다. 새로운 일을 시도하고 추진하려는 의욕이 넘치며, 새로운 문제나 복잡한 문제를 해결하는 능력이 뛰어나며 달변이다. 그러나 일상적이고 세부적인 면은 간과하기 쉽다. 한 일에 관심을 가져도 부단히 새로운 것을 찾아 나간다. 자기가 원하는 일이면 논리적인 이유를 찾아내는 데 능하다.

⑯ ENTJ: 열성이 많고 솔직하고 단호하고 통솔력이 있다. 대중 연설과 같이 추리와 지적담화가 요구되는 일이라면 어떤 것이든 능하다. 보통 정보에 밝고 지식에 대한 관심과 욕구가 많다. 때로는 실제의 자신보다 더 긍정적이거나 자신 있는 듯 한 사람으로 비칠 때도 있다.

앞의 16가지 성격유형을 비교해 보기 위하여 요약해 도식화하면 [그림 4-1]과 같다.

| ISTJ 소금형<br>한번 시작한 일은<br>끝까지 해내는 성격 | ISFJ 권력형<br>성실하고 온화하며<br>협조를 잘하는 사람 | INFJ 예언자형<br>사람에 관한 뛰어난<br>통찰력을 가진 사람 | INTJ 과학자형<br>전체를 조합하여<br>비전을 제시하는 사람 |
|---|---|---|---|
| ISTP 백과사전형<br>논리적이고 뛰어난<br>상황 적응력 | ISFP 성인군자형<br>따뜻한 감성을 가지고<br>있는 겸손한 사람 | INFP 잔다르크형<br>이상적인 세상을<br>만들어 가는 사람들 | INTP 아이디어형<br>비평적인 관점을 가진<br>뛰어난 전략가 |
| ESTP 활동가형<br>친구, 운동, 음식 등<br>다양함을 선호 | ESFP 사교형<br>분위기를 고조시키는<br>우호적인 성격 | ENFP 스파크형<br>열정적으로 새 관계를<br>만드는 사람 | ENTP 발명가형<br>풍부한 상상력으로<br>새로운 것에 도전 |
| ESTJ 사업가형<br>사무적, 실용적,<br>현실적인 스타일 | ESFJ 친선도모형<br>친절, 현실감을 바탕<br>으로 타인에게 봉사 | ENFJ 언변능숙형<br>타인의 성장을 도모하<br>고 협동하는 사람 | ENTJ 지도자형<br>비전을 갖고 타인을<br>활력적으로 인도 |

[그림 4-1] 16가지 성격 유형

### 3) Holland 적성탐색검사(직업선호도검사 S형)

#### (1) 직업선호도검사 S형(Holland 적성탐색검사)

개인의 흥미유형으로 적합한 직업유형을 탐색해 보는 것이다. 즉, 활동내용 각각 현실형R, 탐구형I, 예술형A, 사회형S, 진취형E, 관습형C를 점수화하고 합산한 점수에 따라 여섯 가지 흥미유형으로 구분해 가장 높은 점수로 적합한 직업을 탐색한다.

#### (2) 직업선호도검사 S형 검사지와 검사

활동내용을 읽고 어떤활동을 얼마나 좋아하는지 자기의 판단을 체크하여 합계점수를 낸다.

활동내용을 읽고서: 매우 싫어한다(1점), 싫어한다(2점). 좋아한다(3점). 매우 좋아한다(4점).

| (R형) 활동내용 | 1점 | 2점 | 3점 | 4점 |
|---|---|---|---|---|
| 1) 부속품 등을 맞추어서 복잡한 기계를 조립한다. | | | | |
| 2) 고장 난 전자제품이 있으면 고치려는 생각을 한다. | | | | |
| 3) 공장에서 기름 묻은 작업복을 입고 자동차 수리를 한다. | | | | |
| 4) 운동경기를 한다. | | | | |
| 5) 기술자가 되어 공장에서 다른 사람에게 기술을 가르친다. | | | | |
| 6) 컴퓨터를 조립한다. | | | | |
| 7) 집에서 전기가 고장 난 곳을 찾아내어 직접 고친다. | | | | |
| 8) 채소를 심고 가꾼다. | | | | |
| 9) 모형비행기를 만들거나 조립한다. | | | | |
| 10) 고장난 장난감을 직접 고친다. | | | | |
| 합 계 | | | | |

| (I형) 활동내용 | 1점 | 2점 | 3점 | 4점 |
|---|---|---|---|---|
| 1) 동물이나 식물의 살아가는 모습을 꾸준히 관찰, 연구한다. | | | | |
| 2) 암세포의 원인을 밝히는 연구를 한다. | | | | |
| 3) 새로운 수학공식을 만들어 내기 위해 연구한다. | | | | |
| 4) 의사가 되어 환자의 질병의 원인을 찾아낸다. | | | | |
| 5) 과학실에서 온종일 실험을 한다. | | | | |
| 6) 연구실에서 연구논문을 쓴다. | | | | |
| 7) 지구의 역사를 알아내기 위해 바위와 돌을 분석, 연구한다. | | | | |
| 8) 학자가 되어 학문을 깊이 연구한다. | | | | |
| 9) 도서실에서 많은 책을 읽는다. | | | | |
| 10) 새로운 과학연구결과를 소개하는 과학잡지의 기사를 쓴다. | | | | |
| 합 계 | | | | |

| (S형) 활동내용 | 1점 | 2점 | 3점 | 4점 |
|---|---|---|---|---|
| 1) 유치원에서 아이들을 가르친다. | | | | |
| 2) 어린이들을 귀여워하고 잘 보살피는 일을 한다. | | | | |
| 3) 장애가 있는 아이들을 가르치는 선생님이 된다. | | | | |
| 4) 어린 아이들에게 재미있는 이야기를 해 준다. | | | | |
| 5) 가난하고 병든 사람들을 도와준다. | | | | |
| 6) 양로원에 봉사하러 간다. | | | | |
| 7) 어려운 사람을 돌보는 단체에서 일한다. | | | | |
| 8) 불쌍한 사람들을 돕는 일을 한다. | | | | |
| 9) 병원의 간호사로 환자들을 보살핀다. | | | | |
| 10) 어린이집에서 어린이를 돌보는 일을 한다. | | | | |
| 합 계 | | | | |

| (E형) 활동내용 | 1점 | 2점 | 3점 | 4점 |
|---|---|---|---|---|
| 1) 물건을 파는 사람들의 관리 책임자가 된다. | | | | |
| 2) 법관이 되어 죄인을 재판한다. | | | | |
| 3) 경찰이 되어 도둑을 잡으러 찾아다닌다. | | | | |
| 4) 많은 사람들을 관리하고 책임지는 회사 사장이 된다. | | | | |
| 5) 힘 있고 능력 있는 지도자로서 일한다. | | | | |
| 6) 정치가가 되어 반대편의 사람들과 경쟁을 한다. | | | | |
| 7) 회장이 되기 위해 선거운동을 한다. | | | | |
| 8) 상품을 다른 사람들보다 더 많이 파는 일을 한다. | | | | |
| 9) 회사의 새 상품을 거리에 나가서 홍보하고 사게 한다. | | | | |
| 10) 많은 사람들 앞에서는 나의 올바른 의견을 존중한다. | | | | |
| 합 계 | | | | |

| (A형) 활동내용 | 1점 | 2점 | 3점 | 4점 |
|---|---|---|---|---|
| 1) 아이들이 좋아하는 만화를 그린다. | | | | |
| 2) 누구나 좋아하는 동시나 동화를 쓴다. | | | | |
| 3) 예술가들의 생활에 관한 전기를 읽는다. | | | | |
| 4) 미술전람회나 음악회에 간다. | | | | |
| 5) 가수가 되기 위해 노래 연습을 한다. | | | | |
| 6) 예술가 모임에 참석하여 작품에 관한 이야기를 듣는다. | | | | |
| 7) 예술 사진을 찍는다. | | | | |
| 8) 내 방의 실내를 아름답게 장식한다. | | | | |
| 9) 연속극의 드라마 대본을 쓴다. | | | | |
| 10) 아름다운 그림을 감상하거나 음악을 듣는다. | | | | |
| 합 계 | | | | |

| (C형) 활동내용 | 1점 | 2점 | 3점 | 4점 |
|---|---|---|---|---|
| 1) 용돈을 어디에 사용했는지 일일이 기록하고 정리한다. | | | | |
| 2) 일기를 거의 날마다 쓴다. | | | | |
| 3) 창고관리인으로 물건이 들어가고 나가는 것을 확인한다. | | | | |
| 4) 은행에서 정확하게 돈을 받고 내주는 일을 한다. | | | | |
| 5) 공무원 잘못되지 않도록 감시하는 사람으로 일한다. | | | | |
| 6) 유명한 사람의 비서가 되어 일한다. | | | | |
| 7) 컴퓨터 타자를 쳐서 깔끔하게 문서를 정리한다. | | | | |
| 8) 국제공학 세관에서 밀수품을 철저히 검사하는 일을 한다. | | | | |
| 9) 법원재판 때 사람들의 말을 빠르게 받아쓰는 일을 한다. | | | | |
| 10) 상점에서 들어온 물건의 개수, 가격을 정확히 확인한다. | | | | |
| 합 계 | | | | |

### (3) 나의 흥미유형 분석

① 육각형에 각각 자기의 점수를 표시하고 각각의 점수를 연결시킨다

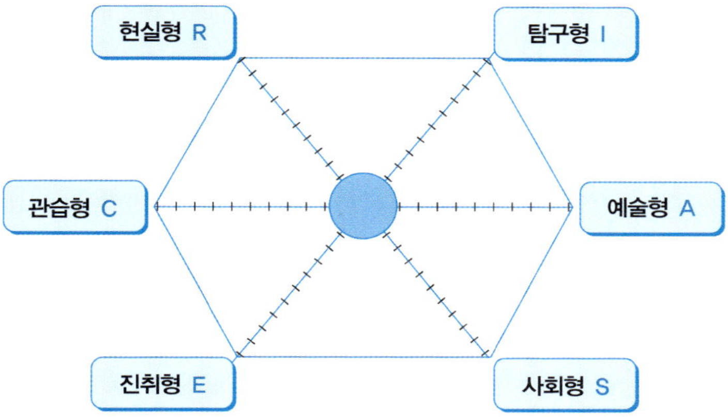


② 먼저 내가 하고 싶은 직업을 종류를 적는다.

| | |
|---|---|
| | |
| | |

③ 흥미검사에서 나온 유형을 다음 (4)에서 찾아 나의 직업을 찾아 쓴다.

| | |
|---|---|
| | |
| | |

## (4) 유형별 직업탐색

〈표 4-3〉 **유형별 가치 및 대표직업**

| | 현실형(R) | 탐구형(I) | 예술형(A) | 사회형(S) | 진취형(E) | 관습형(C) |
|---|---|---|---|---|---|---|
| 가치 | 특기, 기술, 기능, 전문성, 유능성, 생산성 | 탐구, 지식, 학문, 지혜, 합리성 | 예술, 창의성, 재능, 변화, 자유, 개성 | 사랑, 평등, 헌신, 공익, 용서, 봉사 | 권력, 야망, 명예, 모험, 자유, 보상 | 능률, 체계, 안전, 안정 |
| 생의 목표 | 기계나 장치의 발견 및 기술사, 전문인, 뛰어난 운동선수 | 사물이나 현상의 발견 및 과학에 대한 이론적 기여 | 예술계의 유명인, 독창적인 작품 활동 | 타인들을 돕고 희생, 존경받는 스승, 치료전문가 | 사회의 영향력 있는 지도자, 금융과 상업 분야의 전문가 | 금융과 회계의 전문가, 사무행정 전문가 |
| 대표 직업 | 기술자, 자동기계 및 항공기 조종사, 정비사, 농부, 엔지니어, 전기, 기계기사 운동선수 | 과학자, 생물학자, 화학자, 물리학자, 인류학자, 지질학자, 의료기술자, 의사 | 예술가, 작곡가, 음악가, 무대감독, 작가, 배우, 소설가, 미술가, 무용가, 디자이너 | 사회복지가, 교육자, 간호사, 유치원교사, 종교지도자, 상담가, 임상치료가, 청소년 전문가 | 영업사원, 상품구매인, 보험회사원, 판매원, 관리자, 연출가, 광고 대행업자, 언론인, 노동조합지도자 | 공인회계사, 경제분석가, 은행원, 세무사, 경리사원, 감사원, 안전관리사, 사서, 법무사 |
| 성격 특징 | 남성적이고, 솔직하고, 성실하며, 검소하고, 지구력이 있고, 신체적으로 건강하며, 소박하고, 말이 적으며, 고집이 있고, 단순하다. | 탐구심이 많고, 논리적, 분석적, 합리적이며, 정확하고, 지적호기심이 많으며, 비판적, 내성적이고, 수줍음을 잘 타며, 신중하다. | 상상력이 풍부하고, 감수성이 강하며, 자유분방하며, 개방적이다. 감정이 풍부하고, 독창적이고, 개성이 강하고, 협동적이지 않다. | 사람들을 좋아하며, 어울리기 좋아하고, 친절하고, 이해심이 많으며, 남을 잘 도와주고, 봉사적이며, 감정적이고, 이상주의적이다. | 지배적이고, 통솔력, 지도력이 있으며, 말을 잘하고, 설득적이며, 경쟁적, 야심적이며, 외향적이고, 낙관적이고, 열성적이다. | 정확하고, 빈틈없고, 조심성이 있으며, 세밀하고, 계획성이 있으며, 변화를 좋아하지 않으며, 완고하고, 책임감이 강하다. |
| 적성 유능감 | 1. 기계적, 운동적인 능력은 있으나 대인관계능력은 부족<br>2. 수고, 농업, 전기, 기술적 능력은 높으나 교육적 능력은 부족 | 1. 학구적, 지적 자부심을 가지고 있으며, 수학적 과학적 능력은 높으나 지도력이나 설득력은 부족<br>2. 연구능력이 높음 | 1. 미술적, 음악적 능력은 있으나 사무적 기술은 부족<br>2. 상징적, 자유적, 비체계적 능력은 있으나 체계적, 순서적 능력은 부족 | 1. 사회적, 교육적 지도력과 대인관계 능력은 있으나 기계적, 과학적 능력은 부족<br>2. 기계적 체계적 능력이 부족 | 1. 적극적이고, 사회적이고, 지도력과 언어의 능력은 있으나 과학적인 능력은 부족<br>2. 대인 간, 설득적인 능력은 있으나 체계적 능력은 부족 | 1. 사무적이며, 계산적인 능력은 있지만 예술적, 상상적 능력은 부족<br>2. 체계적, 정확성은 있으나 탐구적, 독창적 능력은 부족 |

출처: 직업심리검사 참고 사이트(http://www.work.go.kr/consltJobCarpa/jobPsyExam/jobPsyExamIntro.do).

# 3. 자기분석 종합 보고서 만들기 방법

인 · 적성 검사들의 결과지를 중심으로 다음 표와 같은 종합보고서를 만들어 객관적이며 합리적인 자기분석으로 경쟁력을 찾아본다.

| 종별 | 검사유형 | 검사결과 | | | 자신의 신뢰지수 (10점) | 활용여부 | 검사 일시 |
|---|---|---|---|---|---|---|---|
| | | 검사 (평가) 점수 | 평가 형식 (유형) | 특이 사항 | | | |
| 객관적 자기분석 | IQ 검사 | | | | | | |
| | EQ검사 | | | | | | |
| | 인성검사 | | | | | | |
| | MBTI검사 | | | | | | |
| | DiSC성격유형검사 | | | | | | |
| 체계적 · 분석적 진로개발 검사 | 직업적성검사 | | | | | | |
| | 진로준비도검사 | | | | | | |
| | 직업가치관검사 | | | | | | |
| | 직업선호도검사 S형 | | | | | | |
| | 직업선호도검사 L형 | | | | | | |
| | 구직준비도 검사 | | | | | | |
| | 창업적성 검사 | | | | | | |
| | 이공계 적합도 검사 | | | | | | |

## 4. Job-Hunting을 위한 포트폴리오 만들기

> 제2절과 3절에서 제시된 자기진단 프로그램의 참여 결과지와 종합 보고서 작성 등을 참고하여 '나의 Job-Hunting 포트폴리오'를 아래와 같은 제목의 컨텐츠로 최소 20쪽 이상이 되도록 작성하여 직업설계의 나침판으로 활용한다.

(1) 내 삶의 구체적 목표(인생의 꿈)

(2) 취업(준비)에 임하는 나의 자세

(3) 진로적성검사 및 인적성검사 결과지 분석과 첨부(MBTI 검사)

(4) Have-Want List 작성

(5) 내가 Job-Hunting하고자 하는 직업(3가지 정도)

1, 2, 3 순위를 정하고

1 하는 일

2 장점과 단점

3 가능성

4 향후 전망

5 나, 사회와 관계 등을 찾아보고 조사하기

(6) 남과 구별되는 나의 키워드

(7) 준비된 인재, 후회없는 선택 〈자기 소개서〉

(8) 나의 현재 이력서와 미래 이력서

(9) Job-Hunting을 위한 교육, 실전교육이 있는가 알아보기
(직업정보탐색 사이트 모음)

(10) 진로목표 달성을 위한 커리어 플래닝

(11) SWOT 분석을 통한 취업전략

(12) Job-Hunting을 성공하기 위한 각오(정신)

# PART 2

# 직업 찾기와 취 · 창업준비

05
CHAPTER

# 직업의 이해

## 1. 인간과 직업

### 1) 직업의 의의

우리가 직업을 단순히 생계유지를 위한 수단이나, 돈을 받고 일하는 정도로 알고 있다면, 우선 직업에 대한 인식이 새로워져야 할 필요가 있다. 자신의 직업을 찾아 행동하는 일련의 과정을 취업활동(Job-Hunting) 혹은 취업이라고 할 수 있다. 이러한 행위를 우리는 막연히 '직장으로 출근하여 월급을 받고 살아가는 것'으로 취직하였다고 생각할 수도 있으나 최근에는 취업 활동뿐만 아니라, 자신이 갖고 있는 지식이나 전문적 기술을 활용하여 창업의 형태를 취하여 직업으로 성취해 가는 사람들도 많이 볼 수 있다.

우리가 배움의 과정에 있는 대학인으로서 직업을 구하려고 할 때 기본적으로 그 개념과 의의를 분명히 알고 철저하게 되새겨서 취업활동과 창업을 성취하기 위한 현장으로 들어가야 할 것이다. 즉, 취업과 창업의 미래설계를 하는 사람이라면 어떤 직업이 있으며 그런 직업을 수행해 나가기 위한 어떤 직업의 장이 펼쳐져 있는가에 대한 개념들을 세우고 우리는 직장을 찾으러 Job-Hunting(취업활동)에 나서야 할 것이다.

### (1) 직업의 개념과 규정

직업의 개념을 나타내는 어휘가 많이 있다. 우선 직업과 직업의 구체적 행위로 '일하다'는 것을 뜻하는 어휘들에 대하여 살펴보면 영어로 occupation은 직업, 업무, 일, 종사, 취업, 점유, 거주를 뜻하는 용어로 우리가 흔히 말하는 work(일하다)라는 의미로 일상에서 사용하는 직업의 기본 개념에 아주 근접한다고 하겠다. 또한 학문적, 지적 소양을 갖춘 전문 직업을 뜻하는 profession이라는 어휘는 교사, 법률가, 의사, 전문연구와 같은 전문적이며 공공적 성격을 지닌 직업의 개념이라고 할 수 있다. vocation은 천직으로 생각하고 받아들이는 직업의 의미로 쓰이고, 이 어휘는 calling과 유사한 의미로 사명감 혹은 소명(召命)에 의한 직업 혹은 적성과 재능을 가진 직업을 뜻하는 것으로 다소 천직의식이 부여된 의미가 있는 직업을 뜻한다. 비슷하게 독일어의 Beruf는 소명을 가진 개념으로 성소(聖召), 즉 신의 부르심으로써 하게 되는 일의 개념이며 전문적 직업인을 의미하기도 한다. 역시 독일어 Geschäf는 하는 일과 사무 혹은 영업과 장사의 의미를 가진 직업을 뜻한다. 흔히 광범위하게 사용하는 영어의 business는 영리를 목적으로 하는 직업 혹은 사업과 같은 의미로 이윤추구를 위한 상행위의 뜻이 많이 포함된 개념이다. 한자 문화권에서의 직업을 의미하는 '職業(직업)'은 천직으로서의 '職'의 의미와 생업으로서의 '業'을 뜻하는 것으로 소명 의식과 삶의 수단으로써 업이라는 복합적인 개념으로 일반화되어 있다.

우리나라에서는 1960년대 후반 산업화 시대의 도래와 함께 본격적으로 '일하러 간다.'라는 개념과 '직장에 출근한다.'라는 개념이 혼용되어 앞에서와 같은 다양한 표현과 함께 포괄적이며 총체적 의미로 직업이란 일정한 생계유지를 목적으로 자신의 노동을 제공하는 일이라고 정의하고 있다. 이후 선진국에서의 산업사회에 대한 여러 가지 규정과 함께 사회학자들에 의하여 직업의 개념은 더욱 체계적으로 내용과 사용 목적에 따라 다양하면서 복합적인 개념 규정들로 이루어지고 있다.

### (2) 기능적 의미로서 직업의 의의

우리는 일상에서 직업이란 '인간의 정신적 육체적 노동의 대가로 경제적 급부를 받아 그것에 의하여 생활을 유지하는 지속적인 사회활동'이라고 규정한다. 인간은 자신의 직업을 구해 '생계의 유지'를 위하여 종사하면서 일정한 형태의 '사회적 역할을 분담'하고 나아가 직업을 통하여 개인의 '자아실현'을 할 수 있어야 한다. 직업에 대한 이 개념을 보다 구체적으로 살펴봄으로써 우리가 왜 직업 혹은 일자리를 찾아야 하며 그러한 직업을 통해 우리의 삶에 끼치는 영향에 관한 것 등을 내면화시켜 볼 수 있을 것이다. 또한 개념 정립을 구체화시켜 보는 이유는 이러한 직업에 대한 본질적 개념이 시대의 상황변화에 따라 매우 다양해지고 있다는 점 때문이다. 이것은 직업을 구하는 행위가 인생에 있어서 매우 중요한 부분이며 그것은 상당 부분 현재보다는 미래지향성을 띠고 있다는 점에 유의하여 직업의 의의와 가치를 정립해 둘 필요성이 있다.

① 생업으로서의 직업(생계의 유지; 직업의 경제적 측면)은 일정한 대가와 수입을 전제로 직업에 종사하는 모든 인간은 자신의 노력과 정당한 노동(창조적, 생산적 활동)을 통하여 대가를 얻고, 정당한 소득(income)으로 삶을 영위한다.

② 사회적 참여와 봉사로서의 직업(사회적 역할의 분담; 직업의 사회적 측면)은 사람은 누구나 인간사회의 구성원으로 삶을 살아가므로 자신이 소속된 사회에서 일정한 역할을 수행한다는 뜻이다. 인간사회 속에서 개인의 정당한 노력으로 인격적으로 혹은 사회적으로 공평하고 정당하게 보상받는 것은 물론 자신의

역할에 따른 사회적 지위를 획득함으로써 자신이 종사하는 업종과 직종에 따라 일정한 형태로 사회적 역할을 수행한다.

③ 자아실현의 장으로서 직업(개성의 발휘; 직업의 개인 심리적 측면)은 사람이 직업을 통하여 육체적 정신적으로 '또 다른 자신'을 창조할 수도 있다. 인간은 사회가 다원화하고 세분화될수록 직업을 통하여 보람과 긍지로 삶의 본질을 찾기도 한다. 또한 일과 노동 그 자체를 통하여 자아를 실현할 수 있다. 자아실현의 장으로서 직업은 그 종류에 따라서 매우 다르게 나타나지만 종교인 혹은 사회의 전문직 종사자의 최종적인 직업종사자의 모습이 '성인', '장인'의 형태로 또 다른 인간으로 승화된 형상으로 나타날 수도 있다.

이상과 같은 직업의 개념과 의의를 사회적 통념으로는 경제적 보상과 사회적 효용성 그리고 지속적이며 일상화된 노동력의 투입 그리고 인간 개개인의 자아실현의 장 등으로 이해하고 있다.

## 2) 직업의 선택과 과정

### (1) 직업의 선택

사회학자 모리스 긴즈버그(M. Ginsberg)는 사람들의 직업선택의 과정을 처음에는 원칙에 입각한 참신한 시작(fresh start principle)의 단계에서 출발하여 선택(select)의 단계를 거쳐 마지막으로 타협(compromise)의 과정으로 설명한다. 즉, 인간은 아동시절 자신의 미래 모습을 단순하면서 원리원칙에 입각하여 간호사가 되고 싶어 한다든지, 축구선수가 될 것이라는 단계에서 출발해 성장의 과정을 거치며 여러 직업들 중에서 선택의 단계를 겪고 마지막에는 자신이 처해 있는 환경을 비롯한 현실적 여건들을 종합하여 타협을 하면서 직업을 갖게 된다고 설명한다.

### (2) 직업선택의 과정

① 공상적(the Fantasy Period) 선택기: 아동기~사춘기

- 욕구(desires)와 사고(thoughts)에 의하여(현실성 없이 상투적이고, 인습화된 공상) 결정하는 단계

② 잠정적(the Tentative Period) 선택기: 청년 초기

- 상당한 현실성이 직업과 장래와 연관하여 선택을 모색하게 된다.
- 아직까지 실제적 가치보다 상징적 가치에 비중을 둔다.
- ⅰ) 흥미(interest), ⅱ) 능력(ability), ⅲ) 가치(values), ⅳ) 전이(transfer)

③ 실제적(the Realistic Period) 선택기: 청년후기, 실제적 종기(終期)

- 실제로 실현한다는 명확한 목적을 갖고 그 실현성 여부에 관심(환경과 타협)을 갖는다.
- 자신의 재능과 능력을 현실적으로 겨누어 보며 저울질한다.
- ⅰ) 탐험(exploration), ⅱ) 구체화(crystallization), ⅲ) 세분화(specification)

## 3) 직업윤리와 직업 가치관의 정립

① 직업윤리는 직업과 직업인의 상호관련성(문제의 발생, 갈등, 해결 등)에서 사회적으로 발생한다.

② 직업과 직업의식, 직업관 등 직업의 종류와 가치관에 따라서 다양한 상황윤리가 생겨난다.

③ 대표적 직업 윤리는

- 전통사회의 유기적 직업윤리(전체주의적 직업관)가 있다.
  - 맹목적으로 사회에 봉사하고 헌신할 것을 강요한다. 또 세습적이며 숙명

적으로 갖는 직업으로 개인의 창의성보다 집단과 전체조직에의 복종과 충성을 강요당한다.

- 근대 자본주의사회의 금욕적 직업윤리(개인주의적 직업관)가 있다.
  - 이윤의 추구를 본질로 함으로써 소비억제와 근검절약이 미덕이요, 선이며 또한 노동의 의무는 소비와 사치를 자제하며 자본의 축적을 실현하고, 합리적 생활방식과 열성적인 활동으로 생산의 증가를 가져오는 것과 관계가 있다.
- 후기 산업사회 이후(미래사회) 직업윤리는
  - 개인의 자아를 실현할 수 있는 전문적 직업윤리(professional business ethics)로서 전문성을 가진 전문직업인이 사회적 책임의식을 강조하는 직업관이다.

## 2. 직업의 분류

### 1) 직업분류의 의의

한국고용정보원에서 제시하는 국제표준직업분류(ISCO-08)에 의하면 직무(Job)란 '자영업을 포함하여 특정한 고용주를 위하여 개별 종사자들이 수행하거나 또는 수행해야 할 일련의 업무와 과업(tasks and duties)'으로 규정하고 있으며, 직업(Occupation)은 '유사한 직무의 집합'으로 정의하고 있다. 여기에서 유사한 직무란 '주어진 업무와 과업이 매우 높은 유사성을 갖는 것'을 말한다.

지금까지 살펴본 바와 같이, 직업이란 유사성을 갖는 직무를 계속하여 수행하는 지속성을 가져야 하는데, 일의 지속성이란 일시적인 것을 제외한 다음에 해당하는 것을 말한다. 즉, 매일, 매주, 매월 등 주기적으로 행하는 것, 계절적으로 행해지는 것, 명확한 주기는 없으나 계속적으로 행해지는 것, 현재 하고 있는 일을 반드시 지속적으로 행할 의지와 가능성이 있는 것을 뜻한다.

직업은 또한 경제성을 충족해야 하는데, 이는 경제적인 거래 관계가 성립하는 활동을 수행해야 함을 의미한다. 따라서 무급 자원봉사와 같은 활동이나 전업학생의 학습행위는 경제활동 혹은 직업으로 보지 않는다. 직업의 성립에는 비교적 엄격한 경제성의 기준이 적용되는데, 노력이 전제되지 않는 자연발생적인 이득의 수취나 우연하게 발생하는 경제적인 과실에 전적으로 의존하는 활동은 직업으로 보지 않는다.

직업 활동은 전통적으로 윤리성과 사회성을 충족해야 하는 것으로 보고 있다. 윤리성은 비윤리적 이윤추구의 행위나 반사회적인 활동을 통한 이윤추구는 직업 활동으로 인정되지 못한다는 것이다. 사회성은 보다 적극적인 것으로서 모든 직업 활동은 사회 공동체적인 맥락에서 의미 있는 활동, 즉 사회적인 기여를 전제조건으로 하고 있다는 점을 강조한다.

한편으로 개인의 자유의사로 행위를 할 수 없는 속박이 된 상태에서의 여러 가지 활동은 경제성이나 계속성의 여부와 상관없이 직업으로 보지 않는다. 그래서 다음과 같은 활동은 직업으로 보지 않는다.

(1) 이자, 주식배당, 임대료(전세금, 월세금) 등과 같은 자산 수입이 있는 경우, (2) 「연금법」, 「국민기초생활보장법」, 「국민연금법 및 고용보험법」 등의 사회보장이나 민간보험에 의한 수입이 있는 경우, (3) 경마 , 경륜 , 복권 등에 의한 배당금이나 주식투자에 의한 시세차익이 있는 경우, (4) 예 · 적금 인출, 보험금 수취, 차용 또는 토지나 금융자산을 매각하여 수입이 있는 경우, (5) 자기 집의 가사 활동에 전념하는 경우, (6) 교육기관에 재학하며 학습에만 전념하는 경우, (7) 시민봉사활동 등에 의한 무급 봉사적인 일에 종사하는 경우, (8) 의무로 복무 중인 사병, 단기 부사관, 장교와 같은 군인, (9) 사회복지시설 수용자의 시설 내 경제활동, (10) 수형자의 활동과 같이 법률에 의한 강제노동을 하는 경우, (11) 도박, 강도, 절도, 사기, 매춘, 밀수와 같은 불법적인 활동 등은 직업의 개념에 비추어 보아 직업이라고 할 수 없다.

### 2) 직업분류의 목적

직업분류는 행정자료 및 인구총조사 등 고용과 관련한 통계조사를 통해 취득한 직업정보를 분류하고 집계하기 위한 것이며, 직업 관련 통계를 작성하는 모든 기관이 통일적으로 사용하도록 하여 통계자료의 일관성과 비교관계를 확보하기 위한 것이다. 또한 각종 직업정보에 관한 국내통계를 국제적으로 비교 · 이용할 수 있도록 하기 위하여 ILO의 국제표준직업분류(ISCO)를 근거로 설정되고 있다.

이러한 직업 관련 통계는 각종 장 · 단기 인력수급 정책 수립과 직업연구를 위한 기초 자료뿐만 아니라 각종 사회 · 경제통계조사의 직업단위 기준, 취업알선을 위한 구인과 구직안내 기준, 직종별 급여 및 수당지급 결정기준, 직종별 특정질병의 이환율, 사망률과 생명표 작성 기준, 산재보험률, 생명보험률 또는 산재보상액, 교통사고 보상액 등의 결정 기준과 같은 자료로 활용되고 있다.

### 3) 직업분류의 개념과 기준

고용노동부와 한국고용정보원에서는 수입(경제활동)을 위해 개인이 하고 있는 일을 그 수행되는 일의 형태에 따라 체계적으로 유형화하여 직업분류를 하고 있다. 즉, 개인이 수입을 위해 수행하고 있는 일의 형태에 따라 체계적으로 유형화한 것이 직업분류이며 우리나라 직업구조 및 실태에 맞도록 표준화한 것이 한국표준직업분류(Korean Standard Classification of Occupations)이다. 한국표준직업분류는 주어진 직무의 업무와 과업을 수행하는 능력(the ability to carry out the tasks and duties of a given job)인 직능(skill)을 근거로 편제되며, 직능수준과 직능유형을 고려하고 있다. 직능수준(skill level)은 직무수행능력의 높낮이를 말하는 것으로 정규교육, 직업훈련, 직업경험 그리고 선천적 능력과 사회 문화적 환경 등에 의해 결정된다. 직능유형(skill specialization)은 직무수행에 요구되는 지식의 분야, 사용하는 도구 및 장비, 투입되는 원재료, 생산된 재화나 서비스의 종류와 관련된다.

앞에서 설명하였듯이 하나의 직업(occupation)은 직무상 유사성을 갖고 있는 여러 직무(job)의 묶음이다. 어떤 직무의 집합을 여타 직업과 구별하고 동일한 직업으로 분류하는 것은 유사성의 정도에 대한 판단을 전제로 하는데, 이는 직무상 서로 다른 것을 규정하는 직업별 직무 배타성(exclusivity)을 제시하는 것과 같다. 그런데 현장에서 일어나는 직무수행 조건의 복잡성과 기업규모의 차이 등에 따른 직무범위의 격차 때문에 직무별 유사성과 배타성을 판별하는 것은 매우 어려운 작업이다.

직무 유사성의 기준에는 해당 직무를 수행하는 사람에게 필요한 지식(knowledge), 경험(experience), 기능(skill)과 함께 직무수행자가 입직을 하기 위해서 필요한 요건(skill requirements) 등이 있다. 때로는 직업 종사자가 주로 일하는 기업의 특성, 생산과정이나 최종 산출물 등이 중요할 때도 있다. 유사하지 않은 직업은 배타성의 요건이 충족되어 상호 다른 직업이라고 하며, 직무별로 노동시장의 형성이 다른 경우에는 가장 분명한 배타성을 갖는다고 할 수 있다.

# 3. 직업의 실제

## 1) 우리나라의 직업

### (1) 직업의 종류

2018년 1월 1일부터 시행·공포된 통계청 고시 제2017-191호(2017. 7. 3.)에 의하면 『제7차 한국표준직업분류』의 '분류 항목명 및 내용 설명'에서 직업의 종류를 10개의 대분류에 52개의 중분류, 149개의 소분류 그리고 426개의 세분류와 1,206개의 세세분류 등으로 구분하고 있다. 참고로 직무의 범주화 기준에는 직무별 고용의 크기 또한 현실적인 기준이 된다. 한국표준직업분류에서는 세분류 단위에서 최소 1,000명의 고용을 기준으로 설정하고 있으며, 고용자 수가 많은 세분류에는 5,000~10,000명이 분포되어 있을 것으로 판단된다.

우선 대분류 직종으로 관리자, 전문가 및 관련 종사자, 사무 종사자, 서비스 종사자, 판매 종사자, 농림어업 숙련 종사자, 기능원 및 관련 기능 종사자, 장치 · 기계 조작 및 조립 종사자, 단순노무 종사자, 군인 등으로 분류하고 있다. 직업분류체계는 수행되는 일의 형태인 직무(職務)를 기본으로 하여 직무수행능력, 즉 직능(職能)을 근거로 편제하고 있다. 즉, 쉽게 말해서 직업인이 해야 할 일과 수행할 능력을 나누어서 관리한다는 뜻이다.

그리고 직업의 숙련의 정도를 말하는 직능(Skill)과 자격(Qualification)은 서로 다르다. 직능(職能)은 교육, 훈련, 경험 또는 선천적 능력과 사회적, 문화적 환경을 통하여 얻어진다. 그러나 자격(資格)은 시험합격 등과 같은 공식적인 기준을 통과해야 한다. 자격을 취득하는 조건은 엄격하며 공식적인 기준을 충족하는 일정한 시험과정이 필요하다. 즉, 공무원임용시험에 합격해야 공무원이 될 수 있듯이 의사, 간호사, 약사, 한의사, 회계사, 세무사, 기술사, 경영지도사, 내부감사사, 변호사, 법무사, 변리사, 중개사, 노무사, 보험계리사, 손해사정사, 감정평가사, 관세사, 도선사, 농산물품질관리사, 사회복지사, 청소년상담사, 재난관리사 등 자격은 점점 많아지고 있다. 그러나 우리나라는 건국 이후 많은 직무와 직종이 사라지거나 지금도 없어지고 있다.

### (2) 직종별 직업분류

통계청 고시 『제7차 한국표준직업분류』에 따라 직업 대분류별 개념인 직종으로 관리자, 전문가 및 관련 종사자, 사무 종사자, 서비스 종사자, 판매 종사자, 농림어업 숙련 종사자, 기능원 및 관련 기능 종사자, 장치 · 기계 조작 및 조립 종사자, 단순노무 종사자, 군인 등에 해당하는 직업분류를 살펴보면 다음과 같다.

① 대분류 1, 관리자

의회의원처럼 공동체를 대리하여 법률이나 규칙을 제정하고 정부를 대표, 대리하며 정부 및 공공이나 이익단체의 정책을 결정하고 이를 지휘 · 조정한다. 공공 및 기업의 고위직, 단체 또는 그 내부 부서의 정책과 활동을 기획, 지휘 및 조정하는 직무를 수행한다. 이 외에 전문서비스 관리직과 생산 관련 관리직, 고객서비스 관리직 등으로 현업을 겸할 경우에는 직무시간의 80% 이상을 다른 사람의 직무를 분석, 평가, 결정하거나 지시하고 조정하는 데 사용하는 경우에만 관리자 직군으로 분류한다.

② 대분류 2, 전문가 및 관련 종사자

주로 자료의 분석과 관련된 직종으로 과학전문가로서 물리, 생명과학 및 사회과학 분야에서 높은 수준의 전문적 지식과 경험을 기초로 과학적 개념과 이론을 응용하여 해당 분야를 연구, 개발 및 개선하고 집행한다. 전문지식을 이용하여 의료 진료활동과 각급 학교 학생을 지도하고 예술적인 창작활동이나 스포츠 활동 등을 수행한다. 또한 전문가의 지휘하에 조사, 연구 및 의료, 경영에 관련된 기술적인 업무를 수행한다. 기술직, 공학전문가, 종교 관련직, 법률, 행정 전문직, 금융/경영 전문가, 문화/예술/스포츠전문가 등이다.

③ 대분류 3, 사무 종사자

경영 및 회계 관련 사무직으로 관리자, 전문가 및 관련 종사자를 보조하여 경영방침에 의해 사업계획을 입안하고 계획에 따라 업무를 추진하며, 당해 작업에 관련된 정보(Data)의 기록, 보관, 계산 및 검색 등의 업무를 수행한다. 또한 금전취급 활동, 법률 및 감사, 상담, 안내 및 접수와 관련하여 사무적인 업무를 주로 수행한다.

④ 대분류 4, 서비스 종사자

공공안전이나 신변보호, 의료보조, 이 · 미용, 혼례 및 장례, 운송, 여가, 조리와 관련된 공공 및 대인 서비스를 제공하는 업무를 주로 수행한다. 경찰/소방 및 보안 관련 서비스직, 음식서비스직도 포함된다.

⑤ 대분류 5, 판매 종사자

영업활동을 통해 상품이나 서비스를 판매하거나 인터넷 등 통신을 이용하거나, 상점이나 거리 및 공공장소에서 상품을 판매 또는 임대한다. 즉, 영업직 매장판매직 등과 상품을 광고하거나 상품의 품질과 기능을 홍보하며, 매장에서 계산을 하거나 요금 정산 등의 활동을 수행한다.

⑥ 대분류 6, 농림어업 숙련 종사자

자기 계획과 판단에 따라 농산물, 임산물 및 수산물의 생산에 필요한 지식과 경험을 기초로 작물을 재배·수확하고 동물을 번식·사육하며, 산림을 경작·보존 및 개발하고, 물고기 및 기타 수생 동·식물을 번식 및 양식하는 숙련된 직무를 수행한다.

⑦ 대분류 7, 기능원 및 관련 기능 종사자

식품가공 관련 기능직을 비롯하여 광업, 섬유/의복제조업, 건설업 분야에서 관련된 지식과 기술을 응용하여 금속을 성형하고 각종 기계를 설치 및 정비하는 기능직과 섬유, 수공예 제품과 목재, 금속 및 기타 제품을 가공한다. 작업은 손과 수공구를 주로 사용하며 기계를 사용하더라도 기계의 성능보다 사람의 기능이 갖는 역할이 중요하다. 자동화된 기계의 발전에 따라 직무영역이 축소되는 추세인데, 생산과정의 모든 공정과 사용되는 재료나 최종 제품에 관련된 내용을 알 수 있어야 한다.

⑧ 대분류 8, 장치·기계조작 및 조립종사자

식품 및 섬유, 신발, 금속/비금속, 화학 관련과 전자 관련, 운전/운송 관련직, 상하수도 및 재활용처리 관련 등 기계를 조작하여 제품을 생산하거나 대규모적이고 때로는 고도의 자동화된 산업용 기계 및 장비를 조작하고 부분품을 가지고 제품을 조립하는 업무로 구성된다. 작업은 기계조작뿐만 아니라 컴퓨터에 의한 기계제어 등 기술적 혁신에 적응할 수 있는 능력을 포함하여 기계 및 장비에 대한 경험과 이해가 요구되며, 기계의 성능이 생산성을 좌우한다. 또한 여기에는 운송 장비의 운전업무도 포함된다.

⑨ 대분류 9. 단순노무 종사자

건설/광업/운송/제조/청소 등 단순노무직으로 간단한 수공구의 사용과 단순하고 일상적이며, 어떤 경우에는 상당한 육체적 노력이 요구되고, 거의 제한된 창의와 판단만을 필요로 하는 업무를 수행한다. 몇 시간 혹은 몇 십 분의 직무 훈련(on the job training)으로 업무수행이 충분히 가능한 직업이 대부분이며, 일반적으로 제1수준의 직무 능력을 필요로 한다. 직능수준이 낮으므로 단순 노무직 내부에서의 직업 이동은 상대적으로 매우 용이한 편이라고 할 수 있다.

⑩ 대분류 A. 군인

의무로 복무를 수행하는 사병, 단기부사관, 장교를 제외하고 현재 군인 신분을 유지하고 있는 직업 군인을 말한다. 직업정보 취득의 제약 등 특수 분야이므로 직무를 기준으로 분류하는 것이 아니라, 의무복무 여부와 계급을 중심으로 분류하였다. 국방과 관련된 정부기업에 고용된 민간인, 국가의 요청에 따라 단기간 군사훈련 또는 재훈련을 위해 일시적으로 소집된 자 및 예비군은 제외된다.

## 2) 우리나라 직업의 수와 직업의 다양성

직업에 관한 다양한 정보를 자료화하여 제공하고 있는 한국고용정보원『2020년한국직업사전』통합본 제5판에 수록된 우리나라의 직업의 수는 12,823개이며 직업명의 수는 2019년 12월 31일을 기준으로 총 16,891개로 제시하고 있다. 1969년 체계적인 직업 관련 정보를 조사한 이후 수치화된 2020년까지『한국직업사전』통합본에 제시된 직업의 수를 정리해 보면 〈표 5-1〉과 같다.

〈표 5-1〉 **우리나라 직업의 수 변화**

| 구분 \ 연도별 | 1969년 | 1986년 | 1995년 | 2003년 | 2012년 | 2016년 | 2020년 |
|---|---|---|---|---|---|---|---|
| 직업 수 | 3,260여 개 | 8,900여 개 | 9,500여 개 | 7,980여 개 | 9,298여 개 | 11,927여 개 | 12,823여 개 |
| 직업명 수 | | 10,600여 개 | 12,600여 개 | 9,426여 개 | 11,655여 개 | 15,537여 개 | 16,891여 개 |
| 비고 | 우리나라 최초의 직업사전 발간 | 한국직업사전 통합본 제1판 | 한국직업사전 통합본 제2판 | 한국직업사전 통합본 제3판 | 한국직업사전 통합본 제4판 | 기계, 재료 분야 직종별 직업사전 발간 | 한국직업사전 통합본 제5판 |

출처: 한국고용정보원(2020).

선진국의 경우 미국과 일본은 25,000개에서 33,000개의 직업이 있으며, 시대적 상황에 따라 직업의 발생과 소멸이 많다고 알려져 있다. 이미 살펴본 바와 같이 4차 산업혁명 이후 직업의 세계에는 ICT기술의 발전에 따른 생산양식의 변화에 따라 산업의 구조가 여러 가지 형태로 바뀌고 소멸되거나 새롭게 양산되어 직업종류가 바뀌게 되었다. 이에 따라 사람들의 생활방식과 새로운 제도가 없어지거나 생겨남으로써 직업은 다양한 모습으로 변화하게 된다. 가장 많이 직업의 종류가 변하는 예로, 2000년 이후 디지털 혁신 기술의 엄청난 변화로 IT업종과 관련한 직업들이 새롭게 많이 생겨나고 있다.

이 외에도 직업의 변화는 기후변화와 전염병의 지속적이며 광범위한 확산 등과 같은 자연재해와 함께 인간이 삶을 영위하는 데 생겨나는 자연발생적 현상들에 의하여 시간이 경과하면서 나타나거나 사라지는 경우도 많이 있다.

간단한 사례로 앞으로 소멸할 것으로 예상되는 일자리는 섬유산업, 제조업 중 봉제, 구두제조업, 옷가게 등과 같은 2차 산업혁명 후 대규모로 생겨났던 제조업 분야가 있으며, 최근 제기되는 저출산에 따른 인구감소 등에 의한 아동 관련 산업제품의 직업수가 급격히 사라지고 있다. 구체적인 사례로는 ICT업종의 진화로 업무수행을 위한 의사소통과 전달의 방법에 많은 변화가 생겨 중간 관리자의 직업형태가 불필요하게 되었다. 사회관계망서비스(SNS)의 획기적 발전으로 고용주는 피고용인과 온라인상에서 직접 소통하므로 중간 간부가 필요 없게 되는 경우가 그러하다.

반면에, 우리나라의 경우 사회복지 분야 예산이 최근에는 국가 전체의 예산 중에서도 상당한 비중을 차지하고 있으나, 아직 선진국에 비해 적은 편이라고 본다면, 거기에 고령화 사회와 저출산에 따른 인구의 감소와 노후 보장제도의 대두, 다문화 가정의 사회통합문제, 그리고 탈북자들의 사회 정착 등 국민통합과 관련해서 사회복지 예산이 많이 증가하는 추세를 나타내고 있다. 따라서 그에 따른 사회복지와 관련된 직업의 수는 증가할 것으로 예상할 수 있다.

## 4. 직무능력개발과 Job-Hunting

### 1) 직업기초능력의 개발

우리는 대학생활을 통하여 학문적인 지식과 지혜를 연구하고 학습한다. 그러나 직업의 실제에 있어서는 해당 직업을 취득하기 위하여 일정한 기초적 직업능력을 개발하여야 할 것이다. 대부분의 직종에서 직무를 수행하는 데 있어서 기본적으로 필요한 능력으로 직종이나 직위에 상관없이 공통적으로 필요한 지식, 기술 태도 등을 직업기초능력이라고 정의한다. 나승일(2004)에 의하면 기초직업능력이란 직무를 수행하는 데 기초가 되는 인지적, 정의적, 심동적인 능력을 모두 포함하는 기본적이고 공통적인 능력으로 규정하고 있다. 그래서 보통 취업을 위하여 갖추어야 할 직업능력이란 기초직업능력과 필수직업능력, 선택직업능력 그리고 산업공통직업능력이 기본으로 구성되어 있다. 이를 그림으로 나타내 보면 [그림 5-1]과 같다.

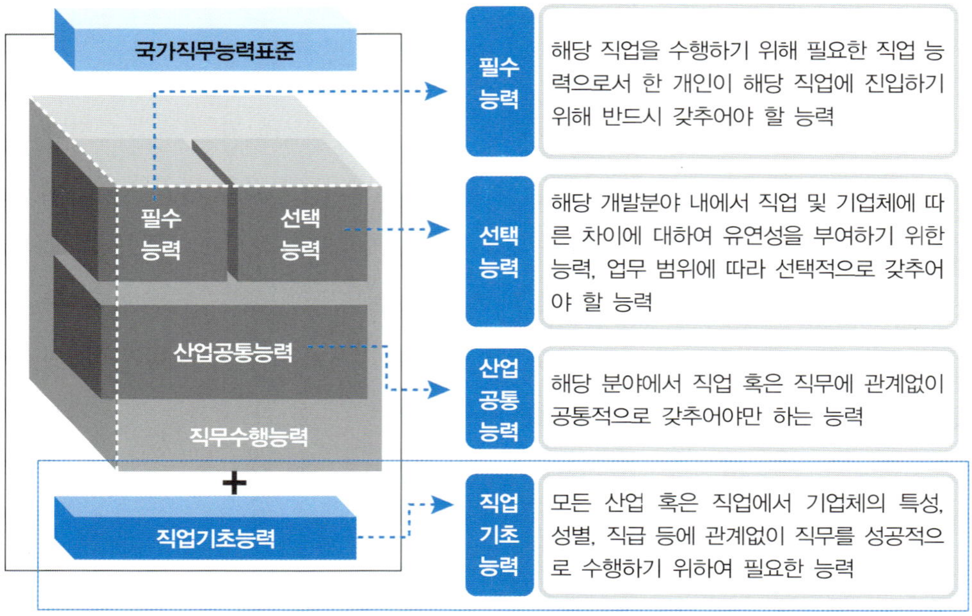


출처: 한국산업인력관리공단.

[그림 5-1] **직업기초능력의 개념**

그리고 한국고용정보원에서는 직업기초능력의 구성을 〈표 5-2〉와 같이 하위영역으로 나누어 제시하고 있다.

〈표 5-2〉 **직업기초능력의 구성**

| 직업기초능력 영역 | 하위능력 |
|---|---|
| 의사소통능력 | 문서이해능력, 문서작성능력, 의사표현능력, 기초외국어능력 |
| 수리능력 | 기초연산능력, 기초통계능력, 도표분석능력, 도표작성능력 |
| 문제해결능력 | 사고력, 문제처리능력 |
| 자기개발능력 | 자아인식능력, 자기관리능력, 경력개발능력 |
| 자원관리능력 | 시간자원관리능력, 예산자원관리능력, 물적자원관리능력, 인적자원관리능력 |
| 대인관계능력 | 팀워크능력, 리더십능력, 갈등관리능력, 협상능력, 고객서비스능력 |
| 정보능력 | 컴퓨터활용능력, 정보처리능력 |
| 기술능력 | 기술이해능력, 기술선택능력, 기술적용능력 |
| 조직이해능력 | 국제감각, 조직체제이해능력, 경영이해능력, 업무이해능력 |
| 직업윤리 | 근로윤리, 공동체윤리 |

## 2) Job-Hunting의 자세와 전략

### (1) Job-Hunting의 실상과 허상

'고용 없는 성장'의 시대를 살아가는 우리의 사회경제적 현실은 취업을 앞둔 대학생들에게 가장 힘든 미래를 보여 주고 있다. 오랜 시간, 사회진출을 위해 준비해 온 학창시절이 첫 출발에서부터 많은 난관이 기다리고 있는 모양새이다.

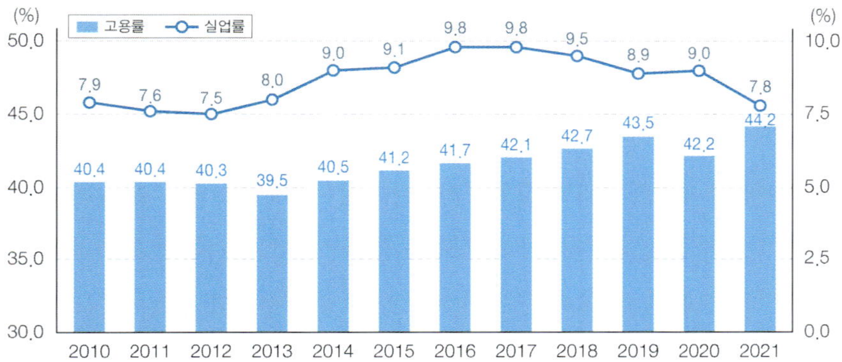


출처: 통계청, 경제활동인구조사.

[그림 5-2] **청년층(15~29세) 고용률 및 실업률**

[그림 5-2]에서 2012년 이후 청년 실업률은 해마다 증가하여 2016과 2017년 9.8%로 정점을 찍고 9%대를 전후하여 청년 실업률이 낮아짐과 반비례하여 고용률이 다소간 높아지지만 좀처럼 나아질 기미가 보이질 않고 있다. 문제는 최근의 청년 실업률 증가가 우리나라에서만 일어나는 현상이 아니라는 것이다. 『직업의 종말(The End of Jobs)』의 저자 테일러 피어슨(Taylor Pearson)은 향후 직업의 시대는 비즈니스의 시대를 바꿀 것이라고 역설하며 창업가의 정신을 내세워 자유와 부를 한꺼번에 쟁취할 수 있는 자유로운 창업을 권장하고 있다. 그 근거로 지식은 더 이상 희소한 자원이 아니라고 주장하며 그 예로 2000년에서 2010년 사이 전 세계 대학 졸업자의 수가 9천만 명에서 1억 3000천 명이 될 것이라고 제시한다. 현재 대학에서 교육과정을

공부하고 있는 청년들에게 실상과 허상을 그대로 보여 주는 아이러니라고 할 것이다.

이러한 현실은 우리의 경우 흔히 꽁꽁 얼어붙은 취업빙하기로 비유되는 이 시대에 고학력자들의 구직난으로 나타나 더 이상 해결책이 없는 것으로 '수저계급론', 'N포세대' 등 자조적인 푸념들이 대학생들에게 일반화되어 있다.

한편으로는 4차 산업혁명의 시대적 상황과 더불어 고도화된 ICT산업의 결과물들이 과거와는 전혀 다른 인공지능과 로봇에 의한 기술로써 청년학생들의 직업을 빼앗아갈 뿐만 아니라 새로운 직업관을 요구하고 있다.

뿐만 아니라 앞에서 잠시 언급한 바와 같이 새로운 직업들이 생겼다가 금방 또 사라지기도 한다. 이러한 시기에 우리의 취업, 즉 Job-Hunting은 이미 여러 가지 모습으로 변화하고 새롭게 전환되고 있음이 사실이다. 다시 말해, 대학졸업생의 취업이 더 이상 고전적 방법과 형태의 준비로는 불가능하다는 의미를 확실히 보여 주고 있다는 것이다. 그래도 변하지 않고 과거의 모습을 답습하고 있는 것이라면 아직까지 공무원의 채용방식은 아주 부분적으로 변화는 있지만 그래도 필기시험에 의한 성적으로 결정하는 공개채용의 방식이 남아 있다. 우리가 기본에 더욱 충실해야 하고 월등한 기초실력이 요구되는 이유가 바로 이러한 점에서 나타나므로 더욱 철저한 유비무환의 자세를 가지고 직업을 찾아야 할 것이다.

### (2) Job-Hunting의 자세와 전략

이제 대학생들의 Job-Hunting은 단순한 사냥이 아니라, 내가 취업전쟁에서 이겨서 살아남아야 한다는 자세로 Job-Hunting 전선에 뛰어들어야 한다. 그래서 우리 대학인들은 이제 1학년 겨울방학부터는 자신의 진로탐색과 설정을 구체화시켜야 한다. 요컨대, 나의 새로운 미래를 위해 직업을 갖기로 선택하였다면, 앞서와 같은 exploration(탐색)과 crystalization(구체화) 그리고 specification(세분화)과정을 거쳐 분명한 목표설정이 되어야 한다는 것이다. Job-Hunting을 위하여 본인의 전공과 적성, 취미, 관심사, 능력, 가치관을 중심으로 희망하는 직업 분야의 결정과 직업관을 갖추는 등의 물적 · 정신적 자세가 준비되어야 한다. Job-Hunting을 위하여 구체적으로는 기업이 원하는 인재로서의 준비가 되어야 한다는 의미다. 예컨대, 정보화 디지털 시대의 도래와 더불어 더욱 다양하면서도 남다른 전문화된 지식이 연마되어야 한다. 아울러 기업들은 학문적 연구에 의한 간접경험은 물론, 실제 사회에 곧바로 적용할 수 있는 직접경험을 요구한다는 데 유의하여야 한다.

이상과 같은 모든 것들을 준비하기 위하여 직업을 찾아가는 사람, 일하기를 좋아하는 사람, 일에 대한 가치를 부여하고 이론과 경험에 의하여 연구하고 분석하는 일련의 과정들이 대학시절들을 통하여 체계적이며 구체적으로 연마되어야 한다. 그럼에도 우리의 사회진출은 앞서 제시한 바와 같이 절벽이 가로놓여 있는 형국으로 요원한 실정이다.

그래서 고용이 없는 성장의 시대라는 점과 디지털 시대의 스마트한 직업 찾기로 창업의 열풍이 일어나 Job-Hunting의 대안으로 부상하고 있다. 한편으로는 모든 대학에서 NCS 연계 교육과정 필요성이 강조되고 있다. 즉, 대학생의 사회진출과 국가역량체계 구축을 위한 대학교육을 주제로 정책포럼 등에서 국가직무능력표준[1](NCS: National Competency Standards)기반 교육을 강조하고 있다. NCS는 개인이 산업현장에서 자신의 업무를 성공적으로 수행하기 위해 요구되는 직업능력(지식, 기술, 태도)을 부문별 수준별로 체계화하는 것을 의미하는 것으로 고용노동부를 비롯한 교육정책 당국에서는 보다 더 체계적으로 확산시켜 인력 고용정책에 새로운 방법을 강화하려 하고 있다.

대학생들의 Job-Hunting의 전략으로 고용노동부는 2015년 직업능력 개발정책의 추진 방향에서 모든 분야 신(新)직업 자격을 설계하고 일과 학습의 병행제를 통한 직업교육훈련의 혁신을 가져오며, 스펙을 뛰어넘어 능력 중심의 생태계를 구축하고

1) NCS(National Competency Standards): 산업현장에서 직무를 수행하기 위해 요구되는 능력(지식 · 기술 · 태도)을 국가가 산업부문별 · 수준별로 체계화 및 표준화한 것- NCS 관련 정보제공: NCS 통합포털사이트 - www.ncs.go.kr 능력중심채용 사이트 - onspec.ncs.go.kr

있다. 또한 지역과 산업의 거버넌스 정착과 추진 등을 제시했다. 그러면서 정책 추진 과정에서 교육과 훈련, 산업현장이 긴밀히 연결되기 위해서 대학의 협력이 무엇보다 중요하다고 강조하고 있다.

현시점에서 Job-Hunting의 전략으로 온라인과 오프라인의 절묘한 정보 이용과 가상현실과 증강현실을 활용한 메타버스를 어떻게 잘 이용하는가에 따라서 훌륭한 일자리의 창출을 기대할 수 있다. 오히려 미래형 일자리나 직업을 찾는 데 최고의 방법이 될 수 있다. 매우 정교한 커뮤니케이션의 도구인 인터넷을 통해 시간과 공간을 초월한 양질의 일자리를 찾아내는 기술을 보유할 수 있어야 한다. 그래서 디지털 혁신의 시대에는 디지털 기기와 문화 자체가 어떤 직업을 위한 수단이 될 수도 있으며 직업 그 자체로서의 역할이 중요할 수 있다. 이러한 관점에서 우리나라 고용노동부에서 제시하고 있는 디지털 기기 발전에 따른 다음과 같은 미래직업에 관한 글은 그 시사하는 바가 매우 크다고 할 수 있다.

TIP

### 기술과 콘텐츠, 상상과 현실의 결합 실감콘텐츠

가상과 현실의 경계가 무너지고 있다. 뉴욕 타임스퀘어에선 거대한 폭포가 시선을 사로잡고, 통영 디피랑에선 해가 지면 신비한 숲이 펼쳐진다. 팬데믹이 불러온 비대면의 요구는 좀 더 진짜 같은 가짜를 원하고 있다. ICT와 5G를 토대로 더 정교한 상상을 꿈꾸는 실감콘텐츠의 문이 열렸다.

#### 오감을 자극하는 실감콘텐츠

실감콘텐츠란 인간의 오감을 극대화하여 실제와 유사한 경험을 제공하는 차세대 콘텐츠다. 미디어 파사드, 프로젝션 맵핑, 홀로그램 등의 기술을 공간에 결합해 생생함을 전달한다. 정보통신기술(ICT)을 기반으로 하며, 5G 상용화 이후 날개를 달게 되었다.

실감콘텐츠를 이해하기 위해선 실감미디어를 알아야 한다. 실감미디어(Tangible Media)란 현실과 가상이 접목된 미디어로, 3D, UHD, 홀로그램 등의 차세대 영상 기술이 적용된 미디어다. 입체감 넘치는 영상(3D), 해상도 높은 초고화질 대형 디스플레이(UHD)에 구현되는 미디어를 뜻한다. 인간의 오감이 얼마나 진짜처럼 느끼는가, 얼마만큼 생생한가, 어느 정도로 실재감을 제공하는가를 목표로 발달했다.

ICT의 발전과 함께 실감미디어는 하드웨어 측면에서 비약적인 성과를 내고 있다. 그런데 문제는 그것을 채울 콘텐츠다. 바로 실감콘텐츠. 실감미디어 시장은 무르익고 있는데 그것을 채울 양질의 콘텐츠 부족은 이 신산업의 발목을 붙드는 요인이 되고 있다.

### 메타버스에 올라타 날개를 달다

실감콘텐츠는 생각보다 우리 일상 가까이 다가와 있다. 서울 코엑스 사거리에 설치된 옥외광고판에 등장했던 거대한 파도, 2018년 남북정상회담 당시 판문점 평화의 집 건물 벽에 투사된 미디어 파사드 '하나의 봄', 2020 MAMA 무대에 홀로그램으로 등장한 BTS의 슈가 등은 실감콘텐츠라는 새로운 디지털 콘텐츠를 각인시켜 준 경험들이다.

가상의 것을 아름답고도 사실적으로 표현하는 실감콘텐츠는 기존의 디지털 콘텐츠에 몰입감(Immersive), 상호작용(Interactive), 지능화(Intelligent)라는 3I를 얹어 인간이 경험할 수 있는 감각의 영역을 확장시킨다.

실감콘텐츠는 엔터테인먼트나 예술을 너머 교육, 국방, 의료 등 다양한 분야에서 체험형 콘텐츠를 제공할 수 있는 토대가 되고, 비대면 교육 및 진료 등에 활용되면서 다양한 분야의 산업으로 효용을 확장하고 있다.

구체적 활용 사례를 살펴보면, 국내에서는 VR 소부대 전술훈련용 시뮬레이션 기술을 개발 · 적용하고, VR 백내장 수술훈련, 드론과 자율주행차 가상훈련, 국립박물관의 가상체험관 운영 등에서 실감콘텐츠가 활용되고 있다.

외국의 실감콘텐츠 기술은 국내보다 한발 앞서 있다. 구글은 이미 2012년 시작한 온라인 서비스 '아트 프로젝트'를 통해 유명 미술 작품들을 기가픽셀급 이미지로 사용자들에게 제공해 새로운 예술적 경험을 주고 있고, 일부 대형 작품은 디지털카메라의 천 배 수준인 120억 화소로 촬영되기도 했다. 그리고 무엇보다 실감콘텐츠의 주가가 높아지는 또 하나의 요인은 메타버스다. 가상의 우주, 메타버스를 구현하기 위해서는 이 새로운 유니버스를 채울 실감콘텐츠가 필요하기 때문이다.

우리 정부는 실감콘텐츠와 메타버스를 차세대 주력산업으로 지정해 적극적인 투자와 지원을 아끼지 않고 있다. 2019년, 정부는 '실감콘텐츠 산업 육성 범정부 5개년 추진계획', '콘텐츠 산업 3대 혁신 전략', '실감콘텐츠 산업 활성화 전략(2019~2023)' 등을 통해 정부 차원의 구체적인 계획을 세우고, '가상융합경제 발전 전략(2020년 12월)'으로 5G 기술과 결합한 '가상융합경제' 개념을 확장하고 있다. 실제로 전 세계 실감콘텐츠 시장은 2017년부터 연평균 52.5%의 가파른 속도로 성장 중이다. 2023년이 되면 약 3,641억 달러(약 411조 원) 규모에 이를 것으로 전망되는데, 이 중 VR, AR 시장이 전체의 94% 이상의 비중을 차지할 것으로 예상하고 있다.

## 실감콘텐츠, 어쩌면 미래의 일상

3차 산업혁명으로 인터넷이 대중화되며 인류의 삶이 커다란 변화를 맞이했듯, 4차 산업혁명과 함께 등장한 메타버스, 실감콘텐츠는 새로운 우주, 차세대 인터넷월드를 보여 준다. 국내에서는 5G 상용화와 함께 5G 확산 킬러 서비스로 실감콘텐츠가 꼽히며 시장에 대한 투자와 지원을 아끼지 않고 있다. 그러나 아직 글로벌 경쟁력을 확보하진 못한 상황이며 미국, 중국, 유럽 등은 한발 앞서 시장을 열고 있다.

미국은 국가 차원 실감콘텐츠 연구개발을 추진하며 교육과 국방, 의료 등 공공 분야 콘텐츠 개발에 집중하고 있고, 유럽 역시 2015년부터 대형 연구개발 프로젝트를 추진하며 차세대 실감콘텐츠 기술 확보를 위해 프로젝트 지원을 실행하고 있다. 중국은 2025년까지 VR 산업 경쟁력을 세계 수준으로 끌어올리기 위해 '가상현실 산업발전 가속화에 관한 지도의견'을 발표하는 등 발빠른 움직임을 보이고 있다.

최근 국내에서는 실감콘텐츠 제작에 필요한 버추얼 스튜디오 건설이 한창이다. 지난해 경기 하남에 이어 올해는 파주에 아시아 최대 규모의 버추얼 스튜디오가 지어진다. 더불어 국내 전자기업들의 움직임도 빨라지고 있다. 콘텐츠 스튜디오에 사이니지를 공급하는 LG전자, 삼성전자 등은 실감콘텐츠 제작에 배경이 되는 전용 LED 사이니지 개발에 착수해 세계 시장 진출을 서두르고 있다.

실감콘텐츠 시장의 확장은 인류의 일상과 예술적 경험에 커다란 변화를 가져올 미래산업이다. 고인이 된 엘비스 프레슬리가 힙합 뮤지션 투팍과 한 무대에 서는 것을 감상할 수 있고, 전 세계에 흩어져 있는 기업이 홀로그램 영상 회의를 통해 한 자리에 모이는 것을 가능하게 한다. 머지않은 미래, 드라마 〈엑스파일–미래에서 온 사나이〉처럼 홀로그램 비서가 우리의 스케줄을 관리할 수도 있다.

실감콘텐츠에 쓰이는 오감 인식 기술은 시각과 청각을 너머 후각과 촉각을 자극하는 새로운 콘텐츠로 확장할 것이다. 일본 도쿄대학교 연구팀이 개발한 '스멜링 스크린(Smelling Screen)'처럼 영상에 맞춤한 냄새가 자동 방출되는 기술, 폭포 영상의 사이니지를 터치하면 차가운 물줄기를 만지는 감각이 전달되는 촉각 인식 기술은 공상과학 영화 속 이야기가 아니다.

기술과 콘텐츠의 결합, 무엇을 상상하든 그 이상을 감각할 수 있는 세상이 성큼 다가왔다. 실감콘텐츠 기업 닷밀의 정해운 대표는 이 새로운 기술에 대해 "차세대 인터넷"이라고 표현했다. 현재 우리가 경험하는 인터넷 세상이 실감콘텐츠와 실감미디어로 건너가고 있다는 의미다.

출처: 워크넷 – 직업 · 진로 〉 직업정보 〉 미래직업 탐구(work.go.kr).

06 CHAPTER

# 취업과 창업을 위한 전략

## 1. 4차 산업혁명 시대의 취업 전망

### 1) 인공지능과 로봇에 의한 직업 세계

현재의 대학인들은 직업을 구하기 위한 준비과정으로 직업 세계에 대한 정확한 이해와 앞으로 전개될 미래 직업에 의한 사회구조 그리고 경제적 생산양식의 변화 등에 주목하여야 한다.

20세기 말, 전자산업 부문의 비약적 발전에 의한 4차 산업혁명 시대의 탄생은 산업구조의 근본적 변화를 가져왔으며 또 매우 넓은 범위에서 현재 진행되고 있다. 특히 지구촌 사람들의 직업 세계에 엄청난 변화를 가져오고 있다는 것을 이미 2장에서 살펴보았다. ICT 산업의 빠른 진화와 함께 인공지능과 로봇을 비롯한 기계가 사람을 대신하여 더 정확하게 효율적으로 일을 수행하면서 사람들의 일자리를 바꾸어 놓거나 기존의 일자리들을 없애고 있다.

인공지능(AI)에 의한 로봇산업의 대규모 확대가 시작된 2017년 이후 계속되어 온 사회 · 경제적 불확실성은 산업혁명의 본질적인 과제와 더불어 직업의 고용 부문에서도 큰 혼란을 일으키고 있다. 이런 혼란과 더불어 2020년 초반부터 시작된 코로나19 팬데믹 시기에 보여 준 언택트 시대의 디지털 문화와 디지털 트랜스포메이션 같은 혁신 기술의 발달은 지금까지 직업 세계에서의 모습과는 전혀 다른 모습으로 변신을 거듭하고 있다.

이러한 직업 세계의 새로운 동향을 분석 · 연구하고 미래형 직업에 대한 정보를 예견해 온 고용노동부 산하, 우리나라의 인력 고용에 관한 정책연구기관인 한국고용정보원에서 보도자료로 발표한 "2025년 직업종사자 61.3% 인공지능(AI)과 로봇으로 대체 위험 높아"라는 제목의 기사에서 앞으로 고용정책에서는 '일자리 대체 위험 직종 종사자의 직업 능력개발 및 전직 지원이 필요'하다는 것을 주장하였다. 이 자료를 근거로 2017년 1월 3일 자 일간지 중앙일보는 더욱 자극적 제목으로 "10년 안에 1,575만 명의 일자리가 인공지능이나 로봇으로 사라진다."라고 보도하며 2016년 당시 전체 직업종사자의 업무수행 능력 가운데 12.5%는 즉시 AI와 로봇으로 대체가 가능한 것으로 보도한 바 있다. 전체 취업자 2,659만 명 중 330여만 명이 지금 당장 로봇에 일자리를 내줄 수 있다는 얘기다. 그 4년 뒤인 2020년에는 대체율이 41.3%로 높아지고, 2025년에는 70.6%가 바뀌게 될 것이라고 전망하였다.

이 보도는 비록 한국전자통신연구원(ETRI), 카이스트, 서울대, 성균관대, 연세대 등 9개 기관의 인공지능(AI) · 로봇 전문가 21명을 대상으로 설문 조사한 결과에 따른 것이지만, 벌써 오래전부터 예견되어 온 것으로 2015년 4월 김동규 고용정보원 연구위원은 "직업 세계의 변화를 예측하고 준비하는 것은 청소년이나 구직자, 근로자에게 매우 중요하다"고 주장하고 "『2015 한국직업전망』을 통해 미래 직업 세계의 변화를 파악하고 이를 바탕으로 자신에게 맞는 진로를 설정하는 데 도움을 받았으면 좋겠다."고 발표했었다.

인공지능에 의한 미래직업의 변화와 전망은 벌써 20여 년 전부터 예고된 바 있다. 50년 이상 인공지능(AI)에 대하여 연구해 온 미래학자 레이 커즈와일(Ray Kurzweil)은 『지능형 기계의 시대』(1990)라는 저서에서 지구촌 어디에서나 인터넷이 사용 가능한 모바일기기 시대가 올 것이라고 예언했다. 당시 마이크로소프트의 빌 게이츠는 그에 대하여 "내가 아는 한 인공지능의 미래를 예언하는 최고의 사람"이라고 표현하였으며, 이미 우리나라에도 소개된 적이 있는 『특이점이 온다』(Singularity Is Near. 2005)라고 하는 저서에서는 인공지능과 인류 미래에 대한 관심을 "인간의 기술 발전은 기하급수적으로 이루어진다"라고 강조하였다. 또 커즈와일은 오는 2029년이면 컴퓨터가 인간 수준의 지능에 도달할 것이라고도 주장하며, 그는 이 시점을 특이점(Singularity)라고 말하고 있다.

우리나라에서 미래의 직업변화에 대한 연구 보고서는 유홍준 교수 등이 제시한 「유엔미래보고서 2025」에서 매우 설득력 있게 소개되고 있다. 현재 미국 사회 직업의 80%가 10년 내에 사라지거나 다른 형태로 진화할 것이라고 전망하였다. 그 뒤로 많은 미래학자와 경영 컨설턴트들에 의하여 대규모 직업 종류의 변화를 예측하고 있으며, 2016년 다보스포럼의 보고서에서는 기업 최고 인사책임자들을 대상으로 조사한 결과 인공지능, 로봇, 스마트공장, 스마트농장 등 자동화의 성장으로 인해 2020년까지 710만 개의 직업이 사라지는 반면 200만 개의 새로운 직업이 생겨나 결국 510만 개의 직업이 없어질 것으로 예상하였다.(유홍준 · 정태인 · 김기헌, 2016: 296)

최근 전자신문(2022년 8월 11일 자 25면)에 보도된 세계 미래학회의 '미래직업 변화'를 주제로 한 세미나에서 행한 심현수 국제미래학회 사무총장의 발표문 「AI-META 시대 '미래전략'」에 의하면 "세계는 인공지능(AI)과 메타버스를 중심으로 새로운 패러다임으로 빠르게 변해 가고 있다. 그러한 현상은 직업과 일자리에 혁명적 변화를 가져오고 있다."라고 주장하면서, 클라우스 슈밥 세계경제포럼(WEF) 대표가 '코로나19 팬데믹으로 5년 안에 로봇이 인간을 대체해 8,500만 개 일자리는 소멸될 것이고 반면에 AI와 메타버스의 콘텐츠 창출 분야에서 9,700만 개 일자리가 새로 등장할 것'라고 예측한 내용 등을 전하고 있다.

앞서 여러 차례 살펴보았듯이 AI와 메타버스에 의한 사회 변화 범위와 발전 속도는 빨라지며 우리 모두에게 익숙해질 미래이고, 구체적으로 경험해 나가고 있다. 이는 미래 산업에 큰 영향을 미치며 직업 분야에서도 새로운 기회를 만들어 줄 변화가 분명하다는 것을 전하고 있다. 우선 AI와 메타버스의 고도화는 지금까지 볼 수 없었던 초연결 사회의 구성으로 세계가 서로 연결된 초공간적 환경에서 과거 상상 속의 거대한 미래사회의 직업을 예상하면서 새로운 직업 환경의 변화 요인을 사회 문화적 관점, 기업 환경적 관점, 기술 발전적 관점으로 나누어 설명하고 있다.

첫째, 사회 문화적 관점으로 세계적으로 코로나19 팬데믹 이후 사회 전반에 재택근무, 비대면 온라인 교육, 디지털 기술 발달에 따라 사회적 언택트 수요를 충족하는 새로운 대안으로 시공간 제약을 뛰어넘는 메타버스 서비스의 출현과 디지털로 소통하고 교감하는 디지털 네이티브 세대의 등장을 제시하고 있다. 둘째, 기업 환경 관점으로 새 비즈니스 모델이 필요하며 기업에서는 새로운 미래 성장에 필요한 동인으로 메타버스에 관심이 집중되고 있다. 특히 메타버스 플랫폼을 이용하는 소비자가 급속히 늘어나고 세계 시장에서도 메타버스에 대한 미래 성장주도 산업으로 성장 가능성을 제시하고 있다. 셋째, 기술적 관점으로 컴퓨터 및 스마트폰 성능이 급속히 향상되고 통신 네트워크의 5G 서비스와 6G 시대를 준비하는 현시점에서 통신기술의 발전이 AI, 확장현실(XR), 3D, 블록체인, 클라우드 등과 상호 융합하면서 메타버스 시대가 조기 정착하는 데 촉매제 역할을 하고 있다는 것 등을 제시하고 있다. 보다 구체적으로 향후 새롭게 대두되는 분야별 미래직업으로 먼저, AI 개발 전문가와 활용 전문가, 메타버스 제작자와 활용 전문가, 암호화폐(암호화 코치, 모기지 전문가, 탈중앙화 관리자 등), 드론 산업(스웜봇 무인항공기, 엔지니어, 드론, 커맨드 등), 보건의료(기억증강 치료사, 유전문제 해결사, AI건강관리사 등), 빅데이터(개인정보보호 전략가, 데이터 관리자, 블록체인 디자이너 등), 3D프린트, 자율운송, 미래농업(토양분석가, 관개 관리자 등), 상업용 우주 산업, 로봇(로봇 분류 전문가, 인증 전문가, 기능엔지니어 등), 바이오 등 많은 분야에서 새로운 직업이 나타날 것으로 예상된다고 제시하였다.

이 외에도 심현수 사무총장은 앞의 발표문에서 새롭게 대두된 메타버스 관련 10개 직업, 즉 메타버스 크리에이터, 메타버스 게임 개발자, 메타버스 건축가(Construct Architect), 메타 휴먼 의사(Meta human Doctor), 미래직업 안내 및 미래 지도사, 디지털 자산 관리자(Digital Asset Executor), 메타버스 이벤트 전문가, XR 등 융복합 콘텐츠 창작자, 메타버스 안전 관리자 그리고 메타버스 월드 또는 가상 세계 테마를 직접 만드는 전문가를 일컫는 메타버스 월드빌더 등을 제시하고 있다.

이상과 같이 국제미래학회에서 4차 산업혁명의 이후 직업과 그 환경의 새로운 현상들에 대한 논의는 현대 대학에서 미래직업을 설계해야 하는 학생들에게는 그 어느 때보다 절실하며 더 현실적으로 다가오고 있다. 그 이유는 인간 기술의 발전과 함께 찾아온 질병, 기상이변 등 자연재해의 반복된 부정적 환경도 역설적으로 작용하고 있기 때문이다.

한편, 본격적인 AI와 메타버스에 의한 트렌드의 변화 이전에 4차 산업혁명 시대 이후를 대비한 유사한 연구사례는 이미 오래전(2010년대 중반) 경기연구원에서 발표한 『미래사회의 산업과 직업변화』의 한국의 산업 환경변화와 트렌드 변화의 다섯 가지 특징에서도 제시되어진 바 있다. 즉, 첫째, 지식기반 경제의 도래와 기술혁신의 가속화, 둘째, 산업융합의 가속화, 셋째, 고령화의 진전과 삶의 질에 대한 수요 확대, 넷째, 문화적 다양성의 증대와 시민사회의 성장 그리고 다섯째, 중국의 성장과 동북아 경제권의 부상 등이다. 여기서 핵심 트렌드는 인구구조의 고령화를 비롯한 기후변화와 같은 지속적인 21세기 디지털 정보화사회의 변화 모습들이, 한국산업의 구조와 그리고 기술이 일자리 모양을 바꾸어 직업의 유형변화를 일으키는 모습들에 대하여 설명하고 있다.

이상과 같이 국내외 ICT 전문가와 미래학자들은 이미 20여 년 전부터 2025년의 고용과 직업 환경에 대한 '대전환'을 예고하였다. 아울러 위와 같은 연구분석을 통하여, 직업 세계의 변화와 새로운 직업의 형성을 다음과 같이 도식화하여 설명하고 있다.

신기술의 등장 → 시장형성 → 사업체 직업형성 → 신규 인력 직업유입 →

직업의 분업 및 전문화 → 직업의 융합화 → 직업의 복합화 → 신기술의 분화 →

시장의 분화 → 직업의 분화 및 융복합 → 교육시장 형성 → 새로운 직업의 형성

## 2) 최근의 직업별 취업전망

ICT 분야에서의 혁신적인 과학기술은 고용 인력의 판도를 근본적으로 바꾸어 놓고 있음을 살펴보았다. 이를 근거로 우리는 취업환경 혹은 창업환경을 ICT 분야를 제외하고는 미래지향적인 직업 구하기가 어려울 것이라 예견할 수 있다. 당장, 경제적 측면에서도 새로운 기업을 디지털 기기의 응용과 새로운 분야로의 접근으로 과거에는 상상할 수 없는 정도의 큰 규모의 부를 취득할 수 있다는 것을 이미 전기차를 이용한 자율주행 차량 등의 개발 현장에서 보고 들을 수 있다.

한편, 21세기가 시작되면서 장밋빛으로만 보이던 경제적 상황은 고용이 없는 성장이라는 매우 부정적인 상황으로 변하고 있다. 그 대표적인 사례가 노동력을 필요로 하는 고용현장에서 전혀 상상할 수 없는 모습으로 디지털 기술과 능력을 앞세워 사람들이 노동 현장에서 소외되는 현상도 나타나고 있다. 소위 디지털 기기의 고도화가 점점 산업사회의 발전으로 인한 노동의 자기 소외현상과 유사한 형태가 다시 나타나고 있는 현실이다. 미래 직업을 향한 대학생들에게 있어서 취업환경은 복합적 요인에 의해 더욱 부정적 상황이 계속 나타나고 있을 뿐이다.

그러나 직업이 없어지는 만큼 또 새로운 직업이 미래에 주목받는 직업으로 나타나고 있으니 우리는 시대의 변화와 미래 트렌드를 미리 알고 이에 대처할 수 있는 지혜와 실력을 준비하여야 한다. 한국고용정보원에서 발행한 『2021한국직업전망』에서 제시된 '직종별 일자리 전망 결과 종합'편에 의하면 우리나라 199개 주요 직업 가운데 향후 10년간 '현상유지'를 보여 주는 직업으로는 각급 기관의 사무직을 비롯한 소위

공공성을 띠고 있는 공무원 등 공공기관의 임직원과 전문직종에 해당되는 교사와 건축기술자 등 115개의 직업으로 57%가 해당이 되며, 현재보다 '다소증가'로 예상되는 직업은 세무사를 비롯하여 해당분야 전문인 자격증을 소지한 약사, 치과위생사 등으로 65개의 직업이 해당된다. 그와 반대로 지금보다 '다소감소'가 예상되는 직업으로는 은행사무원을 비롯하여 금융기관 사무직, 방문강사와 개그맨, 검표원 등 18개 직업, 그리고 '감소'할 직업으로는 사무보조원 1개(2017년 조사에서는 낙농, 어업 종사자 등 3개)를 제시하고 있다.

## 2. 미래의 직업과 트렌드의 변화

### 1) 직업 세계의 고용동향과 중요 트렌드

코로나19 팬데믹 이후 세계 경제의 불황과 혼란은 계속되고 있으며 그에 따른 고용 부문에서의 불균형은 향후 직업 세계의 불확실성을 더욱 크게 하고 있다. 한편으로 디지털 과학기술의 급속한 발전과 변화 역시 하루가 다르게 직업 세계의 수요와 공급 형태를 바꾸고 있다. 그렇다고 직업을 구해야 하는 우리는 시대적 환경변화만을 탓하고 있을 수 없다.

다가올 미래의 직업을 찾기 위하여 먼저 어떤 요인에 의하여 변화되는지를 주의 깊게 살펴보고 다가올 환경변화에 따른 트렌드를 충분히 파악하여야 할 것이다. 2018년 하반기 한국고용정보원의 김동규 연구위원 외 4인에 의해 발표된 『4차 산업혁명, 미래 일자리 전망』에 의하면 직업세계를 둘러싼 5가지 환경요인으로 사회, 기술, 경제, 환경 그리고 정책 및 제도를 제시하고 있다. 첫째, 사회영역에서는 생산가능 인구의 감소와 고령화 사회의 대두 그리고 디지털세대의 등장과 3D업종에 대한 취업 기피 세대와 외국인 근로자의 등장을 제시하고, 둘째, 기술영역에서는 디지털 혁신 기술의 인공지능, 빅 데이터, IoT, 협동로봇 그리고 산업과 기술의 융복합, 제조업과 서비스업의 결합으로 인한 신제조업의 등장을 제시하고 있으며, 셋째, 경제영역에서는 자유무역주의 대 보호무역주의의 대립, 경제성장과 양극화, 최저임금과 정년연장문제, 세대별 고용률 그리고 공유경제와 플랫폼 경제의 확산 등을 제시하고 있으며, 넷째, 환경영역에서는 급격한 기후변화와 탄소중립에 관한 문제 그리고 신재생에너지 부문과 자연재해의 문제를 제시하고, 다섯째, 정책과 제도영역에서는 정부구성의 대소문제, 각종 규제의 완화와 강화 혹은 환경정책 그리고 한국의 신경제정책 등을 제시하였다. 나아가 이들 시대적 환경요인을 토대로 미래직업에서 나타날 예측 가능한 5가지 변화를 다음과 같이 지적하고 있다.

① 정형화된 업무는 인공지능과 로봇으로 빠르게 대체된다.
② 직업의 등장과 소멸이 더욱 빨라진다.
③ 디지털 기술을 잘 활용하는 사람이 성공한다.
④ 아이디어가 더욱 쉽게 사업화된다.
⑤ 진로 형태가 더욱 다양화된다.

이보다 앞서 역시 고용정보원에서는 2015에 한국직업전망을 내세우면서 다음과 같이 향후 10년간 우리나라 직업 세계에 나타날 '10대 트렌드'를 분석하였다. 따라서 대학인들이 우선 직업을 찾는 지혜는 앞에서 지적한 환경과 시대적 변화 요인들을 전제로 직업 관련 트렌드를 분석해 본 후에 장차 미래의 직업을 예견해 봐야 할 것이다. 중요한 트렌드의 변화를 살펴보면 다음과 같다.

① 엔지니어 및 전문직의 고용 증가 및 전문화 부문에서의 고용증가를 예상한다. 로봇, 의료 · 정밀기기, 3D프린터 등 첨단 분야의 기술 · 제품개발 경쟁이 치열하고 특수 산업용기계 및 금속공작 · 가공기계 분야 등의 글로벌화와 시장 규모의 성장으로 관련 엔지니어 및 전문직이 전문화 · 세분화될 것이며 따라서 고용도 증가할 것으로 예상되고 있다.

주요 직업으로는 기계공학기술자, 전자공학기술자, 네트워크시스템개발자, 시스템소프트웨어개발자, 응용소프트웨어개발자, 생명과학연구원, 세무사, 경영컨설턴트, 관세사, 변리사, 변호사, 무역사무원, 행사기획자, 손해사정사 등을 예로 들고 있다.

② 환경 및 신·재생에너지 직종에서 고용증가가 예상된다.

환경개선 및 생태복원, 태양광·풍력 등 신재생에너지에 대한 관심 증가와 더불어 기업과 정부의 기술개발 투자 확대로 고용 창출이 기대된다. 환경공학기술자, 재활용처리 및 소각로조작원 등의 직업을 예로 든다.

③ 미용 및 건강 관련 직종의 고용증가는 외모와 건강에 대한 관심과 수요 증가로 미용·건강 관련 직종의 전문화 및 고용이 지속적으로 늘어날 전망이다.

예를 들면, 미용사, 피부미용사 및 체형관리사, 메이크업아티스트, 스포츠 및 레크리에이션강사 등에 관심을 가져 볼 만하다.

④ 안전과 치안, 보안 관련 직종의 고용도 불확실성의 시대에 안전과 치안, 보안에 대한 수요가 증가하여 관련 분야의 고용이 늘어날 것으로 예상한다.

경찰관, 소방관, 교도관, 산업안전 및 위험관리원, 컴퓨터보안전문가, 유치원교사 등의 분야를 예로 든다.

⑤ 낮은 출산율에 따른 학령인구(만 6~21세) 감소로 교수와 교사 고용은 다소 줄어들 전망이며, 인구 고령화로 의료·복지 수요가 늘어 관련 직종의 인력 수요도 증가할 것이다.

저출산 및 고령화에 따른 직업구조 변화는 대학교수를 비롯한 중등학교 교사, 초등학교 교사는 감소가 예상되고 의사, 간호사, 물리 및 작업치료사, 임상심리사, 사회복지사, 보육교사, 간병인, 장례지도사 등의 직업은 증가를 예상하고 있다.

⑥ 통신망에 의한 온라인 거래 및 교류 방식의 확산에 따른 직업구조 변화는 점차 확산될 것이다.

최근 온라인을 통한 거래 및 교류가 폭발적으로 증가함에 따라 관련 직업들

간의 고용에 희비가 엇갈릴 것으로 보인다. 컴퓨터 보안전문가, 웹 및 멀티미디어기획 및 개발자 등의 일자리는 증가하는 반면 상품판매원, 상품중개인, 증권 및 외환중개인 등은 감소하게 된다.

⑦ 기계화와 자동화에 따른 생산기능직의 고용 감소는 심하게 나타날 것이다. 기계화 및 자동화 설비의 증가 기술의 대중화 등으로 단조원, 주조원, 도장원 및 도금원, 금속가공장치조작원, 식품제조기계조작원, 인쇄 및 사진현상 관련 조작원, 사진가와 같은 생산기능직 등의 고용 감소가 예상된다.

마지막으로 3D 직종 중심으로 근로자의 고령화와 청년층의 취업기피로 인한 인력난이 가중되어 건설기능직 등 힘들고 위험한 3D 직종에 대한 청년층의 취업기피 및 근로자의 고령화로 내국인 종사자의 감소를 예상할 수 있다.

## 2) 미래의 직업

4차 산업혁명이 진행될수록 고용과 관련된 부분에 있어서는 현재의 직업을 중심으로 사라질 직업, 살아남을 직업 그리고 향후 생겨날 직업에 관한 많은 논쟁이 계속되고 있다. 어떤 직업의 경우 완전히 사라질 것으로 예상되었던 것이 IT기술과 접목되어 새로운 미래형 직업으로 둔갑하는 경우도 나타나고 있다. 가장 대표적인 사례가 서비스업 분야에 플랫폼 사업이 접목이 되어 많은 고용을 창출하는 것이 대표적인 사례이다. 그리하여 배달업에 종사하는 시간제 노동자들, 소위 '플랫폼 노동자'에 대한 처우 문제가 활발히 논의되고 있다.

한편, 우리나라의 ICT 발전 지수는 세계 1위지만, 미래 유망 기술 분야인, 사물인터넷(IOT), 로봇 부문만 어느 정도 경쟁력을 갖고 있고, 드론이나 인공지능(AI), 가상현실(VR) 분야의 기업 경쟁력은 미약한 수준이라는 분석이 있다. 이미 외국의 미래 연구기관들에서는 일자리 지속가능한 미래를 만들기 위한 전략과 이민자 등 다문화 배경의 노동시장 통합을 연구하고 있다. IT분야에서도 양극화가 나타나 기술을 개발한 기업과 개발한 기술에 노동력을 제공하는 수준의 기업 간에는 차이가 생길 수밖에 없을 것이다. 디지털 시대의 미래직업은 바로 IT기술 창조와 고도화의 문제가 개인의 경제력은 물론 국가의 부와 경제발전을 좌우하게 된다. 최근 우리나라와 미국, 중국 그리고 서유럽 및 북유럽 국가들 사이에서 일어나는 '반도체 기술과 생산'과 관련된 국가 간의 경쟁이 대표적 사례이다.

2025년 미래직업을 분석한 김려성에 의하면, 미래의 직업은 기술변화에 따라 직무도 상당히 변하게 된다고 전제하고 간호사는 지금처럼 환자의 임상관리 외에도 서류정리 및 질병 증상을 파악하는 기술을 겸비하여야 한다. 건강강화 멘토는 현재 간호사들이 실행하는 상담 및 조언, 환자보조를 실시할 수 있어야 하며, 수술과정 도우미는 외과의사의 수술로봇으로 대체되고 로봇 보조원 역할로 바뀌게 된다는 것이다. 컴퓨터 닥터가 소프트웨어로 대체되고 컴퓨터 닥터 도우미는 수리과정 도우미로 재탄생하게 된다. 종래 강의하고 시험문제를 내고 채점하던 교수의 직무는 소멸되고, 교수는 심도 있는 토론 조직을 운영하고, 교육과정의 멘토로서 연구프로젝트의 피드백 조언자로 남게 된다. 현재 농촌사람들의 직무는 소멸되고, 다지역 협동농민이 도시 주변의 채소 등 식품을 배달, 제공하는 농민으로 "도시농"이란 신직종이 탄생하게 된다고 전망하고 있다. 과거 기술발전에 따라 소멸한 직종과 직무에서 보듯이 앞으로 더 많은 변화가 예상된다(김려성, '2025년 미래 직업은 어떻게 변할까?', 2012).

또한 국내 미래직업 연구기관에서는 과학기술, 산업정책 분야에서 미래연구 방법론에 입각한 초기 단계의 연구를 수행 중이나 직업세계 및 일자리에 미치는 영향에 대한 연구는 다소 미진하다. 역시 한국고용정보원에서는 2013년 이후 미래 직업세계 연구에서 제시하는 2015 미래를 함께한 새로운 직업으로 다음과 같이 제시하고 있다.

첫째, 더 나은 미래를 만드는 미래형 직업으로, 기업재난관리자, 방재전문가, 의약품 인허가 전문가, 주택임대관리사, 레저선박시설전문가, 미디어콘텐츠창작자, 진로체험코디네이터, 대체투자전문가, 직무능력평가사, 3D프린팅 전문가, 해양설비기본설계사, 상품 공간 스토리 텔러, 개인 간(P2P) 대출전문가, 의료관광경영컨설턴트,

크루즈승무원, 기술문서 작성가, 문신아티스트와 헤나전문가 등이다.

둘째, 정보통신과 과학 분야의 첨단 미래를 이끄는 사람들로 창작에이전트, 모바일광고기획자, 디지털광고게시판기획자, 게임레벨디자이너, 게임테크니컬아티스트, 온라인결제서비스기획자 등을 제시한다.

셋째, 의료와 안전분야에서 건강한 사람을 돕는 사람으로서 모낭분리사, 식생활지도사, 스마트헬스케어서비스 기획자, 생명윤리운영원, 드론조종사, 헬리캠촬영기사, 창업보육매니저 등을 소개하고 있다.

이 외에, 향후 이색 직업으로 귀농귀촌플래너와 웹툰기획자, 스포츠통역사, 레지스트라(소장품관리원), 전통가옥기술자 등을 예로 들고 있다.

김려성(2012)은 미래 부상하는 일자리로는 역시, 기후에너지 녹색성장산업, 의료제약 바이오 건강보건산업, 교육산업, 교육포털 뉴미디어, 페이스북과 같은 소셜 미디어, 엔빅(NBIC: 나노, 바이오, 인포, 코그노) 관련 산업, 신소재, 창조적 산업, 중국 인도 글로벌 문제 전문가, 미래예측 전문가 등을 예로 들고 있다. 참고로 위키백과에서는 향후 신기술 부상산업으로 생명 공학 및 보건 의료(Biotechnology and healthcare) 관련과 뇌-컴퓨터 인터페이스 및 신경기술(Brain-computer interface and neurotechnology) 그리고 에너지시스템(Energy systems), 컴퓨팅 및 통신(Computing and communications) 디스플레이 기술(Display technology), 로보틱스 및 응용역학(Robotics and applied mechanics)등을 열거하고 있다.

앞서 살펴본 바와 같이 혁신적인 과학기술의 발전은 미래의 고용 인력시장의 판도를 완전히 바꿀 것이라 이미 여러 차례 지적하였다. 결국 이러한 미래 신산업과 관련된 직업에 적극적인 도전이 필요하다. 한편 모든 제조업의 미래는 예측이 매우 어려워 전문가에 따라 유리한 점과 불리한 여건 등을 다르게 주장하고 있으나 대체로 제조업이 서비스업에 융합되리라고 예상한다. 이것은 제4차 산업혁명이 기정사실화된 이후에도 논쟁이 계속되고 있다.

미국의 U.S. News & World Report 신문이 선정한 미래의 유망한 직업 베스트 20을 살펴보면 회계/기업가치평가 전문가, 연예 · 오락/만화영화작가, 금융/투자상담사, 위기관리 홍보요원(기업이미지관리요원), 교육/수학 · 과학교사, 공학/컴퓨터공학자, 환경/공해방지전문가, 보건/의사 보조사, 인사관리/교육훈련전문가, 인터넷/인터넷담당중역, 경영/물류전문가, 의약/미용치과의, 개인서비스/시간관리 전문가, 공공서비스/교정(矯正)종사자, 세일즈/전자제품관리자, 사회사업/비애(悲哀)치료사, 텔레커뮤니케이션/무선통신기술자 등을 제시하고 있다.

또한 한국고용정보원 직업연구센터에서 제시하는 미래를 함께할 새로운 직업으로 우선, 청소년이 도전하면 좋은 직업 상품 · 공간 스토리텔러, 정신건강상담전문가, 약물중독예방전문요원, 정밀농업기술자, 3D프린팅운영전문가, 자살예방전문요원, 감성인식 기술전문가, 미디어콘텐츠창작자, 홀로그램전문가, 인공지능전문가, 행위중독예방전문요원, 빅데이터전문가, 소셜미디어전문가 등을 소개하고 있다.

다음 인문사회계열 출신이 진출하면 좋은 신직업으로 기술문서작성가, 상품 · 공간스토리텔러, 신사업아이디어컨설턴트, 지속가능경영전문가, 크루즈승무원, 직무능력평가사, 사이버평판관리자, 소셜미디어전문가, 의료관광경영컨설턴트, 대체투자전문가, 기업컨시어지, 협동조합코디네이터, 개인간(P2P)대출전문가, 진로체험코디네이터, 빅데이터전문가 등이다.

이공계열 출신이 진출하면 좋은 신직업으로는 기술문서작성가, 의약품인허가전문가, 과학커뮤니케이터, 도시재생전문가, 녹색건축전문가, 연구실안전전문가, 해양설비(플랜트)기본설계사, 방재전문가, BIM(빌딩정보모델링)디자이너, 정밀농업기술자, 연구기획평가사, 연구장비전문가, 3D프린팅운영전문가, 기업재난관리자, 홀로그램전문가, 감성인식 기술전문가, 화학물질안전관리사, 레저선박시설(마리나)전문가, 사이버평판관리자, 빅데이터전문가, 인공지능전문가, 온실가스 관리 컨설턴트 등을 소개하고 있다.

이 외에 새로운 아이디어를 더해 창업이 가능한 직업으로 3D프린팅 운영전문가, 신사업 아이디어 컨설턴트, 매매주택연출가, 정신대화사, 애완동물행동상담원, 영유아안전장치설치원, 생활코치, 주변환경정리전문가, 기업프로파일러, 그린장례지도사, 이혼상담사, 노년플래너 등을 한국고용정보원 연구 등에서 제시하고 있다.

미래 직업은 분야별로, 첫째, 첨단기술 분야에서는 BIM디자이너, 감성인식 기술전문가, 사물인터넷 개발자, 사이버포렌식 전문가, 스마트팜 구축가, 인공지능전문가, 핀테크 전문가, 빅데이터전문가, 스마트헬스케어전문가, 스마트도시전문가 등이 제시되었으며, 둘째, 문화콘텐츠 및 스포츠 분야에서는 드론 스포츠선수, 디지털 헤리티지 전문가, 가상/증강현실 전문가, 메타버스 관련 기술자, 홀로그램전문가, 스포츠심리상담사 등이 있다. 셋째, 사업서비스 분야는 상품/공간 스토리텔러, 소셜미디어전문가, 의료기기규제과학전문가, 기술문서작성가, 웹툰번역가, 모바일광고기획자 등이 있으며, 넷째, 개인서비스 분야에는 동물보건사, 반려동물행동상담원, 유전체분석가, 자동차튜닝엔지니어, 크루즈승무원, 농촌관광플래너, 업사이클링 전문가 등이 있다.

## 3. 미래 직업 선택을 위한 취업과 창업전략

### 1) 미래 유망직업의 선택

미래사회의 주인공이 되기 위해서는 미래 직업의 주인공이 되어야 한다. 피할 수 없는 변화와 혁신의 거대한 과학기술을 즐기면서 받아들일 수 있는 지혜가 있어야 할 것이다. 지금까지 고용노동부의 미래의 직업에 대한 정보와 이를 근거로 신성장동력 중심의 '한국의 유망 미래직업' 그리고 대한상공회의소 추천 '미래직업 100선'과 이외 고용정보원의 '신직업 100여 개 육성 프로그램', '잡아라 미래직업 100', '2030년 인기직업' 그리고 코로나19 팬데믹을 전후하여 향후 직업 세계의 트렌드에 관한 소개가 많은 공공기관과 대기업의 경제경영연구소 그리고 금융 관련 연구소 등에서 제시되고 있다.

최근 ‘코로나19 팬데믹’에 의한 사회 · 경제적 생활방식의 변화로 우리 사회 모든 분야에 걸쳐서 구조적이며 실질적인 방향의 전환이 이루어지고 있다. 그래서 ‘직업이 사라진다.’라는 말이 나오며, 생산력과 생산방식의 전면적 교체에 따라 다음 세대를 준비할 것을 요구한다. 미래산업 관련 경영 컨설턴트들과 전문가들에 의하여 ‘직업의 종말’, ‘2030 축의 전환’, ‘코로나와 4차 산업혁명이 만든 뉴노멀’ 그리고 새로운 직업의 판도를 ‘지도’ 혹은 ‘나침판’ 등으로 묘사되며 ‘4차 산업혁명과 새로운 직업’에 관한 전문 서적과 칼럼들이 대량으로 출판되고 있다. 다시 말해, 4차 산업혁명으로 인한 디지털 혁신 기술의 고도화로 또 다른 가변적 요인, 즉 ‘코로나19 팬데믹’이라는 예측하지 못하였던 환경적 요인에 의하여 고용환경이 빠르게 또 전면적으로 바뀌며 그 대안 혹은 전면적 새로운 직업을 향한 대처 방법이 요구되는 시기가 되었다는 것이다.

따라서 대학 교양인들은 현재의 고용환경에서 대단한 위기의 한 가운데에 있으면서, 이에 대한 적극적 대응책으로 자신의 불확실한 미래 탐색을 위한 노력이 우선 있어야 할 것이다. 또한 시대변화에 따른 국가적 차원의 고용 및 실업대책 등이 요구됨으로써 그 어느 때보다 직업 세계에 대한 정부의 고용안정 정책이 제시될 수 있는 시점에서 현재의 대학인들에게는 ‘절호의 기회’가 찾아올 수도 있는 상황이라고도 볼 수 있다. 그래서 새로운 미래형 직업에 대한 안내와 전망이 많이 제시되어 있으나 중요한 것은 미래를 설계하는 우리의 준비와 이에 대비하는 자세의 문제이다. 말하자면 미래사회가 요구하는 인재상을 우선 파악하고 새로운 과학기술과 정보화기기의 사용과 사람의 관계 설정이 선행되어야 한다는 것이다.

그러므로 아무리 급변하는 환경변화에 삶의 도구가 바뀌고 기술적 방법이 전부 변한다고 하더라도 인간 삶과 본연의 모습을 바꿀 수 없다는 것을 더욱 철저하게 인식해야 한다. 그래서 우리는 인간 삶의 ‘기본’을 최상급에 놓고서 살아가는 모습을 보일 때야말로 발전된 기기 · 문명의 노예가 아니라 주인으로 살아갈 수 있을 것이다. 그와는 반대로 우리가 고도로 발전된 물질문명들을 삶의 단순한 방편으로 생각하지 않고 ‘물질을 우선시하는 목표’가 되었을 때는 인간 개개인의 삶은 물론, 인류의 보편적 가치는 사라지고 여느 동물들의 삶으로 전락하게 될 수 있다는 것을 항상 염두에 두어야 한다.

한편, 그럼에도 불구하고 우리는 4차 산업혁명의 결과 사라지는 직업 못지않게 웹 기반의 빅데이터를 분석하는 인공지능 기술, 바이오 프린팅 기술 등 인공지능과 로봇공학에 의한 서비스업종과 같은 새로운 유망직종 등에 주목하여야 한다. 즉, 빅데이터, 플랫폼, 클라우드 컴퓨팅, 사이버 스페이스 등의 디지털 기술과 3D 프린터 드론, 생체모방 및 의료 로봇 사이보그 웨어러블 디바이스와 같은 디지털 기기들을 활용한 기대되는 미래 직업을 선택할 수 있도록 준비하여야 한다.

미래를 살아가야 하는 우리는 싫든 좋든 앞서 제시된 미래 직업을 선택해야만 한다. 단 선택의 자유는 우리의 몫이다. 이를 위하여 대학생활에서 보다 폭넓은 사고와 비판적 사고를 할 수 있는 직·간접의 경험을 충분히 해야 하고 끊임없이 창조와 도전 의식으로 무장하여야 한다. 아무리 좋은 미래형 직업이라도 내가 관심이 없으면 직업을 가질 수 없을 것이다. 물론 미래형 직업이 아닌 수많은 직업 중에서 선택은 자신 능력과 직업관에 따라 언제든 다르게 나타날 것이다. 인간을 위한 인간의 첨단 직업을 구할 수 있어야 한다.

## 2) 취업 및 창업전략

취업과 창업과 같은 직업 구하기가 어려워지면서 ICT 시대의 직업구조 변화는 우리 대학인들에게 위기와 기회의 이중성을 보여 주고 있다는 것을 이미 지적하였다. 이러한 위기의식은 '고용 없는 성장'의 시대적 상황에서 새로운 돌파구를 찾는 방법을 요구하고 있다. 그래서 앞의 절에서 제시한 바와 같이 현재로서는 듣지도 보지도 못한 미래형 직업이 난무하는 실정이다. 직업 및 경영 컨설턴트들은 이것을 구직과 창업의 기회로 전환할 것을 역설하고 있다.

그러나 우리 앞에 놓여 있는 현실은 그렇게 쉽지 않다. 특히 이러한 시대적 상황은 어찌할 수 없는 것이라 할지라도, 우리나라의 정치와 경제적 사회현실이 우리에게는 긍정적이기보다는 대학생들이 사회진출을 모색함에 매우 불리하게 전개되고 있으며 더욱이 앞날을 예견할 수 없을 정도로 불확실성이 지배하고 있는 것이 사실이다.

우리는 이러한 현실을 타파하고 미래사회의 주인으로 살아갈 수 있는 지혜와 용기를 더욱 발휘해야 한다. 틈새시장을 파고들든, 창업으로 평생직장을 구하든 선택은 우리 자신의 몫이라는 사실에 유념하고 도전정신과 열정으로 다양한 분야에서 자신의 직업을 찾는 전략을 구사하여야 하겠다. 이를 위하여 조금은 효용성과 실속을 바탕으로 한 실질적인 취·창업전략을 제시해 보면 다음과 같다.

① **디지털 문화 부문 취업전략**: 앞서 살펴본 ICT 분야 게임산업을 비롯하여 디지털 기술을 도입한 업종에 취업할 수 있도록 기본적인 컴퓨터 활용 능력은 물론 다양한 소프트웨어 기술을 완벽히 준비하여야 한다. 분야별 동종업종을 견인해 가는 플랫폼 업체가 대표적 사례라고 할 수 있다. 이 외에도 게임 개발을 위한 사업과 빅데이터 관련 그리고 의료기기 분야의 첨단산업의 직업이 요즘 제일 많이 각광을 받는 직업으로 부상하고 있다.

앞으로 생겨날 미래 직업 200만 개 중 약 20퍼센트가 수학 및 컴퓨터 분야라고 세계경제포럼의 세미나에서 발표된 바가 있다. 그래서 자연과학 분야로서 기초과학과 수학 등과 같이 과학의 기본에 우선 실력을 완벽히 준비하여 놓고 전자기학과 공학 등 디지털 분야 융복합 응용 기술로써 다양한 콘텐츠의 소프트웨어에 접근하는 전략을 세워야 한다.

② **공기업 취업준비**: 아무리 취업환경이 빠르게 변화하여도 공공기관의 채용 트렌드와 전형방식이 하루가 다르게 변할 수 없는 것도 사실이다. 다양한 업종에서, 보다 고전적 방식으로 취업을 하고자 원한다면 국가기관에서 운영하는 공기업을 타깃으로 인턴 경험을 쌓아 가며 학교 성적을 비롯하여 자격증과 어학 실력과 지필시험 능력을 확실히 갖추어 도전할 수 있도록 전략을 짜야 한다.

③ **글로벌기업 취업**: 구글을 비롯한 미국과 중국 등의 세계적 ICT 기업과 같은 이미 세계화된 기업을 목표로 취업전략을 구체화해 본다. 구체화하는 방법은

기본적인 외국어의 완벽한 준비와 함께 글로벌기업의 현지 적응(현지화) 능력을 사전에 체험하거나 인턴사원의 과정을 거쳐서 취업한다. 이를 위한 전략으로 해당 글로벌기업에 대한 정세 파악, 예를 들면, 공모전이나 인턴십(직무체험) 프로그램 등을 잘 활용할 수 있어야 한다. 최근의 글로벌기업 취업에서 사전 경험이 그 어떤 스펙보다 중요하다고 강조하는 기업들이 많아지고 있다.

④ **눈높이 중소기업 취업**: 관광산업과 같은 기초적 인적자원을 반드시 필요로 하는 서비스업체에 새로운 트렌드를 개발하여 자신만의 노하우로 준비하여 도전하는 전략도 아직 유효하다. 인공지능과 로봇산업의 발전은 인간의 서비스개념까지 넘보고 있는 것도 사실이지만 아직까지 인간의 섬세한 서비스가 요구되는 관광과 외식업종에 대한 취업전략은 꽤 유효하다고 볼 수 있다. 뿐만 아니라, 자신의 인적 네트워크로 사전 취업과 직장을 보장받을 수 있는 중소기업들의 산학협력 프로그램들을 활용하는 취업전략이 필요하다.

⑤ **융합과 통섭에 의한 직업준비**: 미래사회를 선도하는 새로운 직업에 대한 실패를 각오한 도전이 절실하다. 산업사회에서는 상상할 수 없는 새로운 직업과 직무가 융합과 통섭이라는 미명하에 새롭게 생겨나고 있다. 그리하여 새로운 기술과 새로운 자세, 즉 학문을 넘나드는 융합과 통섭에 새로운 직업을 찾는 취업이나 창업을 준비하는 전략이 요구된다. 즉, 로봇산업과 인공지능에 의한 인문학적 접근이나 인공지능을 활용한 예체능 분야에서의 새로운 직업을 구상해 보거나 IT산업을 기반으로 하는 제2의 '인터넷 쇼핑', 전자상거래 방식 등의 매우 창조적이며 아이디어가 뛰어난 비즈니스를 창업할 수 있는 전략도 가져야 할 때이다.

⑥ **'돈(사업자금)'이 필요치 않는 스타트업에 도전**: 중국의 ICT 산업의 대표주자 마윈(馬雲) 알리바바 회장은 중국에서 처음으로 인터넷 비즈니스에서 도전하면서 성공하기까지 세 가지 이유를 강조하였다. 첫째는 돈이 없었고, 둘째는 기술이 없었으며, 셋째는 계획이 없었다는 것이다. 스스로 강연에서 강조하듯이 어리석을 정도로 돈이 없이 비즈니스를 시작하였고, 오히려 많은 '돈'으로 시작한

창업은 실패한다고 역설하던 때가 있었다. '환상을 현실로 만들 수 있는' 지혜가 있어야 한다고 강조하며 "변화가 가져다주는 도전을 즐기자"라고 미국의 스탠포드 대학생들에게 행한 강연에서도 주장한 바가 있다. 즉, 사업에 가장 중요한 세 가지가 없이도 실현가능한 '스타트업'은 구직을 위한 또 다른 도전전략이라고 할 수 있다. 그러나 모든 스타트업에는 무한도전에 대한 리스크가 있고 많은 인내와 책임 의식을 요구한다는 것을 충분히 알고 있어야 한다.

⑦ **일인 기업과 같은 새로운 창업에 도전:** 아직까지 IT산업을 기반으로 하는 벤처산업은 유효하며 실리콘벨리의 기술 성장은 더욱 많이 조명받고 있다. 처음부터 최고가 될 수는 없다. 흔히 접할 수 있는 식음료 산업에서부터 고난도의 컴퓨터 기술이 응용될 수 있는 부문에 이르기까지 개인의 잠재능력을 끊임없이 발휘하여 새로운 디지털 기술개발을 가져올 수 있는 창의력과 도전적인 전략이 있어야 한다. 이러한 개인 창업에는 앞서와 같은 리스크(위험요인)의 부담까지 궁극적인 성공 창업의 기초가 된다는 것을 알고 창의적인 새로운 업에 대한 전략에 투자할 수 있어야 한다.

07
CHAPTER

# 성공적인 Job-Hunting을 위한 역량강화

## 1. 성공 취업의 골든타임

### 1) 취업 준비와 한국의 현실

사회경제적 급성장의 과정에서 수급의 불균형은 자본과 고용의 부문에서도 양극화를 초래하였다. 이러한 현상들은 21세기 무한경쟁 사회의 모든 분야에서 양극화현상이 심화되면서 우리나라의 청년 학생들에게도 많은 영향을 끼치고 마침내 사회진출과 생활 면에서 수저계급론이 등장하기에 이르렀다. 대학사회의 현실도 사회의 이러한 나쁜 분위기를 단죄하고 혁신시키려는 지식인들의 노력이 절실함에도 불구하고 대학과 대학생들의 양극화도 사회의 단면을 오히려 부추키고 닮아 가는 형상을 보여 주고 있다. 수도권 대학과 지방대학, 차상위 계층과 차하위 계층 간의 노골적 양극화는 우리 대학인들에게 희망보다는 절망적 비전을 오히려 양산하고 있는 실정이다. 우리가 기본에 더 충실하고 원기를 더욱 키워 나가야 할 이유가 바로 여기에 있다. 세상의 잘못된 가치관이나 정책 노선을 극복하고 올바른 방법으로 마침내 자신의 진로와 미래의 행복을 담보할 수 있어야 하기 때문이다.

코로나19 팬데믹과 더불어 위기 탈출의 방법이, 국가와 국민 모두를 구제하는 미래지향적 정책이 계획되고 집행되기보다 정파의 이해관계와 국가 간의 불합리한 경제적 국익 우선 정책에 의하여 전개되어짐으로써 그 피해는 세계 모든 국민들과 저개발 국가에게로 불이익이 돌아가는 것을 경험한 바 있다. 마찬가지로 우리나라의 정부와 국회에서 고용인력의 수급에 관한 정책들은 너무 당파적 이해관계와 편의주의적 인기에 영합하려는 매우 불합리하고 시간과 금전의 낭비적인 요소만이 나타나고 있음이 알려진 사실이다. 정치권력이 바뀔 때마다 기존의 '청년 고용과 일자리 정책'이 예산편성과 집행들을 비롯하여 전면적으로 바뀌거나 아예 그 대책이라는 것이 사라져 버리는 경우까지 있었다. 국가 고급인력의 '노동과 고용'에 관한 정파적 이해관계에 의한 조변석개(朝變夕改)식의 고용정책의 변화는 MZ세대를 살아가는 우리 대학생들에게 너무 치명적이어서 이제는 위로로 아픔을 달래기에도 선을 넘었다고 봐야 할 때이다.

그렇지만 현재의 대학인들은 여기서, 이러한 악조건에서 멈출 수 없다. 패러다임을 바꾸어 미래에의 도전을 강력히 추진할 수 있어야 한다. 직업 세계의 급변 현상을 체계적으로 자료화하는 과정에서 그리고 졸업을 앞둔 대학생들의 성공적인 진로 개척에 도움이 되는 성공한 창업인들을 벤치마킹하는 과정에서 공통분모가 나타났다. 즉, 최근 동서양을 넘나들며 세계 최고 부자로 표현되는 '성공 창업인'들은, 첫째, 'ICT산업 분야'와 관련된 창업이 많다는 것과, 둘째, 중국과 미국의 세계적 성공 창업인들 그리고 우리나라의 성공 스타트업 개발자들의 경우 '무일푼 창업', 즉 창업자본금 없이 스타트업으로 출발한 경우가 다수를 차지하고 있으며, 셋째, 열정과 도전의 정신으로 창업과 스타트업을 준비하는 사람들이 거의 모두가 '새파랗게 젊은 사람들'

이라는 것 등이다.

요즈음 우리나라의 대학 현실이 시대적 환경과 공간적 환경, 모두가 지극히 불확실한 상황에 있지만 대학생들에게 다행스럽게 앞의 세 가지 성공 창업을 위한 경우의 수 중에서 두 가지는 해당된다는 것에 다소나마 위로를 받을 수 있을 것이다. 그리고 비록, 방법과 형식은 아직 미완성이지만 상당수의 대학생들이 ICT 분야와 관련된 업종을 개발하고 연구하면서 사회에 진출하려 하고, 적어도 ICT를 활용한 창업을 준비하고 있음을 가끔 볼 수 있다. 이러한 대학 교육에서의 기반은 최소 20여 년 전부터 시작되었고 거의 모든 대학마다 설치 운영되고 있는 '취 · 창업보육센터'에 그 기저가 있었음을 부인할 수 없을 것이다.

그리하여 오늘의 대학생들은 진로 설계를 "취업보다는 창업을 위주로 하는 것이 좋다"라는 구호성 표현보다 더 적극적으로 직업을 찾아 나서야 할 것이다. 마찬가지로 요즘 대학가에서 많이 거론되는 "평생직장이 아니라 평생직업을 찾아야 한다"라는 표현 등을 참고하여 창의적인 나 자신만의 진로 계획을 세워 볼 필요가 있다. 즉, 창업이라는 요소와 평생직업의 개념에 공통의 분모인 자신의 진로 개발을 '창직(創職)'이라는 개념의 방법을 택해 볼 것을 강력히 추천한다. 매우 많은 어려움이 예상되는 것은 사실이지만 앞서 살펴본 바와 같이 직업 환경의 미래가 극히 불투명하고 고도화된 과학기술에 의한 창의적 융합의 시대가 필연적으로 도래한다면 우리는 이것을 과감하게 받아들일 수밖에 없는 현실이다. 물론 이를 위해 기초를 더욱 충실히 하며 튼튼한 원기를 바탕으로, 현시대적 상황에 타당한 패러다임으로 무장하고 혁신적인 리더십을 갖고서 도전할 수 있어야 한다.

### 2) 취업을 준비할 때

우리나라의 경우, 1980년대 후반부터 무한경쟁의 신자유주의 시대와 함께 본격화된 대학 졸업자들의 '취업난'은 '취업빙하기'를 비롯하여 취업의 어려움을 최고의 극단적인 표현으로 나타내며, 그 어려움의 정도는 계속하여 악화만 될 뿐 좋아질 것은 전혀 없는 것이 분명하다. 그래서 준비해야 할 것들이 훨씬 많아지는 것도 사실 일 뿐만 아니라, 취업과 창업을 위한 준비의 '타이밍'을, '최고의 기회'를 잡아야 할 '때'를 놓치지 말아야 한다. 속칭하는 말로 나의 진로 개척의 골든 타임을 매우 잘 포착해야 한다는 의미이다. 제13장 성공 창업 부분에서 보다 구체적 안내가 있겠지만 창업 혹은 창직을 위한 황금시간대를 내가 만들고 내가 장악할 수 있어야 한다. 다른 사람이 모두가 '예'라고 할 때, 나는 '아닙니다'라고 거부할 수 있는 기회를 가질 수 있어야 한다는 뜻이다.

이를 위하여 대학생활에서의 차별화와 스펙쌓기는 지구상에서 살아가는 삶의 도구를 준비하는 데 충분하여야 함을 다시 언급할 필요가 없을 것이다. 이것은 경쟁사회에서 살아가는 기본이다. 흔히 기업들이나 사회생활에서 '이제 스펙보다 인성이 좋아야 한다'라고 언급하는 경우를 자주 볼 수 있다. 이러한 주장을 소극적으로 해석해서는 아니 된다. 혹시나, 그래 그까짓 자격증이다, 실전경험이 있어야 한다는 것은 모두 허구이고 '사람이 되어야 해'라고 아전인수식으로 해석하지 말아야 한다. 오히려 그 말을 적극적으로 해석해 보면 이미 취업 혹은 창업의 자격을 갖추기 위하여 자신의 지식과 능력 등등의 '스펙'이란 걸 모두 준비한 사람들 사이에서 경쟁이 시작되니 스펙은 기본이고 그런 기술적 자격을 최고로 갖춘 사람들 중에서 인성이 더욱 뛰어난 사람을 선택한다는 것을 반드시 유념하여야 한다.

그래서 진로 설계의 중요성으로, 첫 번째는 황금시간대를 잡아야 한다는 것을 전제로 대학생활에서 스펙쌓기를 게을리하지 말아야 한다는 것을 한 번 더 강조하고자 한다. 대학생활에서의 스펙쌓기는 자신의 미래에 대한 최고의 투자임을 누구나 알고 있다. 이 경우 투자를 위한 투자가 아니라 내가 대학생활을 영위해 나가는 하나의 과정이며 즐거움으로 외국어를 공부하고, 공모전에 출품하며, 봉사활동에 참여할 수 있어야 한다. 그리고 무엇보다 중요한 것은 앞서 강조한 바와 같이 지금이 '바로 그 때', 즉 골든타임임을 확신하고 자신의 스펙쌓기에 몰두하여야 한다. 아울러 메타버스를 활용한 각 분야별 직접 혹은 간접경험을 최대화해 두어야 하는 것 등이 바로 현재, 골든타임을 활용할 수 있어야 한다는 의미이다.

한 번 더 강조컨대 스펙을 위한 스펙쌓기가 아니라, 대학생활을 즐기는 도구로써 교과교육은 물론 최대한의 경험들을 찾아서 행하면서 미래를 대비하자는 것이다.

## 2. 스펙쌓기와 취업역량 강화

### 1) 생활의 방편으로 스펙 쌓아 가기

몇 해 전「스펙쌓기와 여가활동」이라는 강좌를 운영해 본 적이 있다. 많은 수의 수강생들이 이 강좌를 오해하여 수업의 진행이 스펙쌓기에 관한 강의와 여가활동에 관한 내용들로 구성된 것으로 이해하고 첫 시간의 수업자세로 임하는 것을 본 적이 있다. 이 교과목명의 경우 수강생들이 조금 더 적극적으로 이해해 보면 스펙쌓기를 통해서, 그 과정에 여가활동으로 즐기면서 쌓아가자는 것이라고 할 것이다. 다만 스펙쌓기의 과정에는 여가활동으로 회의장 운영요원, 외국어 동시통역과 같은 봉사를 통하여 스펙을 만들어 가는 것이라고 이해가 되어야 하며 오히려 생활의 일상에서 나의 적극적이고 활동적인 대학생활이 곧 스펙으로 이어진다는 것을 깨달아야 한다는 의미이다. 우리는 자주 학벌과 스펙을 떠나 내가 하고 싶고, 좋아하는 일을 즐기라고 요구한다. 매우 합당한 표현이다. 내가 즐겨서 하고 싶은 일을 하게 되면 학교 성적과는 상관이 없을지 모르나 그 분야의 내 스펙을 쌓아 가고 결국 그와 관련이 되는 일들, 직업을 찾아서 하게 된다는 것이다. 학벌보다 재능을 찾는 길이 곧 내가 잘할 수 있는 분야의 스펙을 만들어 가는 과정이다.

결국, 스펙쌓기가 취업 준비와 구직활동을 구태여 분리하자는 것이 아니다. 인도 최고의 여성 베스트셀러 작가이자 저널리스트인 라시미 반살(Rashmi Bansal, 안진환 옮김,『취업보다 스타트업』 저자)은 인도의 대학과 경영대학원을 졸업하고서도 어릴 적 꿈인 작가의 길을 선택하여 전 세계적인 베스트셀러의 작가로서 성공하여, 우리나라까지 초청[1]되어 청년들을 위한 '기업가정신과 동기부여' 강연을 하는 등 글로벌하게 다양한 활동을 하고 있다. 그녀가 저널리스트와 작가로 활동하기까지 많은 스펙을 쌓아 왔으며 18살 때 처음으로 신문에 기고를 하고 활자로 찍힌 자신의 이름을 보고픈 열망을 확인하였는 바, 자신이 하고 싶은 일에 대하여 확신에 찬 행동으로 옮긴 것을 인도의 젊은이는 물론 세계와 우리나라의 젊은 학생들에게까지 강조하고 있다. 그중에는 대학의 졸업도 중요하지만 시간을 낭비하지 않고 할 수 있는 많은 경험을 권하고 있다.

그러면 어떤 방법으로 스펙을 쌓아 갈 것인가? 그것은 다음과 같은 방법과 마음가짐으로 스스로 창의력과 상상력을 발휘하여 스펙쌓기 활동을 즐기는 가운데 자신의 업무나 직책 수행의 노하우를 개발할 수 있어야 한다.

### (1) 지구촌이 아닌 지구집을 나서자

글로벌 시대의 서막과 더불어 우리나라 보통 사람들의 해외 자유여행의 대중화를 이끈 여행전문가이자 국제 구호활동가인 한비야 씨는 이제 세계가 지구촌 시대가 아니라 지구집 시대라고 역설한다. 이유는 많겠지만 좁아진 세계의 환경과 함께 지구 집에서 살아가야 할 방법, 즉 언어를 비롯한 생활문화를 다양하게 습득하고 살아가는 방법의 자구책을 찾아야 한다는 것이다. 곧 지구촌 시대를 살아가는 지혜를 취업의 과정에서 저절로 취득하는 기회를 포착하여야 한다.

우리는 고정관념으로 언어에 대한 적지 않은 콤플렉스를 갖고 생활한다. 그래서 의사소통과 합리적 의사전달을 강조하여 경청의 중요성까지 특별한 방법으로 습관

1) 인도 스타트업(신생 벤처기업)과 기업가정신 전문가로 알려진 라시미 반살 블루디굿북(BloodyGoodBook) 최고경영자(CEO)가 국내에서 강연을 한다. 라시미는 2016년 10월 11, 12일 양일간 국립현대미술관 서울관에서 열리는 '스타트업 콘 2016'에서 '스테이 헝그리, 스테이 풀리시(Stay Hungry, Stay Foolish)'를 주제로 급부상하는 '인도 경영인들의 기업가정신'에 대해 강연한다. (아시아경제: "인도 스타트업 전문가 '라시미 반살' 국내서 강연". 2016. 10.4일자; http://www.asiatoday.co.kr/view.php?key=20161004010001228 참고)

화할 것을 주장한다. 더욱이 외국어의 능수능란한 표현 기술에 관한 문제로 대학생들은 속칭 언어장벽이라는 명에로 취업과 진로에 많은 애로를 겪는 것이 현실이다. 그러나 한비야 씨는 "외국어로 글로벌시대의 사람 되기"를 강조하며, ① 우리의 지구는 서로 다른 6개 층(오대양 육대주)과 놀이터에서 살아가는 복합 주거단지라는 사실로 외국어의 활용을 설명하고, ② 넓지만 하나의 공동체인 지구에 무엇하러 다닐까를 항상 생각할 것을 젊은 청년들에게 요구한다. 나아가 사람 사귀기의 기본은 언어의 장벽을 없애는 것, 즉 다국적 언어의 활용이 가능할 때 글로벌한 인재로 성공할 수 있음을 가르치고 있다.

외국어 실력이라는 스펙! 이젠 스펙이 아니라 생활에서의 표현과 의사전달의 도구이다. 또한 내가 살아가는 이 지역과 시간에 안주하지 말고 더 넓은 장소와 많은 시간을 활용할 수 있는 지혜를 쌓아야 할 때이다. 취업을 위한 스펙으로만 해외 여행하기 혹은 해외 방문 실전 쌓기(워킹 홀리데이 혹은, 해외 인턴 경험)로 인식하지 말고 글로벌시대를 살아가는 라이프 스타일을 습득하여야 한다는 자세를 가져야 할 때이다.

### (2) 사회봉사는 나의 권리이자 의무

최근 초중등교과과정에서의 잘못된 교육정책으로 인하여 사회봉사는 생기부에 이력을 채우기 위한 수단이라는 인식이 확산되어 있다. 전체 교육정책 입안자들의 잘못이 어린 학생들에게 사회봉사를 우리의 의무로 착각하게 만들었다. 이런 사고방식에 유감이지만 인간사회에서 봉사는 인간의 삶의 여정에서 인간이 생래적으로 타고난 권리이다. 다른 사람과 다른 공동체를 위해 봉사를 하고 나눔의 가치를 가져야만 하는 권리이다. 타자를 위한 봉사가 궁극적으로 나에 대한 봉사로 귀결되기 때문이다. 노블레스 오블리주는 사회적 직위나 신분이 높은 사람이 실천해야 하는 도덕적 의무라고 규정한다. 이 용어의 이면에는 사회지도층에게 사회와 국민에 대한 책무를 모범적으로 실천하는 높은 도덕성을 요구하는 단어이다. 하지만 이 말은 사회의 기득권자들이 국민에 대한 책무를 실천하지 않는 문제를 비판하는 부정적인 의미로 쓰이기도 한다.

우리나라에서 대표적으로 이러한 기득권자들의 노블레스 오블리주를 실천한 400년 역사의 경주 최부자들에 대한 일대기를 소개하는 영상과 글들이 많이 있다. 가진 자들(부와 권력 그리고 명예)의 교만과 허세가 넘쳐나는 대한민국에서 300년 넘게 계속되어 온 부의 나눔을 실천하는 사례와 외세의 침략에 대항하여 앞서 나가 싸우며 목숨을 국가에 바치고, 자신의 재산을 독립운동을 위하여 군자금으로 헌납할 수 있었던 경주 최 씨 일가의 노블레스 오블리주는 그들의 의무와 책무라기보다는 권리이다. 그 이유는 너무나 자명하다. 그들이 대를 이어 300년 이상 이어 온 훌륭한 가문의 승계는 부와 명예를 유지하고 발전시키기 위하여 타자와 공익을 위하여 희생하고 봉사하기 위한 그들의 권리라고 할 수 있을 것이다. 소극적 의미로써 의무가 아니라 책임감을 갖고 수행하여야 할 권리라는 것이다.

대학생활에서 사회진출을 위하여, 고급의 일자리를 취득하기 위하여 봉사활동을 스펙으로 생각하고 있다면 큰 넌센스이다. 내가 내 일자리를 스스로 찾아 나섬에 닥쳐오는 일들을 해결하고 나의 것으로 만들기 위하여 봉사활동이 나의 권리임을 알 때 어렵거나 힘이 많이 들수록 보람이 있고 최후 성공의 길을 보장받을 수 있다.

### (3) 공모전 참석으로 세상 엿보기

ICT 시대와 더불어 이벤트의 성격을 띤 대중 공모전이 넘쳐나고 있다. 공사기업은 물론 지방자치단체를 비롯하여 다양한 기관과 분야에서 공모전이 활성화되고 상품기획과 아이디어 발굴의 차원에서 광범위하게 확산되고 있는 추세이다. 구체적으로, 사회적 환경변화와 기술의 발전이 고도화되면서 기업의 투자전략으로써 인력개발과 인재양성을 위한 프로그램 역시 다양한 형태로 진화되고 있음에 유의하여야 한다. 공모전을 통해 다양한 끼를 가진 고급인재를 사전 스카웃하는 방식을 취하고 있다는 것이다. 과거에는 학교 측에 학과교수나 취업담당자를 통하여 추천의 방식으로 인재를 사전에 확보하던 방식이 이제 기업이나 지자체가 직접 기업의 홍보는 물론 인재의 사전확보라는 차원에서 '공모전'이 활성화되었다.

이와 더불어 지방자치단체별로 정치는 물론 사회문화 그리고 예체능 분야에서 다양한 분야 전 업종에 걸쳐 공모전이 심지어 남용되기까지 한다는 사실에 유의하여 최대한 많은 직종의 공모전에 참여를 권한다. 공모전의 실기는 나의 중요한 교육적 사회적 사전 경험의 장임을 잊지 않아야 한다. 또한 학창시절에 팀을 구성하여 공모전에 참여하는 것을 통해 평생 잊지 않을 추억을 쌓고 좋은 인연을 만날 수 있다.

공모전의 참여는 역시 대학생활에서 나의 진로개척을 위한 필수과정임을 결코 간과할 수 없다. 연중 공모전의 개최 횟수가 수천 건이 넘어서고 공모전의 성격 역시 그 횟수만큼이나 다양하다. 그래서 한때는 취업하고자 하는 분야와 관련된 공모전 참여와 시상횟수가 취업의 중요한 스펙으로 인식될 때도 있었다. 공모전의 참여자체로 사회경험은 물론 학업에 필요한 경제적 혜택까지 얻는 효과도 누릴 수 있다.

우선 팀플레이의 경험으로, 공모전 입상을 위해서는 여러 사람이 기획하고 역할을 나누어 수행함으로써 아이디어를 공유하고 다양한 견해들을 종합하여야 하는 과정을 거친다. 이 과정에서 마감시간을 앞두고 팀워크를 중심으로 완성도를 높이기 위한 경험들을 공유하게 되고 아울러 프로젝트 수행의 어려움 등을 깨우치는 기회를 갖게 된다. 뿐만 아니라 입상권에 들든 못 들든 간에 자기소개서 작성과 기업 면접에서 자신의 전공분야 혹은 관련 전공에 대한 실전 경험들을 프레젠테이션할 수 있는 소재를 제공한다는 점에 높은 의미가 있다. 그리고 기업과 시행기관에 따라 해외연수의 기회를 보장하거나 공모전 제작과정에 필요한 경비의 지원과 함께 보상의 개념으로 금전적 혜택을 누릴 수 있다.

학교생활에서 과외활동으로 무엇인가에 도전하고 그 과정에서의 경험은 물론 성취감과 조직 활동의 사례는 입사 후 개인과 그 조직참여의 기여도를 높여 준다.

### (4) 동아리활동은 나의 놀이터

우리는 대학생활에서 학업 이외의 가장 대표적인 과외활동으로 동아리활동을 말한다. 대학생활을 스마트하게 즐기는 방법 중 하나가 동아리활동이다. 사실, 중 고등학교 시절에도 제한적인 동아리활동을 하였으나 대학교 동아리활동의 특별한 사례가 많다.

동아리활동은 학업스트레스에 지친 학생들에게 활력소와 같은 존재다. 매일 똑같은 일상을 지내다 보면 누구라도 지루하게 느끼기 마련이다. 때문에 동아리활동을 하면서 자신의 취미를 찾아보고 그 안에서 즐거움을 찾는 경우가 있다. 동아리활동의 최고 재미는 뭐니뭐니 해도 다 함께 떠나는 여행으로 MT의 나눔 활동이다. 요즘같이 나홀로 시대에 더불어 생활하고 정담을 나눌 수 있는 동아리의 MT는 소소한 즐거움은 물론 공동체 생활의 지혜를 제공한다. 선후배 그리고 친구들과 학교를 벗어나 여행을 떠나다 보면 조금 더 친해질 수 있어 돈독한 관계를 만들 수 있다. 또한 일상을 탈출하여 신나게 놀다 오면 그동안 쌓였던 스트레스를 날리며 장차 만나게 될 직장동료와 직장 선후배 사이의 인간관계를 배울 수 있는 기회가 된다.

동아리활동은 전공과의 학과 생활에서 맛볼 수 없는 넓은 인간관계를 맺으며 많은 친구들을 사귈 수 있는 좋은 기회이다. 다양한 학과의 선배와 후배들을 만나 전공에서 만날 수 없는 학문을 만나고 때로는 인생의 길이 달라질 수도 있는 곳이 동아리활동이다. 앞에서 제시한 바와 같이 동아리 회원들과 함께 공모전이나 대회에 나가는 경우가 생길 수 있다. 공모전을 비롯한 장기자랑 등의 대회 참가를 통해 리더십의 함양과 공동체 의식으로 공동목표 달성의 성취감까지 얻는다. 학술, 문화, 체육, 봉사 그리고 종교동아리 등등 취업을 위한 모든 스펙쌓기와 여가활동을 경험할 수 있는 곳이 동아리에서의 즐거움이다.

이상과 같이 직접적인 사회진출과 취업을 위한 스펙쌓기와 관련이 깊은 학창시절의 활동이 있으며 기본적으로 심신의 단련과 연마는 더욱 사회가 요구하는 인성함양과 기술적 자질함양의 본질적 요소이다. 흔히 요즈음은 'NO 경험은 NO 임무'라는 냉혹한 현실을 충분히 인식하고 스펙쌓기와 여가활동을 준비하여야 한다.

〈표 7-1〉 **취업 준비 실적 만들기**

**지성과 낭만의 대학생활과 진로 개척을 위한 나의 경험쌓기**

| | 해외연수 및 여행 | | | | | 국내외 인턴 | | | | | |
|---|---|---|---|---|---|---|---|---|---|---|---|
| 해외 경험 | 경험지 | 기간 | 성과 | 특기사항 | 기타 | 경험내역 | 기간 | 성적 | 협력기관 | 특기사항 | 기타 |
| | | | | | | | | | | | |
| | | | | | | | | | | | |
| | | | | | | | | | | | |

| | 외국어명 | 기간 | 성적 | 기타 | | 종류 | 상 | 중 | 하 |
|---|---|---|---|---|---|---|---|---|---|
| 어학 능력 | | | | | 컴퓨터 활용 능력 | | | | |
| | | | | | | | | | |
| | | | | | | | | | |
| | | | | | | | | | |

| | 동아리·모임명 | 활동 사항 | 교우 관계 | 특기사항 |
|---|---|---|---|---|
| 동아리 모임 | | | | |
| | | | | |
| | | | | |

| | 봉사활동명 | 활동기간 | 활동 내역 | 점수화 | 특기사항 |
|---|---|---|---|---|---|
| 교내외 봉사 활동 | | | | | |
| | | | | | |
| | | | | | |
| | | | | | |

| | 대회명 | 참가기간 및 일시 | 참가 내용과 실적 | 참가 특기사항·기타 |
|---|---|---|---|---|
| 공모전 참가 활동 | | | | |
| | | | | |
| | | | | |
| | | | | |
| | | | | |
| | | | | |
| | | | | |

## 2) 취업역량 강화

### (1) 취업역량 강화를 위한 기초

취업빙하기라고 일컫는 현재의 청년 학생들의 구직난을 극복하기 위하여 엄청난 노력이 요구되고 있음은 지금까지 살펴본 바와 같다. 얼마 전까지만 하여도 대학은 고전적 의미와 이상주의적 관점에서 학문연마와 진리탐구의 장이었다면, 현실적이며 대학의 기능적 의미가 강조되는 현시점에 있어서 그것은 대학인의 진로와 취업에 더 많은 비중과 가치가 주어지고 있다.

오늘을 살아가는 대학인은 대학생활을 통하여 적어도 2학년 겨울방학부터는 자신의 진로탐색과 설정을 정하고, 만약 그 선택으로, 취업을 결정한 사람이라면 본인의 전공과 적성, 취미, 관심사, 능력, 가치관을 중심으로 희망하는 직업분야의 결정과 직업관을 갖추는 등의 물적 · 정신적 자세가 준비되어야 한다.

앞서 설명한 바와 같이 직업 선택을 위한 exploration(탐색), crystalization(구체화), specification(세분화) 과정을 거쳐 분명한 목표설정이 되어야 할 때가 대학생활의 중간쯤에 해당한다.

Job-Hunting을 위하여 구체적으로는 기업이 원하는 인재로서의 준비가 되어야 한다는 것이다. 예컨대, 정보화 디지털 시대의 도래와 더불어 더욱 다양하면서도 전문화된 지식이 연마되어야 한다. 아울러 학문적 연구에 의한 간접경험은 물론, 실제 사회에 곧바로 적용할 수 있는 직접경험을 요구한다는 데 유의하여야 한다. 지금 준비하고 있는 것보다 더 현실적으로, 실천적으로 취업역량 강화를 위해 다음과 같은 기초준비가 되어 있어야 한다.

① 學點管理(학점관리)에 절대적 비중을 두어야 한다. 이것은 취업의 첫 관문을 통과하기 위한 최초의 단계로 아직까지 필수요건임을 명심하여야 한다.

② 實戰體驗(실전체험)을 많이 쌓아야 한다. 기업은 더 이상 이상주의자, 탁상공론자를 원하지 않음을 명심하고 간접경험에 의한 지식습득 못지않게, 직접경험에 의한 다방면의 지식도 체득해 두어야 한다.

③ 綜合敎養(종합교양)의 실력을 갖추어 두어야 한다. 인간과 조직의 공동체에서 살아가는 방식을 상식적으로 이해하고 그것도 더욱 어떤 목적을 성취하기 위한 조직사회에서 살아가는 방법을 터득하고 다량으로 익혀 두어야 한다.

④ 雜學多識(잡학다식)의 자세로 취할 수 있는 모든 재능은 최대한 광범위하고 다양하게 알아두어야 한다. ICT사회와 정보화 사회에서 살아가는 방식에 대한 공부가 충분히 되어 있어야 한다.

⑤ 遊戱雜技(유희잡기)에 능하여야 한다. 기업의 속성이 수단방법을 가리지 않고 최소의 비용으로 최고의 효과를 산출하는 것이라면, 때에 따라 기업이 요구하는 숨겨진 카드로 돌출행동에도 대비가 되어 있어야 한다.

⑥ 言語能通(언어능통)을 준비하여야 한다. 언어는 의사전달의 수단이자 방법임을 명심하고 의사전달을 보다 효율적 능률적으로 전달할 수 있는 방법을 역시 다양하게 습득해 두어야 한다.

⑦ 職業倫理(직업윤리)를 알아 두어야 한다. 내가 하고자 하는 일과 직업에 대한 가치관과 바람직한 행동을 유발할 수 있도록 평소에 양심훈련으로 직업윤리를 겸비하여야 한다.

⑧ 人間關係(인간관계)에 많은 노력과 시간을 투자하여야 한다. 사회가 복잡해지고 기술이 고도화될수록 오히려 혈연과 지연 그리고 학연이 취업과 사회생활의 중요한 연결고리가 되고 있음을 누구나가 인정한다. 대학시절의 훌륭한 인맥쌓기는 성공적 사회생활의 터전이라는 것을 항상 명심하고 있어야 한다.

이상과 같은 역량 강화를 위한 준비를 통해 창의력과 혁신능력, 협동능력과 리더십을 함양하여야 한다. 이 외에 의사소통 능력과 집중력 및 몰입능력을 배양하고 ICT 시대에 요구되는 정보통신 기술의 활용 능력 및 정보이해 능력 등까지 철저한 역량 강화에 힘을 쏟아야 한다.

### (2) 자격증 취득에 의한 취업역량

21세기형 직업을 소개할 때는 거의 모든 업종의 기본이 각종 자격증을 소지하는 것이다. 그만큼 직업의 전문성을 요구한다는 의미이다. 취업을 준비하는 과정은 물론, 직장생활에서도 전문성을 확보하고 자신의 직무에서 공인인증을 받을 수 있는 자격증을 확보해 두어야 한다.

자기계발과 취업을 위하여 끊임없는 자기혁신과 기술연마를 하는 과정에서 해마다 한국산업인력공단에서 제시하는 '국가기술자격검정 시행공고'안(※「2017년도 국가기술자격검정시행공고」 http://www.q-net.or.kr/man004.do?id=man00402&gSite=Q&gId=&BOARD_ID=Q001&&ARTL_SEQ=5198460)을 참고하여 미래 유망 자격증은 물론 일상에서 요구되는 민간의 자격증까지 준비하여 취업역량을 강화하여야 한다. 참고로 국가자격시험에는 크게 국가기술자격시험과 국가전문자격시험이 있다. 국가기술자격은 국가자격 중 산업과 관련이 있는 기술 · 기능 및 서비스 분야의 자격(「국가기술자격법」 제2조 제1호)을 의미한다. 기술 자격증은 자신의 학과 혹은 전공과 관련이 있는 자격증이므로 이공계열을 중심으로 반드시 서너 개 이상을 준비해 둘 것을 강력히 권한다.

국가전문자격은 국가기술자격 외의 국가자격을 실무적으로 지칭하는 것이다. 제4차 산업혁명의 시대에 융합적 기술의 자격증은 필수라는 것을 명심하여야 한다. 특히 인문 분야와 사회과학 분야를 전공하는 대학생들에게는 반드시 요구되는 사회진출의 자격증이라는 것을 생각하고 졸업하기 전까지 최소 한 가지 이상은 전문자격증을 소지해 둘 것을 강력히 권한다.

현재 한국산업인력공단에서 시행하는 국가전문시험자격에는 가맹거래사(소관부처: 공정거래위원회), 검수사, 검량사, 감정사, 수산물품질관리사(해양수산부), 농산물품질관리사, 경매사, 손해평가사(농림축산식품부), 경비지도사(행정자치부; 경찰청), 행정사(행정자치부), 경영지도사, 기술지도사(산업통상자원부; 중소기업청), 변리사(산업통상자원부; 특허청), 공인노무사, 산업안전지도사, 산업보건지도사(고용노동부), 감정평가사, 물류관리사, 공인중개사, 주택관리사보(국토교통부), 관세사(기획재정부; 관세청), 세무사(기획재정부; 국세청), 문화재수리기술자, 문화재수리기능자(문화체육관광부; 문화재청), 한국어교육능력검정, 박물관 및 미술관 준학예사, 호텔경영사, 호텔관리사, 호텔서비스사, 국내여행안내사, 관광통역안내사(문화체육관광부), 사회복지사1급(보건복지부), 청소년상담사, 청소년지도사(여성가족부), 소방시설관리사, 소방안전교육사(국민안전처; 구 소방방재청), 정수시설운영관리사(환경부) 등 37가지가 있으며 이 외에 각 행정부서에서 전문자격증으로 간호조무사지도사, 교통안전관리자, 기술지도사, 물류관리사, 버스운전자격증, 법무사, 변호사, 보험계리사, 손해사정사, 아마추어무선사, 유통관리사 등이 있다. 이 외에 민간자격증은 국가가 시행하는 이외의 자가 신설하여 관리·운영하는 자격(「자격기본법」 제2조 제5호)을 취득하는 것으로 국가공인민간자격은 자격증의 주무부서 장관이 공인한 민간자격을 의미한다. 이러한 자격증에 해당하는 것으로 미래 유망 자격증이면서 요즘 뜨는 자격증으로 종자기능사, 자연생태복원기사, 인간공학기사, 학교폭력상담사, 온실가스 관리기사, 건축물에너지평가사, 약용관리사, 노인심리상담사, 체형관리사, 환경오염예방지도사, 다문화상담사(가정상담사) 등이 있다.

강조하건대 취업을 준비하면서 역량강화의 인증서를 확보하는 데 전공 관련 혹은 취업하고자 하는 분야와 관련된 전문·기술 자격증을 준비한다는 것은 ICT 사회에서는 아주 기본적인 자신의 사회진출 조건이라는 것을 염두에 두어야 한다.

### (3) 재주와 외모의 역량

다원화사회에서 호감 가는 외모와 뛰어난 재주는 또 하나의 스펙이 될 수 있다. 즉, 최종 취업 관문에는 변수가 항상 있다는 것을 감안할 때 호감 가는 외모와 재주는 JOB Hunting에 있어서 엄청난 역량이라 할 수 있다. 그래서 취업 시즌에는 대학가 주변의 옷집은 물론 성형외과 병원까지 취업준비생들이 많은 고객으로 등장하고 있다. 단정하면서 호감 가는 외모의 준비와 다른 사람과 차별화된 자신만의 재주를 취업을 위한 역량으로 평소에 준비해 두어야 한다.

취업준비와는 반드시 관계가 있다고는 할 수 없지만 재주와 외모의 꼴과 관련된 일화로 연예인 김제동 씨에 대한 것이 있다. 대학생이 뽑은 창의력이 가장 뛰어날 것 같은 연예인 1위, 가장 재치 있는 연예인, 가장 신문을 잘 읽는 연예인, 가장 구수하고 편안한 느낌의 연예인, 하지만 외모나 말투 · 학벌 등 어느 것 하나 특출한 것 없는 스타, 어느 날 갑자기 변방에서 스타로 등극한 연예인, 누구에게나 사랑받는 연예인 등이 방송 출연 섭외 1순위 진행자이자 인기 MC 김제동 씨에 대한 수식어들이 있다. 사투리 억양이 심한 지방대학 출신으로 그의 성공 비밀은 무엇일까? 바로 외모와는 별개의 이미지를 뜻하는 '꼴'을 생각해 볼 수 있다.

서울에서 첫 방송을 시작할 때 그는 대구에서 서울까지 당시 4시간 걸리는 거리를 올라와 단 2분 사전 MC로 시작했다. 서울이라는 넓은 무대, 새로운 꿈을 꾸지 않았다면 그런 선택은 하지 않았을 것이다. 그는 이미 대구에서 재능을 인정받는 스타 MC였다. 대학 축제와 삼성 라이온즈, 동양 오리온스 등 프로야구 및 농구 장내 아나운서였으며 지금은 사라진 대구의 우방랜드 전속 MC로 인기가 많았다.

오히려 김제동 씨에게 가장 약점은 이미지일지도 모른다. 작은 눈과 사투리, 잘생기지 못한 외모, 방송과 그의 이미지는 극과 극을 달리는 것일 수도 있다. 하지만 그는 내면의 이미지를 통해 약점을 보완했다. 김제동 씨를 말할 때 많은 사람들은 편안한 이미지와 푸근한 외모, 겸손한 이미지를 떠올린다. 때문에 남녀노소 누구나 김제동 씨를 좋아하는 것이다. 이미지는 사람들의 마음을 움직이는 엄청난 무기이다. 오늘의 김제동 씨를 있게 한 것은 바로 평소에 준비된 외모와 재주라는 이미지의 힘이다.

### (4) 국가직무능력표준(NCS)에서 취업역량

우리나라의 고용노동부에서는 '고용 없는 성장' 시대에 청년들의 일자리 만들기 정책을 과거 스펙중심의 취업이 아니라 업무 현장에서 요구되는 직무능력 중심으로 취업환경 변화에 주도적으로 대처하고 있다. 대학졸업 예정자들의 취업을 위한 역량을 직접적으로 준비할 수 있는 좋은 기회가 될 것으로 확신한다. 특히 이 프로그램을 잘 활용한다면, 직무역량교육을 통한 직무경쟁력을 창출 수 있을 뿐만 아니라, 엄격한 채용기준을 내세우는 국영기업이나 공공기관에 취업이 매우 현실적으로 다가올 수 있을 것이다.

국가직무능력표준에 의한 채용제도란, NCS를 기반으로 직무의 개발에서부터 서류작성과 면접에 이르기까지 모든 취업의 과정이 이루어지는 것이다. 구체적으로 채용대상 직무를 NCS(National Competency Standards: 산업현장에서 직무를 수행하기 위해 요구되는 능력들, 즉 지식과 기술 그리고 태도를 국가가 산업부문별 수준별로 체계화 및 표준화한 것)기반으로 분석하고 그 결과를 바탕으로 해당 직무의 상세 내용 및 직무능력(직업인으로서 우선 갖추어야 할 공통역량인 직업의 기초능력을 의미한다. 즉, 해당 직무를 수행하는 데 필요한 역량들로 직무수행능력)에 대한 평가기준을 정하여 사전에 명확하게 공지하며, 해당 평가기준을 토대로 인재를 선발하는 채용방식을 의미한다.

취업역량을 갖추기 위하여 자신이 직접 찾아서 스펙을 쌓아 가는 데 비해, NCS를 기반으로 한 능력 중심 채용제도의 이용은 채용공고에서 서류전형, 필기전형 그리고 최종적인 면접전형에 이르기까지 국가의 산업인력공단에서 제공하는 매뉴얼에 충실하게 따르고, 직무 적합성만 인정되면 업무능력을 사전에 알고 취업활동을 함으로써 효율성과 성취감을 높일 수 있는 장점이 있다.

# 3. 미래를 내다보는 취업과 창업준비

## 1) "나는 ☆★☆이다"라는 자신만의 브랜드 만들기

나의 캐릭터, 나만의 브랜드를 만들어 보자. 지금은 브랜드 시대이다. 수많은 상품의 선택에 있어서, 혹은 동종제품의 선택을 할 때에도 우리는 브랜드를 찾고 보다 알려진 브랜드를 선호하는 경향이 있다. 취업을 준비하기까지 자신이 학창시절을 통해 쌓은 학업능력을 위시한 준비된 역량으로 자신이 진출하고자 하는 분야의 브랜드를 만들어야 한다. 바야흐로 상품의 본질보다는 브랜드의 가치가 상품의 가치를 좌우하는 시대에 살고 있음에 유의해야 한다. 사소한 일상의 소모품에서 거대한 기업이나 공공기관에 이르기까지 고유성을 간직하며 다른 것과는 특징적으로 차별화되는 브랜드를 사람들은 믿고 선호한다. 그리하여 현대사회는 브랜드의 가치를 매우 높이 평가하고 있다.

앞서 제시한 진로 설계와 취업 준비를 위하여 취·창업 포트폴리오를 계획해 본 사람이라면 자신이 잘할 수 있으며 선호하는 기술과 스펙에 의하여 벌써 자신의 아이콘이나 캐릭터는 설정이 되었을 것이다. 거듭된 이미지의 숙련과정을 통해 나의 캐릭터에 이미지 메이킹을 하고 언제나, 어디서나 통할 수 있는 브랜드화가 필요하다.

자신을 대변할 수 있는 브랜드를 만들기가 쉬운 일은 아니다. 간단한 일상생활에서 습관의 생활화가 이루어지는 과정에서 만들어질 수도 있으며, 오랜 시간을 투자하여 누구나 할 수 없는 일을 찾아서 할 때 자신만의 완성된 이미지로 우뚝 솟아오른 순간에도 나의 브랜드가 될 수 있다. 쉬운 일은 아니지만 평소 준비하고 자신의 목표를 향해 매진해 나가는 어느 순간에 브랜드화할 수 있는 역량을 가질 수 있다.

취업을 위한 서류작성에서부터 성공적인 취업으로 직장생활을 하는 순간까지 자신의 브랜드를 밑천으로 사회생활로까지 이어질 수 있음에 유의하여 글로벌시대에 통할 수 있는 "나는 ☆★☆이다"라는 최고의 브랜드를 만들어 보자.

## 2) 임시직(인턴기간)을 활용한 취 · 창업 준비

2000년 이후 우리나라의 대다수 기업들의 채용방식은 많이 변하고 있다. 그중에 특징적 현상은 일정기간 훈련의 과정을 거치는 인턴제의 도입이다. 현재 취업준비생도 사전에 내가 희망하는 직장이나 직무에 따라서 인턴사원제도를 잘 활용할 수 있어야 한다. 인턴사원기간은 임시직으로 고용의 불안정성이 있는 것도 사실이지만 보다 주도적으로 인턴생활에 적응할 수 있는 것도 취업역량을 함양하는 중요한 방법임을 명심하여야 한다.

많은 학생들이 방학기간을 통하여 아르바이트나 비정규직 인턴 경험을 하고 있다. 또 많은 사람들이 이 시기의 경험들을 통해 자신의 일자리가 만들어지기도 한다. 그래서 평생 안정적인 직장생활을 희망하는 학생들에게 방학기간 중 공공기관 아르바이트를 많이 권하고 있다. 실제 경찰서나 지방자치 단체에서 아르바이트 후 임시직에 취업을 하고 최종에는 일정의 채용 과정을 거쳐서 공무원이나 고용직 공무원으로 특채까지 되는 경우도 많이 볼 수 있다. 인턴기간의 귀한 직장 체험은 직무능력과 업무를 사전에 파악할 수 있는 장점을 살리자는 취지에서 시작되었으나, 인턴기간 동안에 보다 중요한 것은 내가 하고자 하는 일과 직접적인 연관이 있는 노하우를 가진 사람들과 인맥을 쌓을 수 있는 기회라는 점이다.

흔히 취업을 위해서는 능력보다 인맥이 열쇠라는 말을 들을 수 있다. 2017년 초, 동아일보 이상훈 기자는「구조개혁 미흡해 좁아진 취업문… "능력보다 인맥이 열쇠"」라는 제목의 기사에서 다음과 같이 취업인맥의 중요성을 강조하고 있다.

성공하려면 공평하게 주어진 기회를 잡아 최선을 다해야 한다는 믿음이 한국 사회에서는 무의미하다고 전제하고 노력보다 다른 요소가 성공에 더 영향을 미친다는 것을 강조하고 있다. 기자는 일본의 리쓰메이칸(立命館)대 이강국 교수의 말을 인용해 우리 사회는 "아버지 세대의 소득 불평등이 아들 세대의 기회 불평등으로 이어지고, 이것이 다시 삶의 격차를 벌리는 결과를 낳고 있다"고 진단했다. 그래서 인맥을 통한 취업과 인생 유전이 계속된다는 역설하고 있다. 임시직(단기적 아르바이트 포함)의 과정을 통하여 나름의 인맥쌓기는 아직 학생의 단계에 있는 자신이 사회와 접할 수 있는 좋은 기회이다.

한편, 세계의 많은 대학생들이 취업을 희망하는 구글에서 인턴생활을 경험(2013년 6개월)한 학생은 구글의 문화를 '구글리하다(Googley, 구글스럽다)'라고 표현하며 3가지 키워드, 즉 혁신성, 합리성, 집중력으로 정리하였다. 그는 인턴경험을 통해 "가장 큰 수확 중의 하나는 바로 이러한 커뮤니케이션 기술을 연마할 수 있었다."라고 하며, 또 하나 얻을 수 있었던 중요한 체험은 "우선순위를 정하여 업무를 관리하는 능력"이라고 적고 있다(임형준, 인턴 후기, "구글 마케팅 인턴의 거의 모든 것"; https:// korea.googleblog.com/2014/02/blog-post_27.html).

취업을 앞둔 많은 사람들에게 중요한 메시지가 될 수 있는 사람들 사이의 '커뮤니케이션 기술연마'와 '업무 관리능력'을 얻을 수 있었다는 것은 큰 행운이라고 할 수 있다. 글로벌 기업의 임시직 근무경험에서도 역시 중요한 점은 최종취업을 위한 핵심역량을 얻을 수 있는 다재다능한 사람들을 만날 수 있다는 것이다. 구글이라는 직장의 인턴생활을 통하여 얻을 수 있는 고귀한 경험은 바로 세계 각국의 모든 분야에서 유능한 인재들이 모여 있는 '구글러'들과의 만남을 통해 이루어질 수 있다는 것임을 알아야 한다. 이것은 아마 임시직 체험을 통해 다수의 구글러들이 다가올 미래사회와 자신의 직장생활에서 필요한 무형의 자산을 취득한 매우 중요한 체험의 결과물이라는 것을 인정하고 있다는 뜻이다.

굳이 세계적 기업에서의 인맥쌓기 혹은 상호 인간관계 맺기가 아니더라도, 짧은 기간이지만 아르바이트를 통해서도 자신의 취업 혹은 창업을 위한 역량을 키워 나갈 수 있는 사람들의 노하우를 터득하고 인적유대를 맺을 수 있는, 인턴사원제도를 비롯한 모든 임시직들을 잘 활용할 수 있는 방법을 모색해 보아야 할 것이다.

### 3) 혁신과 역발상의 지혜

행복한 미래를 꿈꾸며 취업을 준비하는 우리 대학인들이 반드시 지녀야 할 마음의 무기가 항상, 어디서나 혁신의 마인드와 역발상의 지혜로움이다. 제4차 산업혁명의 시대가 매우 빠르게 현실화되고 있는 시기에 기업의 경영환경변화에 따른 고용과 인재채용의 방식이 근본적으로 변화하고 있음은 이미 살펴본 바와 같다. 우리는 이러한 점에서 무작정 취업을 준비하느냐, 아니면 다른 것, 진학 혹은 어떤 진로에 대한 발상의 전환이 필요하다. 이와 더불어 최근에는 우리나라에도 창업에 대한 역발상이 크게 강조되고 있다.

창업이 현재 우리나라의 정책당국과 대학 사회에서 강조되는 이유로 먼저 미국과 유럽은 물론 중국 등에서 청년들에게 시대적 추세로서 창업 열풍이 높아지고 있다는 점을 들 수 있다. 이러한 사회적 추세에 대학을 비롯한 기술교육 기관에서는 창업 관련 강좌가 대거 편성되고 운영이 확산되고 있다. 예를 들면, 미국 전역에서 2011년 이후 창업강좌를 수강하는 학생들 수가 연 인원 600만 명을 넘어서고 있다는 보도가 있는가 하면, 심지어 중국에서는 졸업자 중에서 20만 명 이상이 창업을 희망하고 있는 것으로 알려져 있다.[2)]

이 외에도 창업을 향한 시대적 요구는 장차 우리 사회에 고부가 가치형 지식산업이 각광을 받을 것이며, 창의적 기업문화를 만들고자 하는 야망 그리고 청년들에 의한 고용창출에 대한 국가적 기대가 어우러져 더욱 활성화될 전망이다.

한편 2017년 우리나라에서는 구직난 및 청년 취업난 해소를 위해 2조 6000억 원의 예산규모를 책정, 집중 투입한다고 하였다. 2016년 1월 12일 새해 고용노동부는 '당면한 일자리 위기 극복과 재도약 발판 마련'을 주제로 한 일자리 및 민생안정 분야

2) 한국과학창의재단의 최연구 연수위원이 '한국대학신문'의 [시론]에서 제시한 글에 의하면 "중국은 한국과 달리 창업국가를 향해 앞서가고 있다. 2016년 중국은 765만 명의 4년제 대학 졸업생을 배출해 최고 기록을 세웠다. 엄청난 대졸자를 양산하면서 취업전쟁을 치르고 있지만 졸업 6개월 후의 취업률은 90%를 훌쩍 넘는다. 중요한 것은 창업자 비중이다. 전체 졸업자의 3%인 20만 명 이상이 이른바 '창커(創客)'라 불리는 창업자의 길을 택했다. 오늘날 중국은 최고의 창업 붐을 구가하고 있다. 중국에서는 연간 400만 개의 기업이 새로 만들어지고, 혁신단지에 입주해 있는 스타트업의 매출이 국내총생산의 20%에 육박한다고 한다. 가히 창업국가라 할 만하다"라고 하였다. '한국대학신문' 2017.1.17.일자 [시론] 중에서.

연두 업무보고에서 청년 취업난을 적극 해소하고자 한다며 이같이 밝혔다. 정부는 이를 위한 세 가지 핵심 목표로, 고용 기회와 일자리 서비스 확대 그리고 고용격차 해소와 보호 강화와 4차 산업혁명에의 선제적 대응 등으로 정하고 있다. 무엇보다 2018년 고용노동부는 청년 일자리 예산 규모를 9.5% 늘어난 2조 6,000억 원으로 정했는데 이러한 결정은 최근 경제 · 노동시장의 악재로 채용 분위기가 위축된 반면 대학 · 전문대 졸업생(68만 5,000명)이 증가 추세인 점을 감안한 것으로 보인다. 1분기 취업시장이 크게 어려워질 것으로 보고 지원을 강화하기로 한 것이다. 여기서 취업시장이란 단순히 기업체의 채용시장만이 아니라, 청년창업을 비롯한 다양한 형태의 청년들의 스타트업을 지원한다는 것을 주요내용으로 하고 있다.

비록 4년 전 정책이지만 현재의 대학졸업 예정자뿐만 아니라, 재학생들까지 심지어 재학 중에도 스타트업에 관심을 갖고 핵심 아이디어를 창출하고 상품화할 수 있는 역량을 키워야 한다. 바로 가까이에 대학부설 '취 · 창업 혁신센터'가 있다는 것을 알고 교수들에 의한 학문적, 기술적 지식의 전수는 물론 국가에서 시행하는 청년 창업지원 시스템을 이용할 수 있는 혁신적인 마인드를 갖고 있어야 한다. 창업은 반드시 대학 졸업자만이 자격이 있다는 것이 아니라는 것을 알고 끊임없는 역발상의 지혜와 창의적 사고로 스타트업에 관심을 실현시킬 수 있어야 한다.

## 4. 취업 최종합격과 스타트업을 향하여

### 1) 성공적인 Job-Hunting을 위하여

대학을 졸업하고 사회에 진출하는 사람들에게 많은 저명인사와 성공한 삶을 살아가는 사람들은 실패를 두려워하지 말고 도전정신을 갖고 새로운 시작을 할 것을 주문한다. 첫 직장생활에서 얻을 수 있는 인간관계와 직무를 수행함에 있어서 좋은 평판과 신뢰는 인간 됨됨이에서 출발한다는 것을 알고 있어야 한다. 즉, 취업과 창업을 위한 준비과정에서 '인성'적 가치의 중요성을 뜻하는 말이다. 성공적인 취 · 창업으로 세상에 인정을 받고 성공적인 삶을 영위해 가는 사람들 역시 훌륭한 인성의 소유자라는 것이 일반적인 현상이다.

여기서는 취 · 창업을 비롯해서 사회진출을 위해 요구되는 성공적인 삶의 자세, 즉 '성공하는 사람들의 행동적 특성[3]'을 규명해 봄으로써 인성함양과 업무수행의 자질을 제고할 수 있도록 한다. 김영채 교수는 '일을 잘하는 사람'이 성공하는 사람으로써 무언가 다른 사람들과 다른 점이 있다는 것으로 전제하고, 미국의 교육심리학자 로버트 스턴버그(R. J. Sternberg)가 제시하는 '성공적인 지적인 사람들의 특징'에 관한 20가지 내용을 인용하여 다음과 같이 정리하여 설명하고 있다.

성공하는 사람은 스스로 동기부여 하며, 자신의 '충동'을 통제하는 것을 배운다. 또 성공하는 사람은 언제 참으며 언제 일을 계속할 것인가를 알며, 자신의 능력을 어떻게 가장 효과적으로 활용할 수 있는지를 알고, '생각'을 '행위'로 번역할 줄 안다. 성공하는 사람은 '산출 지향적인' 오리엔테이션을 가지고 있어 과정도 중요하지만 '산출'에 초점을 두고 있다. 성공하는 사람은 과제를 완성하고 그것을 끝까지 해내며, 선제적으로 일을 시작하는 선도적인 사람이다. 그리고 성공하는 사람은 실패를 두려워하지 않고 일을 뒤로 미루지 않으며 타인의 '공평한 비판'을 수용한다. 성공하는 사람은 자기연민을 거부하며, 독립적인 사람이며 개인적인 어려움을 극복하려고 노력한다. 무엇보다 성공하는 사람은 목표한 것을 성취하기 위해 목표에다 초점을 두고 집중하며 자신이 세운 목표를 성취할 수 있다는 '신념'과 상당한 수준의 '자신감'을 갖고 있다. 그리고 스스로를 너무 얇거나 두껍게 펼치지 않으며, 만족을 지연시킬 수 있는 능력이 있는 사람이며 성공하는 사람은 '나무'도 보고 '숲'도 보는 능력을 갖고 있으며 분석적, 창의적 및 실제적인 사고의 균형을 유지한다.

3) 김영채 지음, 『창의와 혁신 그리고 조직의 변화』, 교육과학사, 2016: 110.

이상과 같은 성공을 위한 행동적 특성을 내면화하여 새로운 아이디어와 아이템으로 준비된 스타트업의 기업가로 성공하기 위해서는 다음과 같은 요소를 고려하여 기업가정신을 발휘할 수 있도록 노력하여야 한다.

기업가는 항상 많이 생각하고 신중하여야 한다. 창업을 준비하는 사람은 조심성이 많고 항상 생각하는 사람이다. 살얼음판을 걸어가듯이, 돌다리도 두드려 보고 건너가듯이 조심성이 있어야 한다. 가능성과 자신의 능력만 믿고 창업하지 말고, 업종선정과 정보수집과 체험을 통해 자신감을 가져야 한다. 무엇보다 스타트업을 위하여 책을 많이 읽고, 많이 듣고, 많이 배워 지식으로 무장하여야 한다. 지식과 경험이 곧 창업 능력이다. 학교 교육도 중요하지만 경험자의 사회 교육도 대단히 중요하다. 공부하고 배우는 것만이 자기 것이 되고 힘이 된다. 자기 말을 줄이고 경험자의 말을 많이 들어라. 전문지 등을 탐독하고 끊임없이 정보를 수집 터득한다. 흔히 기업가의 특성은 가르치거나 배울 수 없는 타고난 사고와 능력이라고 한다. 그들의 타고난 특성은 위험대처 능력, 분석적 능력, 인간관계 능력에 대한 적극성, 주도권, 추진력 등이 포함된다. 하지만 이들 특성도 끊임없는 개발에 의해 만들어질 수 있다. 이를 위하여 인간을 존중하여 적을 만들지 말고 좋은 대인관계를 유지하라. 직업의 모든 일은 사람이 하는 것이다. 혁신은 사람으로부터 나온다. 사람을 소중히 여겨 인적 네트워크를 극대화할 수 있어야 성공한다. 종업원들이 기업을 위해 헌신할 때 기업은 성공하는 것이다. 거래처, 고객 및 종업원들과 좋은 인간관계를 유지하면 결정적일 때 도움이 된다. 그리고 다른 사람과 차별화된 기업이미지 만들기에 노력해야 한다. 스타트업의 본래 취지에 맞추어 새로운 기술개발로 고객을 창출하도록 한다. 새로운 아이템으로 고객에 봉사할 때 돈과 재물은 도전과 성취의 결과로 따라 오는 것이다. 돈과 재물은 가지려고 하는 사람에게서는 도망가고, 버리려고 하는 사람에게는 따르는 법이다.

## 2) 끊임없는 자기혁신과 변화

빌 게이츠는 혁신하고 ,혁신하고 또 혁신하라고 그의 나이 20세부터 강조하였다고 한다. 경영학에서 혁신의 아이콘 피터 드러커 역시 이제는 혁신하는 자만이 살아남을 수 있다는 것을 저서로 설명하고 혁신의 중요성과 가치를 강조하였다.

기업의 경영과 일상의 삶은 항상 변화와 혁신을 요구한다. 이미 급변하는 현대사회에서 살펴보았듯이 어제보단 나은 내일을 위한 높은 수준의 변화는 본질적인 혁신을 통해서 가능하다. 혁신의 중요성과 필요성은 간단하다. 우리가 살고 있는 사회가 변하고 기업과 고객이 지속적으로 변화하고 있기 때문에 우리가 살아남기 위해서 혁신이 삶의 원동력이다.

취·창업을 향한 우리의 도전과 열정도 쉼 없이 변화하고 혁신적 자세로 나아가야 한다. 고정관념을 버리고 현실에 안주할 때 우리는 타의에 의하여 변화당할 수 있다는 것에 주의해야 한다. 많은 경영컨설턴트는 파괴적 혁신을 요구한다. 이미 존재하는 기술과 가치에 대하여 없애고 새로운 것을 향해 나가라는 의미이다.

변화하는 시대, 제4차 산업이 바로 눈앞에 다가와 있고 인공 지능과 로봇이 인간의 일자리를 대신하고 있는 시기, 자고 일어나면 일자리가 없어지는 시기에 우리는 파괴적 혁신보다 더한 혁명적 차원에서 일자리를 창조하고, 창직할 것을 요구받고 있다. 아직까지 안정적인 공시족으로만 머물려 해서는 답이 없다. 앞서 제시한 사회진출을 위한 역량들을 최대한 많이 준비하고 다른 사람들과 차별화하여 스스로 직업을 창조하여 평생직업을 구할 수 있는 방법을 모색해야 살아남을 수 있다. 이러한 마음가짐으로 진로 계획을 세우고 직업을 준비해 가도 불확실성은 계속될 수가 있다. 따라서 변화하지 않는 원칙에 충실하면서 혁신적 정신과 실천적 행동으로 내가 좋아하고, 내가 하고 싶고, 잘할 수 있으며, 꼭 해야 할 일을 찾아서 취업 혹은 창업을 스스로 만들어 나가야 한다.

08
CHAPTER

# 취업을 위한 서류준비

## 1. 취업의 첫 준비와 자기 PR방법

### 1) 자신의 소개를 위한 글쓰기

취업이나 채용을 위해 1차적으로 준비하는 것은 취업희망자의 자기소개이다. 자기소개의 방법은 불과 얼마 전까지지도 이력서 쓰기와 자기소개서와 같이 일정한 서식을 갖춘 종이 서류로 작성하여 제출하는 것이 일반화되어 있었다. 최근 SNS에 의한 소통의 방식이 다양화되면서 취업희망자나 함께 일할 사람을 채용하는 사업체나, 기관 등에서는 인터넷을 이용한 전자서류 혹은 채용업체의 사정에 따라 SNS를 이용한 매우 다양한 방법과 서식에 의하여, 취업희망자를 직접 혹은 간접방법으로 짧은 시간에 취업과 채용 관계를 끝낼 수 있는 형식으로 채용 초기의 이력을 확인하는 과정으로 진행되고 있다. 최근 코로나19 팬데믹의 시기에는 심지어 '언택트 자기소개'라는 방식까지 생겨나 새로운 인력의 고용을 원하는 입장에서는 시간의 문제 등으로 인하여 '페이스 톡' 혹은 '영상 통화'라는 방법으로 신입직원을 채용하는 기업이 생겨나기도 하였다.

그러나 아직까지 대다수의 공공기관의 취업은 물론 일반기업의 경우에도 취업을 위한 첫 단계에서의 형식은 사진이 첨부된 서류의 형태로, 전달방식은 디지털 방식이나 다양한 방법에 의해 자기소개 혹은 이력서의 전달이 이루어지고 있다. 따라서 본 장에서는 이러한 서류 준비 등에 대한 취업 준비과정을 소개하고자 한다.

취업을 위한 첫 번째 서류인 이력서는 겉으로 보기에는 내가 살아온 그동안의 내력을 인적 사항부터 학력 그리고 사회진출을 위하여 준비해 온 과정에 대하여 아주 상세하면서 간략한 내용으로 A4용지 1~2매의 서식에 보기 쉽게 나열해 놓은 것이라 할 수 있다. 그러나 이력서의 내용은 보는 사람의 입장에서는 살아온 이력에 대한 아주 간단한 한두 장의 서류상의 절차일 뿐이다. 특히 취업을 위한 경쟁에서 다른 사람과 비교가 되는 측면에서 나의 이력서는 초라한 삶의 단순한 나열이 될 수도 있다. 따라서 남과 차별화되는 이력서의 작성이 필요하다. 그래서 선택받는 자의 이력서와 소개서가 되기 위하여 다음의 4단계를 거칠 것을 제안한다.

첫째, 비록 한두 칸에 쓰여질 내용이지만 평소에 적어도 대학생활 4년여 동안 취업 포트폴리오를 준비해 두어야 한다. 자신을 글로 표현할 수 있는 글쓰기 자료를 체계적으로 정리해 두라는 의미이다.

둘째, 취업을 위해 그동안 모은 자료들을 어떻게 디자인할 것인가를 심사숙고하여 나열할 수 있어야 한다. 구슬이 서말이라도 꿰어야 보배이다. 이미 디자인되어 있는 서식에 내용 전달만 할지라도 내가 만든 나의 소개를 위한 독창적인 방법으로 보는 사람이 공감할 수 있도록 작성해야 한다.

셋째, 글쓰기 성공사례, 즉 취업 합격자들의 글쓰기를 많이 읽어 보고 그 내용들을 융합하고 수렴하여 나의 이력으로 거듭날 수 있도록 이력의 글쓰기 연습을 사전에 충분히 해 보아야 한다는 것을 적극적으로 권한다. 반드시 해 보아야 할 과정이다.

넷째, 독창적이고 체계화된 이력서가 준비되면 적용의 과정에서 그때그때 다른 내용들로 구성하고 작성이 되도록 본격적인 서류제출을 경험해 볼 것을 권한다. 이 경우 취업을 위한 준비된 포트폴리오를 활용하여 사용하며 필요에 따라 형식 바꾸기만 하면 된다.

이와 같이 자신을 소개하는 처음의 과정에서부터 최종 합격에 이를 수 있는 서류가 될 수 있도록 하는 이력서 작성의 중요한 방법들을 제시하고자 한다.

### (1) 이력서와 소개서 작성을 위한 자료 모으기

많은 취업 안내 전문서적과 취업 관련 전문가들이 한결같이 주장하는 것은 결과론적으로 취업이 되면 만사형통이라는 것이다. 과연 그럴까. 최고의 스펙으로 최고의 자소서와 면접전형을 통과만 하면 취업이 되니까 목적을 달성하는 것으로 오해하고 있다. 취업 준비의 과정에서 이미 여러 차례 강조한 바와 같이 나의 최종 목표 달성을 위한 과정에서 취업을 위한 자기소개 과정도 충분한 경험을 살리고 자료를 모아서 체계적으로 표현할 수 있도록 그 과정에서 최선을 다하여 작성도 해 보고 나만의 알짜배기를 만들 수 있어야 한다. 평소에 준비가 잘 되어 있는 자기이력과 소개서가 완성되면 내가 가고자 하는 기업에 따라 각 기업이 요구하는 격식에 맞추어 그때그때 적응력 있는 자소서를 준비할 수 있기 때문이다.

앞서 제시한 취업 준비과정에서 포트폴리오의 철저한 준비는 취업 시험에서 실패할 확률을 최소화시켜 준다는 것을 의미한다고 하였다. 준비된 글쓰기와 급조된 글쓰기는 누가 보아도 쉽게 구별될 수 있다는 것을 염두에 두어야 한다. 말하자면 숙성과정을 겪은 이력서를 작성하라는 것이다. 숙성을 위하여 평소에 내 삶의 구체적 목표(인생의 꿈)를 연령대별(햇수)로 정리하며 가상의 명함까지 만들어 둘 필요가 있다. 또 평소 취업(준비)에 임하는 나의 자세를 필요할 때마다 정리해 두는 것도 취업전선에 사전 경험으로 작용할 수 있다. 다음으로 자신의 진로적성검사 및 인·적성검사(MBTI 검사 등) 결과지에 대한 분석과 자신의 코멘트가 담긴 글들이 첨부되어야 한다. 보다 구체적으로 취업을 준비하기 위하여 평소에 나의 'Have Want List 작성'을 준비해 두어야 한다. 이것은 나의 장단점 분석과 좋은 습관을 함양하기 위한 주요한 자료가 될 수 있으며 취업 이후 내가 선택한 직업의 계속성을 위하여도 좋은 팁으로 작용할 수 있는 사안들이기도 하다.

다른 사람과 구별되는 나만의 키워드를 평소에 준비해 두자. '총알', '오리', '뽀로로' 등 자신의 별명보다는 진화된 아바타를 세워 두기를 권한다. 예를 들면, '아이디어뱅크'와 같은 포괄적이며 시대성이 반영된 자신의 키워드를 준비해 보자. 요즈음에는 디지털 시대의 상징적 언어나 이미지의 형상화로 자신을 표현하는 것도 하나의 창의적 발상이라고 전해 줄 수 있다. 평소 이러한 준비 등을 하려면 당연히 '준비를 위한 준비'에 참여하지 않을 수가 없다. 즉, 공모전의 참여로 스펙을 쌓아 갈 것이며 봉사활동과 과외활동으로 여가생활 등을 즐기며 생활의 과정으로서 취업을 준비하는 것이 되도록 한다. 이렇게 준비가 될 경우, 취업서류 심사자들의 자연스러운 선택을 받기에 부족함이 없을 것이다. 이 경우 진로 개척을 위한 커리어 플래닝을 한 흔적 등이 묻어나는 이력서를 작성하게 된다. 한 가지 더 자신의 장단점과 내외적이고 기회적인 요인 혹은 불리한 여건들로 TOWS 매트릭스를 준비해 보는 것도 이력서 작성과 자기소개서 작성을 위하여 간단하지만 매우 중요한 자료가 될 것이다.

최근 '언택트' 면접에 의한 채용방식에서는 지금까지 취업 희망 분야와 관련하여 경험한 것들을 구체적으로 제시할 것을 요구하는 경향이 많아지고 있다. 즉, 인턴 경험이나 기간제 근무의 형식으로 사전에 해당 분야에 대한 사전 경험을 매우 중요시하며 채용하려는 경우가 점차 확대되고 있다. 역시 평소의 경험과 채용업무에 해당되는 분야에까지 사전 경험을 서류화할 수 있도록 자료화해 둘 필요가 있다.

### (2) 최고의 자기소개 방법

취업서류 제출의 첫 단계가 평소 준비한 자료를 바탕으로 이력서와 자기소개서를 작성하였다는 것을 보여 주는 것이었다면 다음, 이력서와 자기소개서를 자신만의 것으로 디자인할 것을 강력히 추천한다. 물론 반드시 정형화된 이력서나 자기소개서의 서식에 필요한 내용만을 기입할 것을 요구하는 기업도 있다. 여기서 자신만의 독창적이며 창의적으로 디자인하기 위한 이력서를 준비하게 되면 이미 만들어진 서식에 일반화시키는 과정은 너무나 쉬운 작업이 될 것이며, 오히려 취업서류로 포맷된 자료로 그다음 절차로써 면접의 과정에서 기본적 내용들을 창의적이며 독창적인 이력들로 프리젠테이션할 수 있는 여유까지 생겨날 수도 있다. 그래서 번쩍하는 아이디어가 많이 포함된 내용들로 가득 찬 글들을 평소에 모아서 여유 있는 서류작성이 되도록 권하는 바이다.

손바닥으로 해를 가릴 수 있다는 것을 생각해 볼 것을 권한다. 우리는 손바닥으로 해를 가리는 것은 불가능의 대명사로 알고 있다. 나의 이력서와 자기소개서 한 장이 어떤 형태와 방법으로 태양을 가릴 수 있으며 세상을 변화시킬 수 있다는 신념으로 창작하고 차별화된 이미지의 서류를 제출할 수 있어야 서류심사관이 수십 대 일의 경쟁을 거치는 서류에서 한 번이라도 더 보려고 하는 마음과 접속하게 된다는 것을 유념하여야 한다.

독창적이고 차별화된 서류작성 역시 평소 연습이 있어야 한다는 것은 누구나 알고 있다. 국어 시간의 논·작문 작성법에서부터 서류작성을 위한 글쓰기 법이 있으나 새삼 취업서류를 작성해야 하는 시점에서는 자신의 노하우를 나름대로 준비하여 쓸 수 있어야 한다.

일반적으로 서류심사관들이 그래도 한 번 더 새겨 보는 제출서류들이 되기 위한 최근의 글쓰는 방법들을 제시하면 다음과 같다.

첫째, 좌상에서 우하까지 전체적으로 스토리텔링이 되는 글을 쓸 수 있어야 한다.

둘째, 처음부터 끝까지 간단명료하며 일목요연해야 한다.

셋째, 내용상 컬러풀한 색채의 글이 되도록 한다.

넷째, 읽는 사람에게 적어도 기억에 남을 만한 '최고 경구', 즉 깜짝 놀랄 만한 결코 잊혀질 수 없는 단어나 문장을 적어 넣을 수 있어야 한다.

예를 들면, 손오공 하면 당장에 기억할 수 있는 자기소개는 "天上天下唯我獨尊(천상

천하유아독존)"이다. 나에게서도 이 정도의 한마디 경구는 준비해 두는 것이 기억이 남는 최고의 프레젠테이션을 보여 주는 방법이 될 것이다.

이 외에도 차별화된 더 구체적인 글쓰기 요령은 다음 절의 '최고의 자기소개서 작성' 방법 등에서 계속된다.

### (3) 정형화된 이력서와 입사지원서 사례

① 한글 이력서 작성 실례(가장 일반적 서식)

| 이 력 서 | | | | | |
|---|---|---|---|---|---|
| 사진 | 출신도명 | 서울 | 성 명 | 갑돌이 인 | 주민등록번호<br>890305-1033777 |
| | | | 생년월일 | 서기 1989 년 3 월 5 일생(만 27 세) | |
| 본적 | 서울특별시 서대문구 신촌동 136 | | | | |
| 현주소 | 서울특별시 마포구 신수동 673-6 | | | | |
| 호주관계 | 호주와의 관계 | 장남 | 호주성명 | 갑 황 금 | |
| 년 월 일 | 학력 및 경력사항 | | | | 발령청 |
| 2008 2 21 | ㅇㅇ 고등학교 졸업 | | | | |
| 2008 3 5 | ㅇㅇ 대학교 경영학과 입학 | | | | |
| 2009 5 15 | 육군 입대 | | | | |
| 2011 8 20 | 육군 제대 | | | | |
| 2015 2 25 | 동교 경영학과 졸업 | | | | |
| | 특기 | | | | |
| 2008 5 4 | 워드프로세서 2급 취득 | | | | 대한상공회의소 |
| 2014 1년 | 영국 및 유럽 일대에서 어학연수 | | | | 워킹홀리데이 |
| | 상벌 | | | | |
| 2008 9 16 | 전국대학생 영어 웅변대회 우수상 수상 | | | | 교육과학기술부 |
| 위의 내용은 사실과 틀림이 없음<br>2020년 4월 2일<br>갑 돌 이 ㉿ | | | | | |

② 기업체 입사지원서 양식

## 입 사 지 원 서

– 지원직열 : – 지원분야 : – 희망연봉 : 만원

| (사진) | 성명 | 한글 | | 나이(만) | | 성별 | |
|---|---|---|---|---|---|---|---|
| | | 영문 | | 주민등록번호 | | | |
| | 현주소 | | | | | | |
| | e-mail | | | | | | |
| | 신장 | cm | 몸무게 | kg | 혈액형 | 형 | |
| | 전화번호 | | 휴대폰 | | | | |

1. 학력 및 경력사항

| | 학력 및 경력사항 | | | 비고 |
|---|---|---|---|---|
| 년 월~ 년 월 | 중학교 | | | |
| | 고등학교 | | | |
| | 대학교 학과 | | | |
| | 대학원 (전공) | | | |
| | | | | |
| 경력기간 | 근무처 | 부서 | 담당업무 | 퇴직사유 |
| 년 월~ 년 월 | | | | |
| | | | | |
| | | | | |
| | | | | |
| | | | | |
| | | | | |
| | | | | |

2. 병역/기타사항

| 병 역 | | 군 별 | | |
|---|---|---|---|---|
| 복무기간 | | | | |
| 가족사항 | 남 녀 중 째 | 보훈/장애인 | 대상( ), 비대상( ) | |

3. 자격증 및 능력(외국어)

| 취득 일시 | 자격증(외국어) | 주관 |
|---|---|---|
| | | |
| | | |
| 외국어 | 영어(상 중 하), 기타( ) | |

– 위의 모든 기재사항은 사실과 다름이 없음을 확인합니다.

2020년 월 일 (인)

③ 최근 스펙 중심의 이력서

| 수험번호 | | 응시 부문 | 분야 |
|---|---|---|---|
| 기업명 | | 희망연봉 | 만원 |

| 사진 | 성명(한글, 한자) | | 영문 | |
|---|---|---|---|---|
| | 주민등록번호 | | 생년월일 | YYYYMMDD |
| | (우편번호)주소 | (    ) | | |
| | 전자우편 | | 연락처 | Mobile :<br>SNS : |
| | 신체사항 | cm kg | 건강검진사항 | |

| 학력 | 기간 | 출신학교 | 학과(전공) | 학위여부 | | 특기사항 | |
|---|---|---|---|---|---|---|---|
| | | | | | | | |
| | | | | | | | |
| | | | | | | | |
| | | | | | | | |

| 병력 | 구분 | 군별 | 역종 | 계급 | 복무기간 | 면제사유 |
|---|---|---|---|---|---|---|
| | | | | | | |

| 자격증 | 종류 및 등급 | 취득일 | 발행처 | 특기 | 대학성적 | 1학년 | 2 | 3 | 4 |
|---|---|---|---|---|---|---|---|---|---|
| | | | | | | | | | |
| | | | | | | 평균평점 | /4.3 | | |
| | | | | | | | | | |
| | | | | | | | | | |

| 외국어 | 언어명 | 활용능력 | 테스트명 | 공인점수 | 컴퓨터 활용능력 | 종류 | 상 | 중 | 하 |
|---|---|---|---|---|---|---|---|---|---|
| | | | | | | | | | |
| | | | | | | | | | |
| | | | | | | | | | |

| 연수 | 기간 | | | 연수 및 봉사활동, 인턴경험 등 | | | | 지역, 기관 | |
|---|---|---|---|---|---|---|---|---|---|
| | | | | | | | | | |
| | | | | | | | | | |
| | | | | | | | | | |

| 가족관계 | 관계 | 성명 | 연령 | 직업 | 수상 | 수상종류 | | 수상일 | 발급처 |
|---|---|---|---|---|---|---|---|---|---|
| | | | | | | | | | |
| | | | | | | | | | |
| | | | | | | | | | |
| | | | | | | 종교 | | 취미 | |
| | | | | | | | | 특기 | |

본 이력서에 기재한 사항은 사실과 다름없음을 확인합니다.

작성일 :

지원자 : ㊞

### (4) 남다르게 빈틈없는 준비(사진 관리 등)

서류를 제출해야 하는 기업이나 개인마다 달라질 수 있는 상황에 대해 철저한 분석이 있어야 하며 요구하는 형식과 내용에 차질이 없어야 한다. 기업마다 다른 형식의 이력서나 자기소개서는 기본적으로 대비해야 한다. 이 경우 무엇보다 주의해서 작성해야 할 사항은 나의 서류(이력서, 자기소개서)를 요구하고 판독하려는 사람의 입장이 되어서 작성할 것을 강력히 주장한다. 대학생활에서 매 학기 치르는 시험답안의 경우 모범답안은 시험출제 교수가 요구하는 답안작성이 되어야 제대로 된 성적을 받을 수 있는 것과 마찬가지이다. 예컨대, 사진을 붙여서 제시할 것을 요구할 경우 반드시 정장(악세사리 포함)을 입은 사진을 요구하느냐, 일상의 생활모습을 요구하는 사진인지를 잘 알아보고 매우 신중히 대처할 것을 요구한다. 오히려 남다르게 표현력을 테스트하고 평소에 갖고 있는 생활자세를 살펴보고자 하는 기업이나 개인이 매우 많다는 것을 염두에 둔 서류작성의 자세가 되어야 한다.

서류작성의 중요성은, 내가 희망하는 기업에 한 사람으로 응시를 하여 직원으로서 자격을 갖고 그 조직의 구성원으로, 동시대를 함께 살아가야 한다는 의식을 갖고 있으면 충분히 이해가 되고 남다른 정성으로 빈틈없이 준비하게 될 것이다.

## 2) 서류작성의 일반적 원칙

### (1) 자기소개서 작성의 형식상 유의사항

나의 소개를 상대가 관심을 가질 수 있도록 서류로 작성을 해야 할 때 작성형식에 있어서 반드시 필요한 사항을 요약해서 제시해 보면 다음과 같다

① 상세하면서 簡單明瞭(간단명료)한 내용이 되도록 한다.

② 사진과 글씨는 정성 들여 작성하였다는 모습이 보이게 한다.

③ 다른 사람과는 차별화된 자신만의 개성 있는 지원서, 자기소개서가 되어야 한다.

④ 분명한 志望動機(지원동기)를 밝히고 입사준비의 마음가짐과 覺悟(각오) 등을 서술형식으로 작성한다.

⑤ 자기소개서 내용의 전개가 전체적으로 一目瞭然(일목요연)하게 起承轉結(기승전결)이 되도록 한다.

⑥ 수차례 강조한 바와 같이 읽는 사람의 입장에서 편하게 쉽게 읽을 수 있도록 형식을 만들어 가며 작성한다.

⑦ 서류작성을 하여야 할 칸이 4개(성장과정, 자신의 장단점, 입사지원 동기, 희망사항)이면 4가지 이상의 漢字成語(한자성어)를 활용한다.(기업에 따라서는 한자사용이 필수이므로 기업의 특성에 맞도록 유의한다)

⑧ 지원하는 회사나 기업과 개인에 대한 정보를 최대한 활용한다.(아부를 많이 한다)

⑨ 한 가지 이상 지원업체에 대한 특별한 내용이나 키워드를 반드시 넣는다.

### (2) 자기소개서 내용상의 유의사항

자기소개서의 내용은 첫째도 진실이고, 둘째도 진실한 내용을 기반으로 작성되어야 한다. 순간의 눈 속이기가 가능할 수 있을지 모르나 채용을 위한 면접 등, 채용과정에 있어서 서류의 내용이 수시로 체크가 되고 심지어 채용이 이루어진 뒤에도 자신의 대표적 이미지로 남아 있다. 자기소개서의 내용상의 중요성은 평소의 자신을 어떻게 이미지화할 수 있는지를 염두에 두고 형상화할 수 있도록 작성한다.

① 학창시절에 학습하고 교과서에서 배운 학문적 내용들을 많이 활용하여 작성한다.

② 최근에 읽혀지고 있는 시사성 있는 글의 내용들을 최대한 많이 인용하여 작성한다.

③ 요즘 사람들과 SNS 등에서 자주 회자(膾炙)되는 단어나 글귀를 많이 활용한다.

④ 자기계발, 컴퓨터, 경영전략과 관계된 용어나 내용들을 한 가지 이상 인용한다.

⑤ 내용의 전개와 끝의 내용에 이르기까지 주제(테마)가 있는 자기소개서를 작성한다.

⑥ 학창시절의 특징과 장점을 개발하여 학창시절의 활약상에 대하여 공감할 수 있는 미사여구를 동원하여 작성할 수 있어야 한다.

⑦ 전체적으로 자기소개의 내용을 적어도, 손오공이 자기소개를 한마디로 표현하듯이 즉, 天上天下唯我獨尊처럼 한 줄로 요약하여 나타낼 수 있는 경구를 표현할 수 있어야 한다. ("나는 별명이 아이디어뱅크다", "친구들이 나를 AI Kim 이라고 부른다") 단, 이 경우 분명하고 정확한 사유나 사연을 제시하여야 한다.

⑧ 각자 내가 생각하는 차별화된 내용을 계발하여 작성한다.

### (3) 일반적 이력서와 자소서 쓰기(직접 쓴 글씨로 작성요구 때)

① 전체 내용이 상세하면서도 간단명료하게

이력서를 읽는 사람이 짧은 시간 안에 작성자의 인적사항에 대하여 정확히 알 수 있도록 기재내용을 간추려 분명하게 써야 한다.

② 글씨는 깨끗하고 단정하게 정자로

글씨를 휘갈겨 쓰거나 날려 쓰는 일이 없이 정자로 또박또박 써야 하며, 오자나 탈자가 없도록 주의한다. 한글이력서의 경우 대부분의 기업들이 국한문 혼용으로 작성할 것을 요구하고 있으므로 이에 맞추어 작성한다.

③ 자신이 직접 쓴다.

이력서는 자기 자신을 스스로 소개하는 글이므로 다른 글과 달리 자필로 작성하는 것이 원칙이다. 그러므로 이력서를 급하게 작성하지 말고, 충분한 시간을 가지고 자기 자신이 미리 작성해 놓아야 한다.

④ 펜이나 만년필로 쓴다.

볼펜이나 연필로 쓰면 글씨가 바르지 못할 수가 있다. 이력서를 작성할 때 펜이나 만년필을 사용하면 글씨가 단정하고 선명하게 보인다.

⑤ 솔직하게 과장된 내용일지라도 반드시 진실한 내용이어야 한다.

내용상 거짓이 없어야 한다. 이력서에는 허위 또는 과장된 내용을 기록해서는 안 된다. 있는 사실 그대로를 진솔하게 기술하여야 한다. 과장된 내용은 합리적으로 설명할 수 있도록 제시하여야 한다.

⑥ 깨끗하고 깔끔하게 품위가 묻어나도록 작성한다.

이력서를 작성하다가 글자나 단어를 잘못 썼을 때는 지우거나 줄을 긋고 고쳐 쓰지 말고 새로운 이력서 용지에 처음부터 다시 바르게 써야 한다. 여기저기 정정한 이력서를 제출하게 되면 그것을 본 인사권자는 이력서 작성자를 성의 없고 신중함이 결여된 사람으로 판정할 것이다.

⑦ 자격증이나 연구실적 등도 적는다.(특기사항, 연수실적, 상벌사항)

취업하고자 하는 부서의 업무를 수행하는 데 도움이 되는 자격증이나 면허증, 연구 업적 등을 밝혀 이력서에 적으면 취업에 매우 긍정적인 작용을 할 것이다.

⑧ 시간적 여유를 가지고 쓴다.

마감 시간에 쫓겨 가며, 심지어는 접수창구 앞에서 급하게 이력서와 입사지원서를 작성하기도 하는데, 준비성 없는 이러한 태도는 결코 나의 진면목을 전달하지 못한다. 충분한 시간적 여유를 가지고 차분하게 작성한다.

⑨ 연락처를 반드시 기록하여야 한다.

연락 가능한 긴급연락처(전화, SNS)를 반드시 기록해 둬야 한다. 이는 대부분의 기업들이 합격여부의 통보를 비롯한 모든 연락사항을 긴급 통신수단을 통해 하고 있기 때문이다.

⑩ 사진은 최근의 것으로 규격에 맞는 것을 붙인다.

이력서에는 국 · 영문을 막론하고 필수적으로 사진이 요구된다. 이때 너무 오래되었거나 낡은 사진, 또는 규격에 맞지 않는 사진을 붙여서는 안 된다.

## 2. 글로벌 시대의 영문 이력서 작성

기업경영은 물론 여행과 생활에서 글로벌 시대가 되면서, 취업과 창업 역시 국경을 뛰어넘어 기업경영과 비즈니스가 이루어지는 장소에서는 최소한의 영문에 의한 자기소개와 이력서의 지참이 필요하다. 일상에서 요즈음은 영문표기로 Resume라고 하여 영문과 국문의 이력서가 외국계열 회사 외에 국내회사에서도 많이 요구되므로 정확히 알아 둘 필요가 있다.

무엇보다 글로벌 시대에 맞게 한국적인 사고방식에서 완전히 벗어나야 할 필요가 있다. 이력서를 통해 적극적으로 자기를 PR하도록 한다. 왜냐하면 외국회사는 개인의 정보를 딱히 알아볼 수 있는 방법이 제한되어 있으므로 국내회사들보다 더 이력서를 중요시한다.

외국계 기업은 외국인을 채용하여 맡기게 될 업무의 범위나 직책이 처음부터 명확하게 정해져 있기 때문에 거기에 명확한 능력을 이미 갖추고 있는 사람을 요구하고 있으므로 업무수행 능력에 대한 확실한 비전을 보여 줄 수 있어야 한다.

### 1) 영문 이력서 작성 시 일반적 주의 사항

처음으로 영문 이력서 작성 시 주의할 사항은 긴 문장이 아니라 간결한 어구로 표현해야 한다는 것이다. 마침표와 쉼표를 정확히 표시하고, 문법적으로도 틀리지 않게 하며, 특히 중학교 시절에 배운 실력을 십분 활용하여 주어 "I"는 생략하고, "S"의 시제에 주의한다. 경력과 학력은 최근 것부터 시작해서 과거로 거슬러 올라간다. 가능한 빈칸이 없도록 하며 장기간의 공백이 있을 때는 그 이유를 확실히 적는다. 경력사항은 실적 중심으로 구체적으로 적는다. 취득한 학위는 빠짐없이 적어야 하며, 읽는 사람을 위해 전문용어 사용은 피한다. 약자는 가급적 하지 않아야 하지만 해야 한다면 처음 나올 때 완전한 말과 약어를 함께 적어 놓고 그 이하는 약자를 적는다. 정직하고 성실한 내용으로 간결한 문체, 정확한 표현으로 작성하며, 자신에게 플러스 요인이 되지 않는 것은 과감히 생략한다.

## 2) 영문 이력서 작성요령

(1) PERSONAL IDENTIFICATION(개인정보): Personal Data라고도 한다.

가. 성명(Name): 반드시 완전한 성명(Full Name)을 써야 한다.

나. 나이(Age): 반드시 나이만 쓸 것과 Arabian Number로 표기한다.

다. 출생지(Place of Birth): Permanent Address 또는 Domicile라고도 한다. 보통의 영문 주소 기재와 같은 순서로 쓴다.

다. 현주소(Present Address): 주민등록에 기재된 주소를 쓴다.

라. 호주와의 관계(Family Relations): 아버지 이름을 쓰고, 몇째 아들 또는 딸임을 밝힌다. 경우에 따라서는 아버지의 직업(Father's Occupation)을 쓰는 수도 있다.

마. 결혼관계(Marital Status): 기혼이면 "Married", 미혼이면 "Single"이라 기재한다.

바. 성별(Sex): 남자인 경우 Male, 여자면 Female이라고 쓴다.

(2) PROFESSIONAL OBJECTIVE(희망직종): Job Objective라고도 한다.

지원자의 직업목표 및 의식에 따라 취업직종, 분야, 부서 등을 소신 있게 선택하기 위해 미리 지원 회사의 지원 분야를 확인하는 것이 효과적이다. 그렇지 못한 경우는 자신의 의견을 적어 둔다.

(3) EDUCATIONAL BACKGROUND(학력): Educational History라고도 한다.

졸업연도와 학교, 학위명을 적고 부전공과 졸업평점도 적는다.

(4) BUSINESS BACKGROUND(경력): Work Experience라고도 한다.

최근 경력부터 과거로 거슬러 가며 근무시간, 회사명, 직위(Job title), 직무내용(Duties)을 적는다. 이 중에서 업무내용이 가장 중요하며 상관이 없는 경력은 간략하게, 상관이 있는 내용은 구체적으로 제시한다.

(5) SCHOOL ACTIVITIES(각종 활동경력): 최근 기업의 채용방식이 바뀌면서 중요시되는 항목이다. 재학시설의 동아리활동, 농활, 봉사활동 등을 구체적으로 기재하여 조직력, 협동심, 지도력을 표현한다.

(6) MILITARY SERVICE(병역관계): 현역과 방위소집 복무자의 경우에는 그에 해당되는 제대날짜를 밝혀 주면 자연히 구분이 되고, 병역 또는 방위소집 면제자의 경우에는 'Exempted from military Service.'라고 쓴다.

(7) SPECIAL ACQUIREMENT(자격): 공인된 자격증은 주관처를 밝혀 적고, 학원 등에서 익힌 기술인 경우에는 구체적으로 하되, '과거에 익힌 기술(또는 경력)이 귀사의 업무에 도움이 된다'는 점을 강조한다.

(8) REWARDS AND PUNISHMENTS(상벌): Honors and Awards라고도 한다. 새로이 중요해진 기입란임을 명심한다. 입상경력이 있으면 기재하고 특별한 상벌 규정이 없을 때는 'None'이라고 적는다.

(9) REFERENCES(신원조회처): 이력서에는 우선 Auailable on request 또는 Furnished upon request(귀사 요구 시 즉시 제출하겠음)라고 적어 둔다. 신원보증인은 추천이 될 수 있는 사람으로 일반적으로 2명 정도 기재하되 추천인에게 자신에 대해 알 수 있도록 해야 한다.

(10) 끝으로, "I hereby declare that the above mentioned are correct and true in every detail" 등의 문장(上記와 如히 相違 없음)을 적고 2행쯤 비워 오른쪽에 이름을, 다시 2행쯤 비우고는 왼쪽에 작성 연월일을 적고 자필로 서명한다. 단, 외국기업이 대상일 때는 "I hereby ~"는 넣을 필요가 없다.

### 3) 영문 이력서 작성 사례

**RESUME**

[보기 1]

| | |
|---|---|
| Personal Data: | Han Cho-hee<br>256 Hyoumok-dong, Dong-gu, Tea-gu<br>Tel:010-1234-1234<br>Born: Nov. 11th. 1988<br>Health: Excellent |
| Education: | College of Business Administration, Sugang University, graduated 2013.<br>Bachelor of Business Administration.<br>Major: Business Administration.<br>Other main course of study: Business Economics, Commercial Law, International Trade. |
| Experience: | Entered Hanguk Construction Co., Ltd. Seoul. January 2015.<br>Working at present in the overseas business department. |
| References: | Available on request |

[보기 2]

| | |
|---|---|
| Name: Kim In-soo | Date of birth: Sep. 15. 1988 |
| Place of birth: Chunchon | Marital Status: Single |
| Sex: Male | Telephone Number: (02) 923-5969 |

Permanent Address

10, Paldallo 2-ga, Suwon-shi, Kynggi-do

Present Address

90-4, Bomun-dong 4-ga Songbuk-gu, Seoul

| | |
|---|---|
| Education | Feb. 2017. Will graduate from Department of Law, Seoul University, College of Law. |

| | |
|---|---|
| | Feb. 2010. Graduated from Chongno High School. |
| Work Experience | March~October, 2014. Had an experience as a clerk on a temporary base to Dong-il Corporation. |
| Military Service | June 2009 Entered the Army.<br>Feb. 2011. Discharged from service. |
| Hobbies | My hobbies include reading, mountain climbing and I have a taste for music.<br>My favorite sports are basketball and ping-pong. and I was active in the basketball team at high school days. |

## 3. 서류전형 통과하기 사례 보기

### 1) 기업이 요구하는 일반적 내용의 자기소개

기업이 원하는 인재상은 기업마다 다르다는 것을 예상할 수 있다. 그러나 공통적이며 일반적인 인재상은 모두 다 인격적으로 훌륭한 인재여야 하며, 자신이 맡은 기술과 업무를 매우 숙련되게 처리할 수 있는 사람을 요구한다. 따라서 여기서는 공통적으로 요구되는 그리고 사회생활을 영위해 나가는 사람이라면 누구나 공감하고 같이 일하고 싶은 사람을 요구한다는 측면에서 요구되는 서류내용을 제시하고자 한다.

기업이 원하는 양심에 기초한 인성 소유자라는 것을 서류에서 평가받을 수 있도록 작성한다. 좋은 습관을 가진 보편적인 인성을 갖고 생활하는 모습을 보일 수 있어야 한다. 다음은 준비된 사람이라는 것을 보여 줄 수 있어야 한다. 즉, 분명한 지원동기를 인사담당자가 서류를 통해서 확인할 수 있도록 작성이 되어야 한다. 이러한 인성과 적성에 관한 자신의 소개는 자기소개서의 '성장배경과 성격의 장단점 그리고 학창

시절' 등에서 소개할 수 있는 내용들이다. 평소에 자신의 인생관과 가치관, 사회진출을 준비하면서 취업과 관련된 인적성검사에서 나타난 내용들을 중심으로 솔직하면서 의미가 포함된 내용들로 구성되어야 한다.

## 2) 직종별 실전 자기소개서 사례

지금부터는 시중에 나와 있는 "각 기업별/직종별 자기소개서 샘플 300선"에서 관광분야 및 사회복지 그리고 유통업 등 각 직종에서 모범적 사례를 골라 인용하였다. 여기에 제시된 기성품은 하나의 우수사례로 소개되고 있음에 유의하여 나에게 맞는 또 내가 이들 내용과는 어떤 부분에서는 '차별화'를 보여야겠다는 자세를 갖고 참고자료로 활용되었으면 좋겠다.

### (1) 사회복지부분 복지사 및 상담사 신입직 자기소개서

① 성장과정

저는 19○○년 ○○월 ○○일, ○남 ○녀 중 장녀로 ○○에서 태어났습니다. 저의 어린 시절이 ○○이라는 도시에서 느낄 수 있듯이 기계적이고 메마른 생활이라고 생각하는 사람들이 많지만 인정 많은 어머니와 가족의 안녕과 화목만을 추구하고 계신 아버지와 함께 열심히 살아가는 평범한 집안의 맏딸로 태어났습니다.

고등학교까지의 생활을 생각해 볼 때, 어떤 일에 깊이 빠진 적도 없고 두드러지지 않는 평범한 학창 시절을 보냈습니다. 그러나 한 가지, 친구들과의 순수한 우정만은 지키려고 노력했습니다. 사람과의 관계야말로 많은 시간이 필요하며, 힘들게 얻어진 만큼 또 쉽게 잃을 수 있다는 생각에는 변함이 없습니다.

② 성격의 장 · 단점

저는 "무슨 일이든 항상 끝까지 최선을 다하며, 항상 내가 모르는 것은 배워야 하며, 새로운 환경에 적응하라"라는 생활 신조로 무조건 앞서 나가기보다는 많은 것을 배우려고 하는 노력파입니다.

성격은 차분하면서도 활달한 편이며 사교적이고 사람들을 리드하기보다는 잘 따르는 참모형입니다. 남들과 똑같은 것을 싫어하고 단점은 궁금한 것이 있으면 끝까지 알아내려는 경향이 있습니다.

③ 지원동기 및 입사 후 포부

진로를 선택할 때 남을 도우며 살아가기를 바랐고 저를 필요로 한다면 도움이 필요한 많은 사람들과 사회를 변화시키고 싶은 마음에 이 분야에 도전했습니다. 대학 시절엔 수화, 자원봉사단체에 많이 참여도 하면서 평생 동안 남을 도와주며 소외당하고 상처받은 노인, 장애인, 아동 , 부랑인 등 이런 많은 사람들과 고락을 함께하면서 살고 싶다는 사명감과 긍지를 가지고 행정학과 부전공으로 사회복지학을 전공하였습니다.

현재는 사회복지의 여러 분야에서 활동하고 싶어 케어복지사 자격, 상담사 자격 등 공부도 하고 있습니다.

항상 어디서나 겸손하고 맡은 일에 대해선 책임질 줄 알고 어떤 고난과 시련이 닥쳐오더라도 슬기롭고 지혜롭게 헤쳐 나갈 각오도 되어 있습니다. 사회사업에 첫발을 내미는 저에게 기회를 안겨 주시면 감사하겠습니다.

### (2) 의료직종 간호사 신입직원 자기소개서

① 성장과정

간호사의 꿈을 키워 가면서 생각한 두 가지 기준이 있습니다. 간호사는 단순한 의미에서 환자의 병을 호전시키기 위해 보조적인 작용을 하는 직업군이지만 단순히 직업이라고만 생각하고 일에 임한다면 꺼려지는 일들이 많은 분야이기도 합니다. 따라서 저는 직업이라는 생각을 벗어나 내가 꼭 하고 싶은 일을 하는 것이고 환자에게 헌신적으로 봉사한다는 생각으로 임하되 항상 프로라는 생각을 잊어서는 안 된다고 봅니다. 그러나 무조건적이고 맹목적인 헌신보다는 상황에 따라 자신의 역할에 강약을 조절할 줄 알아야 하며 사사로운 개인적 감정과 타협하는 간호사는 프로정신이 투철하지 않은 간호사라고 생각하고 있습니다.

유난히 저를 귀여워하시던 할머니와 부모님, ○남 ○녀인 형제관계 속에 장녀로 출생한 저는 개인사업을 하셨던 아버지 덕분에 비교적 유복한 유년기를 보냈습니다. 어려서는 아무것도 부러울 것 없이 지내던 저에게 조금 남다른 어려움이 찾아온 것은 아버지의 사업이 어려운 상황에 부딪히며 결국 부도를 맞이하게 되었고 그 후 집안의 형편이 무척 어려워졌습니다. 그때 저에게 무척 큰 힘이 되었던 것은 부모님의 긍정적인 사고 방식과 훈계였는데, 물질적으로 조금 상황이 어렵다는 것이 결코 부끄러운 일이거나 기죽을 일은 아니라는 아버지의 부단한 관심에 의해 저는 구김없이 성장할 수 있었습니다.

비록 조금 남다른 경험을 하긴 했으나 그것이 전화위복으로 많은 생각을 하게 하고 그저 온실 속의 화초로만 자랄 수 있었던 저에게 많은 경험이 되기도 했습니다.

② 성격의 장 · 단점

부모님께서는 무척 현명하신 분들로 제가 어렸을 때부터 저에게 장녀로서의 책임감이나 의무가 어떤 것인지 일깨워 주시곤 하셨습니다. 그 일례가 집안의 결정사항이 있으면 언제나 장녀인 저에게 '네가 나이는 어리지만 우리 집의 장녀이니까…'라는 말씀으로 부모님께서 결정하신 내용이나 대소사에 대해 이런저런 말씀을 많이 해 주시곤 하셨습니다. 때로 제가 이해할 수 없는 얘기들마저도 저에게 해 주시는 경우가 있었지만 그런 부모님의 노력으로 저는 학교에 다니면서도 남을 배려하는 마음이 크고 명랑하며 속이 깊다는 얘기를 많이 들었습니다.

때로 희생에 대한 생각이 너무 투철해 손해를 보거나 마음의 상처를 입는 경우도 종종 있습니다만 그것이 비록 저에게 단점이 될 수 있지만 이기적인 것보다는 낫다고 봅니다.

③ 학교생활

20○○년 ○○대학 간호과에 입학한 후 저는 두 가지에 몰두했습니다. 그 한 가지는 학과공부였으며 나머지는 아르바이트였습니다. 비교적 시간적 여유가 좀 있는 편이기도 했으나 무엇보다도 어려운 부모님의 노고에 조금이나마 힘이 되어 드리고 싶었습니다. 공부와 아르바이트를 병행한다는 것이 나름대로 고충은 많았지만 그렇게 저의 노력으로 경제력을 쌓아 간다는 것이 무척 뜻깊었으며 저에게 보람을 주었습니다.

어려움을 극복하는 가장 현명한 자세는 적극적으로 그 상황을 극복하려는 노력이라는 것이 저의 신조였으므로 저는 항상 밝은 모습을 유지하며 학교생활에 임했고 친구들과의 사이에서도 항상 당당하고 적극적이었습니다.

저의 학교생활 중 특별히 기억에 남는 점은 ○학년 때 실습 나갔던 ○○병원 분만실에서의 경험입니다. 그때 병원의 역할이나 의사, 간호사가 사람들에게 얼마나 중요한 역할을 하는 것인지 절실하게 실감하게 되었습니다.

④ 지원동기 및 입사 후 포부

○○병원에서 뵈었던 ○○○선생님께서 무척 열심히 일하는 저를 높게 평가하시고 귀 ○○○○○병원에 추천을 해 주셨습니다. 당시 제가 귀 병원에 방문하면서 깔끔하고도 따뜻한 병원의 이미지에 귀 병원에서 일하는 것을 늘 꿈꾸어 왔으며 이제 기회가 되어 지원을 결심하게 되었습니다.

저에게 기회를 주신다면 활기찬 병원의 분위기에 주력하며 간호사가 환자에게 지나친 고자세를 유지한다거나 너무나 믿을 수 없이 가벼이 보인다거나 하는 일 없이 언제나 중립적이고도 절도 있는 자세로 환자를 대할 것입니다. 회사도 마찬가지로 담당자가 실질적인 그 회사의 이미지를 말하는 것과 같이 병원도 환자와 가장 많이 부딪히게 되는 간호사가 병원의 이미지를 많이 좌우한다고 생각합니다.

저에게 기회를 주신다면 백의만을 입은 천사가 아닌 언제나 행동하는 적극적인 간호사의 모습을 보여 드리겠습니다.

### (3) 항공사 스튜어디스 신입직 자기소개서

① 성장배경

예비군 중대장이신 아버지께서는 생각과는 달리 무척 유머감각이 많으신 분이십니다. 물론 저와 오빠, 동생 중 누군가 잘못을 하게 되면 가족들 모두를 불러 호된 꾸지람을 하실 만큼 근엄하고 철저하신 면이 있으시기는 하지만 그런 엄격하신 이면에 따뜻한 사랑은 가족들 모두 잘 알고 있습니다. 또 평범한 가정주부이신 어머니는 저에게는 늘 친구와도 같은 분이셨으며 항상 가족들에게 안정적인 집안의 분위기를 제공하고자 노력하셨습니다. 어린 시절 저는 오빠와 동생 사이에서 양보하는 방법, 나보다는 타인을 먼저 배려하는 방법 등 많은 것을 배우며 밝고 건전하게 생활하였습니다.

② 성격의 장 · 단점

말이 많은 편은 아니지만 사교적인 편이라 누군가와 가까워지는 데 시간이 별로 걸리지 않습니다. 복잡하거나 계산적인 걸 싫어해서 다소 손해를 보는 일이 있어도 솔직하게 살고자 하는 게 제 인생목표이지만, 남에게 싫은 소리를 잘 하지 못하는 게 제 단점이기도 합니다. 어지간한 일은 웃으면서 해결하고 싶은 생각이 강해 낙천적이라는 소리를 많이 듣곤 합니다. 그래서 혼자서 화를 삭히는 일도 간혹 벌어지긴 하지만, 그마저도 금방 잊는 편입니다. 가슴에 무언가를 담아 두지 못하는 성격입니다.

또 제 특징을 소개하자면 아주 활동적입니다. 그렇기 때문에 가만히 앉아 있기보다는 바삐 움직일 수 있는 직업이 어울린다고 생각합니다.

③ 인생관 및 직업관

저는 '남을 위해서 산다는 것'이 얼마나 어려운지를 잘 알고 있습니다. 오랫동안 봉사활동을 한 저 자신도 때로는 그런 것들이 조금은 힘겨울 때가 있습니다. 그러나 전부는 아니더라도 그중 절반만이라도 이타적인 삶을 살 수 있다면 성공한 인생이라고 생각하고 싶습니다.

제가 스튜어디스를 선택한 구체적인 이유는 저의 적성과 잘 맞기 때문입니다. 어떤 면에서 보면 자기 감정은 비행이 시작되는 순간부터 도착하는 때까지 접어 두고 일에 임하는 것이 스튜어디스의 직업적 특성이라고 봅니다. 특히 밀폐된 공간에서 사람의 심리가 보다 더 날카로울 수 있으므로 일을 하는 데 생각만큼 인텔리적인 일만 있으리라고는 생각지 않습니다. 저는 이러한 생각을 기저에 두고 일어날 수 있는 어떤 경우의 일에도 의연하게 대처하고자 합니다. 자기를 접어 두고 고객에게 응대하는 서비스 정신이 제가 추구하는 직업관입니다.

④ 학창시절

초·중학교 재학 중에는 활발하고 사교적인 성격으로 친구들과 무척 즐거운 시간을 보냈던 기억이 납니다. 또 일이 있으면 미루지 않는 성격과 친구들을 배려하는 마음이 커 중학교 1학년 때와 고등학교 때 봉사상을 수상하기도 했으며 ○○○봉사단체의 임원으로 활동한 바 있습니다. 친구들은 저에게 자기보다 남을 먼저 챙기는 것이 정말 재미있느냐고 의구심을 갖기도 했지만 저는 저의 작은 힘이 누군가에게 기쁨을 주는 것이 정말 좋았습니다.

19○○년 ○○대학교 패션섬유공학과에 입학하였으며 평소 관심이 많던 패션분야의 구체적인 정보를 직접 접하게 되니 학교생활은 재미있었습니다. 그러나 대학에서도 동아리활동만큼은 봉사동아리에서 활동하였으며 정기적으로 도움이 필요한 곳에 방문하여 제가 할 수 있는 일들을 한다는 것이 정말 뜻깊었습니다. 그밖에 20○○년 여름에는 저희 대학교와 자매결연을 맺은 ○○주립대학에 한 달 동안 연수를 받을 수 있는 기회를 가지기도 했습니다. 비록 한 달의 기간이었으나 다양한 나라의 친구들과 의미 있는 시간이었습니다.

⑤ 지원동기 및 입사 후 포부

제가 미국에서 친구들과 유명한 모 외식 전문업체에 외식을 하러 갔을 때 그곳에서 언뜻 보이는 주방내부에서 콜라에 빨대를 꽂고 있는 종업원의 모습을 우연히 보게 되었습니다. 종업원은 흰 장갑이 끼워진 손으로 집게를 이용해서 음료수 잔에 빨대를 꽂는 것을 볼 수 있었습니다. 굳이 그렇게까지 할 필요가 있을까 생각하겠지만 그 모습이 참신하게 다가왔습니다. 비록 그런 것들이 교육을 통해서 이루어진 결과라고 할지라도 보이지 않는 곳에서도 고객의 위생을 철저하게 생각하는 것이 저에게는 충격이나 다름없었습니다. 제가 귀사에 입사하게 된다면 고객이 보이지 않는 곳이라 할지라도 최대한 고객에게 배려하고 자신을 낮춘다는 생각으로 일에 임할 것을 약속드리는 바이며 항상 최선을 다하는 승무원이 되겠습니다.

귀사에 입사하여 승무원으로서 비행을 하는 동안 제가 서비스하게 될 비행기의 승객들이 여행 후에도 한 번쯤 스치는 생각으로 떠올릴 수 있는 승무원이 될 것입니다. 또 세련되고 절제 있는 서비스로 승무원의 품격을 지키는 일원이 될 것입니다.

제가 귀사에서 일하게 되는 것이 무척 소중한 기회인 만큼 귀사의 이미지에 일조할 수 있는 승무원으로 거듭날 것입니다.

### (4) 여행업종 관광가이드 신입직 자기소개서

① 저는 내년 2월에 ○○대학 관광과를 졸업하게 되는 ○○○입니다.

고향이 서울인 저는 한의원을 경영하시는 아버지와 온화하고 자상하신 어머니 슬하 2남 4녀 중 막내로 태어났습니다. 늘 가정에 충실하시고 자식들의 교육에 남다른 열정과 관심을 갖고 계신 부모님의 배려와 훈도로 인해 별다른 어려움 없이 성장기를 보낼 수 있었습니다. 요즘은 보기 힘든 대가족 속에서 저는 부모님들로부터 항상 예절을 중요하게 교육받았고, 늘 '성실하고 노력하는 사람'이 되라는 말씀을 듣고 자랐습니다.

② 수영과 볼링을 즐기고, 장미와 여름을 좋아하는 저는 적극적이고 활달한 성격이며, 주위 사람들로부터 부지런하다는 소리를 자주 듣습니다. 그리고 한번 시작한 일은 끝까지 책임지고 해낼 수 있도록 노력하는 형으로, 정직과 성실을 인간이 가진 것 중 가장 아름답고 가치 있는 것이라 생각합니다. 또한 '생각은 긍정적으로 행동은 적극적으로'를 생활신조로 삼고 있습니다.

초등학교를 거쳐 중 · 고등학교 과정을 지내면서는 줄곧 학생임원으로 활동했으며, 덕분에 인간관계의 소중함을 배울 수 있었고, 폭넓게 친구들을 사귈 수 있었습니다. 대학이라는 관문을 앞두고는 많은 생각 끝에 ○○대학 관광과에 차석으로 진학했습니다. 무엇보다 세계 여러 나라의 문화에 대한 관심이 관광과를 택하게 된 이유였습니다.

③ 대학 때는 여행을 워낙 좋아하기도 했었고, 전공에도 충실하자는 의미에서 여행동아리에 가입, 우리나라 명소들을 찾아다니며 지방마다의 특색이나 사람살이에 대한 생각을 넓혔을 뿐 아니라 관광산업에 대해서 나름대로의 인식을 키울 수 있었습니다. 또한 지난 여름방학에는 50일간의 유럽배낭여행을 다녀왔습니다. 국경을 넘나들며 각 나라의 문화와 관습, 전통과 함께 관광산업의 현장을 체험하면서 많은 느낌을 받았고, 더 넓은 세계에 도전하고 싶은 의욕을 가지게 되었습니다. 물론 세계 여러 나라의 친구들을 만나고 사귀게 된 것은 더할 나위 없이 큰 기쁨이었습니다. 한편 여행 이 외에도 틈틈이 영어와 컴퓨터 과정을 공부했으며, 학교 수업에도 충실해 성적우수장학금을 2회 수상하기도 했습니다.

관광은 무엇보다 마음의 풍요를 위해 있는 것이라고 생각합니다. 소득수준의 향상과 여가시간의 확대, 삶의 질을 중시하는 경향이 일반화되면서 여행객들이 폭발적으로 증가하고 있으며, 세계 각국의 오지로까지 진출을 하고 있습니다. 그러나 우리나라의 관광산업은 아름다운 금수강산과 반만년의 역사, 자랑스러운 문화유산을 가지고 있음에도 불구하고 답보상태를 면치 못하고 있습니다.

④ 저는 귀사가 타 여행사와 달리 우리나라의 관광산업을 위해 헌신하고 있는 모습에 신뢰를 보내며, 세심한 부분까지 여행객을 중심으로 하는 운영방침에 크게 공

감하고 있습니다.

유능하고 매력적인 관광가이드로서 한국을 다시 찾게 하는 데 힘을 보태고 싶은 것이 저의 간절한 소망이며, 밝고 활발한 성격, 긍정적인 사고방식과 사람을 좋아하고, 여행을 좋아하는 것 등이 보탬이 되리라 생각합니다. 저는 지금 자기소개서를 쓰면서 가슴 뿌듯함을 느껴 봅니다. 사회의 첫발을 내딛는 저에게 꿈과 희망을 실현할 수 있는 기회를 주십시오.

## 4. 지원서류 전체가 잘 짜여진 스토리텔링으로

### 1) 서류작성의 모범

#### (1) 모바일서류를 제출해야 할 경우

- 지원회사가 요구하는 대로 제목과 파일명으로 기재하는 데 유의한다.
- 입사지원서의 메일계정 아이디는 기존 아이디와 다른 새로운 아이디를 사용한다.
- 새로운 계정의 아이디에는 닉네임 사용에 유의하여 활용한다.
- 모바일의 한글작성에서 편한 부호의 사용에 주의하고 글자의 맞춤법과 띄어쓰기에 특히 유의하며 표현력에 중복되는 내용 없이 명료하게 표현한다.

#### (2) 자필 이력서와 자필 소개서 작성

- 형식에 있어서 창의적 서류를 요구하는 경우 자신만의 특별한 아이디어로 자기소개의 방법을 취한다. 예를 들면, 영상이나 사진 등의 비주얼 자료를 활용한다.
- 기업이 요구하는 내용의 서식에 유의하여 최대한 요구사항에 맞도록 작성한다.

- 내용상으로 간단명료하되 형식에서는 정자로 쓰고, 오탈자 및 띄어쓰기에 유의한다.
- 마지막으로 도장 찍기나 사인에도 유의하여 꼼꼼히 챙긴다.

## 2) 내용상의 읽을거리

(1) 이력서와 자기소개서에서 내용상의 필수사항은 자신의 과거와 현재 그리고 미래가 모두 표시되어야 한다.

(2) 항상 새롭게 자신의 얼굴과 자신의 생각을 처음 소개한다는 각오로 작성하고, 첫 소개의 중요성, 첫 만남의 설레임을 표현할 수 있어야 한다.

(3) 전체 내용의 전개에 픽션과 논픽션의 조화로움이 나 자신을 돋보이게 한다.

(4) 한자어나 수식어에서의 미사여구는 간단하면서 직설적으로 활용한다.

(5) 내용의 전개과정은 바른 자세와 마음에서 바른 내용이 전개된다는 사실에 주의한다.

(6) 지원서는 여러 차례 쓰고 또 쓰고, 고치고 또 고쳐서 최고의 작성이라는 자부심을 갖도록 준비한다.

(7) 자신의 특 · 장점을 최대한 살려 채용 인사담당자가 기억날 만한 내용상의 매력을 제시하여야 한다.

(8) 한자문화권에서의 자소서에서는 한자어를 활용할 줄 아는 것도 전략이다.

(9) 낱말 하나하나가 나의 신체의 일부라 생각하고, 나를 소개하는 육체와 정신이 모두 들어 있는, 자신의 과거 현재 미래가 나타날 수 있는 스토리텔링이 되도록 작성한다.

09
CHAPTER

# 취업 면접과 이미지메이킹

## 1. 면접시험의 이해와 중요성

취업성공의 핵심은 면접시험이다. 그래서 '시험은 없어도 면접은 있다.'라는 말이 통한다. 일련의 취업과 채용을 위한 과정에서 마지막으로 상호 결연관계를 결정짓는 순간인 만큼 취업의 당락을 좌우하는 면접시험에 대하여 한 번 더 근본적으로 새겨 볼 필요성이 있다.

지금까지 취업을 위한 준비를 해 오면서 결국 응시자가 해결해야 할 근본 문제는, 내가 직업을 얻기까지 나를 선발하는 사람(기업)에게 어떠한 이미지를 남기고 앞으로 직무수행을 위한 능력을 보여 줄 수 있느냐의 문제가 될 것이다. 우선 자신을 되돌아보고, 왜 이런 일(직업)을 가지려 하며 어떻게 이 기업(업체)를 선택하려고 하는가? 이러한 입장은 역으로 기업도 마찬가지로 어떤 사람을 선택해야 기업의 목표를 달성하고 발전에 합당한 인재를 선발할 수 있느냐에 회사의 장래를 걸기도 한다. 여기서 공통분모는 상호 간의 조건이 맞아야 하고 모든 측면에서 상대와의 교감이 생겨야 한다는 것이다. 면접의 필요성은 여기서 출발한다. 서로 얼굴을 마주 보고 상호 간의 필요충분조건을 확인할 수 있어야 한다는 것, 그래서 면접의 중요성이란 취업 도전자의 당락을 좌우하는 것으로 때로는 결론이 이미 도출되어 있을 수도 있기 때문에 더욱 강조되기도 한다.

### 1) 면접시험의 경향과 역할

기업들은 공개 채용 과정에서 면접을 통해 여러 단계의 평가를 하지만 궁극에는 최종 인사권자의 마음에 드는 사람을 선발할 것이다. 여기서 '마음에 드는 사람'이란 여러 가지 경우의 수가 있을 수 있지만 면접자가 향후 직장에서 어떤 역할이든 주어진 임무를 성실히 수행하며 직장의 목표수행에 충분히 기여할 수 있는 사람을 말하는 것이다. 그래서 취업을 위한 최종 단계로서 면접시험의 역할은 상당한 비중을 차지하고 있다. 1980년대 대기업의 공개채용 과정에서는 처음 서류전형을 거쳐서 일반 상식과 전공 관련 지필시험을 치르고 인물평가와 근무를 위한 적성 여부를 파악하기 위한 면접시험이 시행되었다. 그리고 코로나19 팬데믹 이전까지 공개채용시험 전형에서는 거의 전공지식시험은 상당한 기업에서 폐지하고, 각 기업들이 개발한 직무적성검사 등의 비중을 강화하면서 사회봉사와 기여도, 학창 시절의 단체활동 등을 통한 경험과 조직사회에서의 적응력을 파악하는 데 주력하고 있다. 그래서 시험은 없어도 면접은 있다는 것이다.

최근에는 대기업을 비롯한 일부 기업들이 비대면으로 새로운 사원을 채용하는 방법으로 SNS를 활용하거나 원거리 화상면접 등의 방식으로 인재 채용의 방법을 다양화하고 있다. 전염병의 유행으로 생겨난 소위 '언택트 면접', 'AI 면접'이라는 방식이 점차 확대되고 있는 것도 면접시험을 위한 준비의 과정에서 대비해 둘 필요가 있다.

그러나 면접시험에서 일반적으로, 신입사원 선발 기업과 개인들은 응시자의 ① 인물에 대한 종합적(인간미 · 도덕성) 평가, ② 성격과 성품의 파악을 위하여, ③ 공동체 구성원(협조성)으로서 자질을 평가하기 위하여, ④ 지원 동기와 직업의식의 파악, ⑤ 지식과 교양, 용모, 태도의 평가 방법으로써, ⑥ 표현력, 판단력, 추진력을 위한 평가와 판단, ⑦ 지도력과 사교성, 사회성의 판단, ⑧ 성적평가 이 외에 나타나는 객관성 있는 자료 등을 확보하고자 하며 이러한 것들이 면접시험 수행의 경향과 역할이라고 할 수 있다.

갈수록 면접시험은 그 중요성이 더욱 강조되고 있는 바 면접시험의 구체적 경향을 살펴보면 다음과 같다.

① 실무자의 면접에 비중을 두면서 임직원은 면접 현장을 주도면밀하게 관찰한다.
② 기업마다 고유한 면접의 방식을 계발하고 면접 횟수를 늘린다.
③ 학력도 중시하면서 다양한 직 · 간접 경험을 요구한다.
④ 창의적 사고, 혁신적 자세, 열정과 도전 의식을 가진 자를 찾고 있다.

## 2) 면접시험에서 요구되는 인재상

과거 대한상공회의소가 조사 보고한「100대 기업이 원하는 인재상 보고서」에 의하면 100대 기업 인재상 키워드를 S.U.P.E.R로 제시하고 있다. 대학생들이 입사를 희망하는 많은 수의 대기업들은 함께 일할 인재상으로 '전문성'(Specialty), '창의성'(Unconventionality), '도전정신'(Pioneer), '도덕성'(Ethicality), '주인의식'(Responsibility)을 갖춘 소위 슈퍼(S.U.P.E.R)맨을 원하고 있는 것으로 분석되고 있다. '도전정신'을 꼽은 기업이 88개사로 가장 많았고 이어 '주인의식' 78개사, '전문성' 77개사, '창의성' 73개사, '도덕성' 65개사 순으로 나타나고 있다.

중요한 점은 기업이 원하는 인재상이 시대의 변화와 더불어 가치관도 바뀌면서 점점 중요도가 바뀌거나 새로운 가치관 키워드가 나타나고 있다는 것에 유의하면서 면접에 임할 수 있어야 한다는 점이다. 예를 들면, ICT 시대의 도래와 함께 창의 융합적 인재상이 소통과 모바일의 시대를 빠르고 정확하게 대응하며 새로운 가치를 창조할 수 있다는 것이 강조되고 있다. 창조적이며 도전정신으로 충만한 사람 특히 주어진 업무를 과감히 수행할 수 있는 기술을 겸비하고 솔선수범하는 자세를 가진 사람을 모든 기업에서 선호하고 있다.

중요한 점은 기업들이 바라는 이러한 인재상을 갖고서 면접시험의 현장에서 어떤 방식과 형태로 자신이 가진 직무수행역량을 면접관들에게는 물론 기업의 인사권자에게 PR할 수 있느냐가 관건이라고 할 것이다. 면접에서의 역량 발휘는 최종적으로 입사 시험에서 당락을 좌우하는 결정판이라는 것을 인식하고 평소에 준비를 해 둬야 한다는 점을 강조하고자 한다. 졸업을 앞두고 많은 학생들이 필기시험과 인·적성검사에서 유리한 점수를 확보하고도 면접시험에서 탈락하는 경우를 너무나 많이 봐왔다. 특히 언론사와 금융기관에 취업을 준비하는 사람이라면 반드시 면접시험 전략을 입사 시험 전체에서 최고의 비중을 둬야 한다는 점을 한 번 더 강조한다. 그러면 지금부터 면접시험 전략을 분석해 보자.

## 2. 면접시험 대비전략

### 1) 면접시험의 유형과 준비

#### (1) 면접시험을 위한 준비

평소 취업 시험 준비의 과정에서 지원회사에 대해 사전지식을 충분히 갖도록 한다. 물론 지원회사에 대한 정보와 함께 일반적인 면접 준비사항들, 즉 용모와 태도 등을 입사 시험을 치르고자 하는 기업의 정신에 맞도록 자신의 가치관이나 평소의 신념으로 준비해야 할 필요성이 있다. 이러한 준비는 내가 희망하는 회사의 연혁에서부터 회장 또는 사장의 이름, 그의 출신학교, 그의 전공과목까지 요구하는 경우도 있으니 알아 두어야 한다. 나아가 회장 또는 사장이 요구하는 신입사원의 인재상, 회사의 사훈, 사시, 경영이념, 창업정신, 회사의 대표적 상품, 특색 그리고 업종별 계열회사의 수, 신개발품에 대한 기획 여부까지 스터디를 해 두면 좋다. 그리고 자기 나름대로 그 회사를 평가할 수 있는 장단점과 회사의 잠재적 능력개발에 대한 제언을 준비해 본다.

필기시험에서 합격, 또는 서류전형에서의 합격통지가 온 후 면접시험 날짜가 정해지는 것이 보통이다. 이때 수험자는 면접시험을 대비해 사전에 자기가 지원한 계열사 또는 부서에 대해 폭넓은 지식을 가질 필요가 있다.

그러면 일상적으로 면접시험 전날부터 면접시험을 치르고 건물을 나오기까지 일련의 과정을 알아보면 다음과 같다.

① 면접 하루 전 입사희망 기업에 대하여 앞에서 제시한 내용들 그리고 평소에 준비한 취업 준비내용들을 전체적으로 재음미하고 가벼운 마음으로 잠자리에 든다.

② 충분한 수면으로 안정감을 유지하고 첫 출발의 신선한 마음가짐을 갖는다.

③ 좋은 이미지의 얼굴을 기가 넘치도록 준비한다. 첫인상은 면접에 있어서 가장 결정적인 당락요인이다. 면접관에게 좋은 인상을 줄 수 있도록 최대한의 화장을 한다. 면접관들이 가장 좋아하는 인상은 얼굴에 생기가 넘치고 눈동자가 살아 있는 사람, 즉 기가 살아 있는 사람을 원한다.

④ 면접시험 아침에 인터넷에 의한 정보나 신문을 읽는다. 그 날의 주요뉴스가 질문내용으로 제시되는 경우가 허다하다. 특히 경제 면, 정치 면, 문화 면 등을 유의해서 보아 둘 필요가 있다. 접하게 된 내용들을 읽게 되면 내용을 확실히 알아 두어야 한다. 어정쩡하게 알고 질문을 받게 되면 오히려 역효과를 낳을 수도 있다.

⑤ 면접장소, 즉 면접건물에 도착하는 순간부터 면접이 시작되었다고 보고 행동에

조심을 기하고 건물의 엘리베이터에서부터 복도, 면접실에 도착할 때까지 긴장을 늦추지 않는다. 물론 면접시간 전에 도착하는 것은 기본 예의이다.

⑥ 미리 서둘러 시간 전에 나오는 것이 좋다. 어느 기업에서건 지각, 조퇴를 일삼는 사원은 필요없는 존재로 간주됨을 명심해야 한다. 면접자 자신이 면접관의 입장에서 본다면 너무나 당연한 일들을 그대로 수행하면 된다.

⑦ 대기실 착석에서의 자세도 면접관이 보고 있다고 생각하면 편하다. 담당 직원이 없다고 하더라도 경망스런 행동을 하면 곤란한 일이 생길 수 있다. 마음을 가다듬고 마지막 면접을 정리하는 자세를 가지면서, 면접시험의 주의나 순번을 잘 들어 둔다.

⑧ 순서가 되어 입실할 때에 자신의 차례가 와 호명하면 "예"하고 또렷이 대답하고 당당한 태도를 염두에 두고 입장한다. 문이 닫혀 있을 때에는 상대에게 소리가 들릴 수 있도록 노크를 두 번 한다. 대답을 듣고 나서 들어간다. 문은 조용히 열고 닫으며 공손한 자세로 인사를 한 후, 성명(수험번호)를 또렷이 말하고 면접관의 지시에 따라 의자에 앉는다.

⑨ 의자에 앉을 때는 끝에 걸터앉지 말고 엉덩이를 깊숙이 들여 앉는다. 남자는 무릎을 약간 벌리고, 여자는 붙인다. 양손은 양 무릎 위에 가지런히 얹는다.

⑩ 발걸음부터 얼굴에까지 발랄하고 자신감 있는 태도를 보인다. 처음부터 자신감을 갖고 침착하면서도 밝은 표정으로 예의를 지킨다. 때로는 부담스러운 질문을 받더라도 우물거리지 않고 패기만만한 자신을 보인다. 질문에 대해서는 우물쭈물하지 않고 논리적인 대답을 하려고 애쓰는 모습이 필요하다. 일단 질문에 대한 답이 다소 빈약하더라도 당당히 발표한다. 또한 자신의 "하고 싶은 일"을 분명하게 말하지 못하는 어리석음을 보여서는 곤란하다.

⑪ 질문사항에 대한 표현을 할 때 지나친 과장과 거짓은 조심해야 한다. 불필요한 사족을 달거나 수다를 떠는 것도 피해야 한다. 늘어지는 설명보다는 먼저 결론을 말하고 나중에 부수적 설명을 덧붙이는 형태로 대화를 끌고 나가야 한다. 모르는 것은 솔직히 모른다고 대답하는 자세가 중요하다.

⑫ 표현방식에 있어서 주어와 동사를 분명히 하고 암기식 답변을 피해야 한다. 단순하면서 알찬 내용의 두괄식 표현이 좀 더 자신이 주장을 표현하기에 유리하다. 매뉴얼에 있는 내용을 그대로 암기하여 답하는 것이나 독자적인 시점이 없이 '남의 것'을 빌리는 표현은 삼가는 것이 좋다.

⑬ 면접이 끝나고 일어설 때는 조용히 일어나, "고맙습니다", "감사합니다"라고 인사를 한다. 당당한 자세로 문 앞까지 가서 다시 인사를 하고, 조용히 문을 닫고 나간다. 면접관은 수험생이 일어서 나가기까지의 일거수일투족을 관찰하고 있음을 잊지 말아야 한다. 좀 더 보태면, 마치고 그 건물을 나설 때까지 계속되고 있음에 유의하여야 한다.

## (2) 면접시험의 유형과 준비

면접시험의 가장 기본이 개별 단독면접과 집단면접이다. 고용주와 고용인의 일대일 개인면접부터 집단토의식 면접 등이 있다. 우선 개별면접의 경우 한 명의 지원자를 한 명 또는 여러 명의 면접관이 면접하는 방식이다. 이 경우 다양한 질의를 통해 지원자의 여러 측면을 파악할 수 있으며 특정 사항을 깊이 질문할 수 있다. 개별면접의 핵심은 지원자의 입장에서 집중적으로 질문을 받기 때문에 심리적 압박감이 클 수도 있다는 것이다. 면접장에서 심사위원을 선배나 선생님 같은 친근한 사람이라고 생각하고 면접에 임하면 훨씬 부담이 적고 실력을 발휘할 수 있다.

다음 집단면접은 여러 명의 면접관이 지원자 여러 명을 한꺼번에 평가하는 방식이다. 이 면접은 지원자들을 서로 비교하며 관찰할 수 있으며, 면접시간을 단축할 수 있다는 점 때문에 대부분의 중견기업에서 채택하고 있는 면접방식으로, 특징은 제한된 시간 내에 면접을 마쳐야 하기 때문에 자신이 전달하고자 하는 내용을 간결하고 효과적으로 전달해야 한다는 것이다. 내용의 핵심이 없거나 질질 끄는 답변은 주어진 기회를 스스로 포기하는 것이다. 답변을 할 때 시선은 한 면접관만 보지 말고 면접관 전원에게 답변한다는 기분으로 돌려 보는 것이 좋다. 본인의 답변이 끝나고 다른 지원자가 답변할 때 경청하는 자세와 면접관에 대한 시선 처리가 중요하다. 답변이 끝났어도 면접관은 주시하고 있다는 것에 유의하자.

대기업의 면접에서 볼 수 있는 집단토론 면접은 특정 주제가 제시되고 면접자들의 찬반양론에 대한 토론과정과 내용에 대한 면접지원자들의 토론을 보고 평가하는 면접방식이다. 금융기관이나 유통업체를 중심으로 실시하고 있으며 기업 채용 면접의 일반적 추세에 있다. 이 면접방식은 지원자의 사고력, 발표력, 추진력, 대인관계 등을 종합적으로 평가할 수 있으며, 주어진 짧은 시간 동안 많은 요소들을 파악하는데 가장 효과적이며, 주 평가항목은 '자신의 의견을 얼마나 논리적으로 설득력 있게 제시할 수 있는가'와 '다른 사람에 대한 배려와 협의과정'을 보고자 하는 것이다. 이와 같은 집단토론방식의 면접은 각 멤버의 지식, 경험, 의견을 나누고 문제점에 대한 신중한 해결을 위해 모든 멤버가 협력해 생각하는 지적공동작업임을 명시하고 자기 혼자만 돋보이려는 행동은 금물이며, 자신의 의견만을 지나치게 주장할 필요는 없다. 상대의 의견을 철저히 존중하며 극단적인 표현은 아무리 정당하더라도 하지 않는 것이 좋다. 자신의 의견이나 정보와 상충되는 의견이 있을 시에도 사고의 차이를 단정하듯 반박하지 말고 반론도 존중하며 자신의 의견을 발표할 수 있어야 한다.

또, 프레젠테이션(PR)면접은 주어진 전문성 있는 여러 주제 중 하나를 선택하여 자신이 원하는 방식으로 의견을 발표함으로써 지원자 개인의 능력이 최대한 발휘될 수 있도록 하는 면접방식으로, 지원자의 문제해결능력, 전문성, 창의성, 기본실무 능력을 평가하고자 한다. 여기서는 면접지원자의 지식과 경험을 바탕으로 한 견해를 분석적이고 논리적으로 발표하는 것이 중요하다.

이 외에도 합숙 면접방법이 있다. 15명 내외로 조를 짠 뒤, 2명의 면접관이 담임제로 밀착 평가한다. 공식 면접뿐 아니라 식사 태도, 휴식 시간의 몸가짐 등 모든 생활을 살펴볼 수도 있으므로 시종일관 긴장해야 한다. 1박 2일 동안 이뤄지는 합숙 면접방식 등이 있다. 이 면접은 시간적으로나 내용적으로 면접의 압박감이 상당하다. 예를 들어, 학창시절 자원봉사 경험을 강조한 지원자에게는 "왜 지금은 봉사를 하고 있지 않느냐?"고 물어본다. 이에 대해 "취업 준비 때문에 바빠서 잠시 중단하고 있다"

고 답하면, "바쁘다고 안하는 게 진정한 봉사냐"고 물어보는 식이다. 또 자기소개서에 나온 과거 경험에 대해 구체적으로 어떤 역할을 담당했는지, 도움을 준 사람은 누구였는지 같은 질문을 통해 세세하게 검증하는 형태로 이루어진다.

한편 면접위원의 면접 형태로 인사담당자 면접, 실무부서장 면접, 기업의 이사 등 중역면접 등이 있다. 이러한 면접의 경우 한두 차례의 채용시험을 통과한 경우에 해당되므로 더욱 자신감을 보이며 적극적으로 면접에 응해야 할 필요가 있다. 좀 더 고급의 면접단계에 해당된다. 따라서 지원자의 직무 활용성 여부, 즉 전문지식을 보기 때문에 질의에 대한 답변내용은 근거와 분석을 바탕으로 답변하여야 한다. 특히 40~60대 연령층의 회사의 이사 혹은 사장 급에서 이루어지는 면접은 떨어뜨리려 하는 것이 아니라 뽑으려 하는 것이므로 결정적인 실수를 않도록 한다. 중요한 것은 지원자의 인성 파악 위주이므로 원만한 대인관계, 긍정적이고 적극적인 사고를 보여주며 교양인으로서의 면접자세에 유의하여야 한다.

## 2) 면접평가표에 대비한 면접전략

① 일반적 면접평가표 양식

# 신입사원 면접평가표

| 면접일자 | | 면 접 자 | ㊞ | 수험자 성명 | | |
|---|---|---|---|---|---|---|
| 수험번호 | | 최종학력 | | 남 · 여 | 출신학교 | |

| 외관인상(면접 도중에 인상을 적절히 체크한다.) | | | | |
|---|---|---|---|---|
| | A | B | C | 비 고 |
| 건 강 | 혈색양호 튼튼 | 보통건강체 | 약해 보임 | |
| 복 장 | 청결하며 단정 | 일단 단정 | 단정하지 못함 | |
| 태 도 | 침착하다 | 보통 | 침착하지 못함 | |
| 젊 음 | 청년답고 발랄 | 젊은 느낌 | 어른인 척함 | |
| 명랑성 | 밝고 외향적 | 보통 | 어둡고 내향적 | |
| 협조성 | 사교성 있을 듯 | 보통 | 고독한 느낌 | |
| 대 화 | 사려 있는 발언 | 경솔한 답변 있음 | 즉흥적 발언 모순 있음 | |
| 호 감 | 호감이 간다 | 보통 | 호감이 안 감 | |

| 구분 | 체크 | 질문 사항 | 회답 | 평가 및 척도 | | | | | |
|---|---|---|---|---|---|---|---|---|---|
| 동기와 지망 | | 지금 주소에서 당사까지 몇 분 걸렸습니까, 어느 노선으로 오셨습니까. | | 논리성 | A | B | C | D | E |
| | | 왜 당사를 선택하셨습니까. (그 밖에 어떤 곳에 응시했습니까.) | | 적극성 | | | | | |
| | | 당사에 대해 어떤 연구, 준비를 하셨습니까. | | 계획성 | | | | | |
| | | 당신의 장점(특기)을 객관적으로 판단하시고 설명하십시오. | | 관 찰 | | | | | |
| | | 당사에 오셔서 조사해 보고 느낀 바를 솔직하게 말씀하십시오.. | | 이해력 | | | | | |
| 직업에 대한 마음 가짐 | | 아르바이트 경험이 있습니까, 직업을 어떻게 생각하십니까. | | 견실성 | | | | | |
| | | 채용된 경우 어떤 직종을 희망하십니까. | | 성실성 | | | | | |
| | | 입사 후, 제1희망의 업무에 종사하지 못했을 때, 당신은 어떻게 하겠습니까. | | 협조성 | | | | | |
| | | 마음에 들지 않는 업무나, 상사 · 선배와는 어떻게 하면 잘해 나갈 수 있겠습니까. | | 사 상 | | | | | |
| | | 당사는 성질상 근무상황이 매우 엄격한 때도 있습니다. 받아들일 수 있겠습니까. | | 상식성 | | | | | |
| | | 만일 취직한 경우, 당신은 몇 년 정도 근무할 수 있습니까. (근무할 작정입니까.) | | 사회성 | | | | | |
| | | 당신은 평소에도 그런 복장으로 다닙니까. | | 주의력 | | | | | |
| 학교 · 가정 · 기타 | | 친구와 함께 있을 때면 어떻게 지내며 누가 리드합니까. | | 건강도 | | | | | |
| | | 존경하는 사람은 누구입니까. 어디에 매력을 느낍니까. | | 용모복장 | | | | | |
| | | 구독하고 있는 신문은, 전문서적은 몇 권 정도 가지고 있습니까. | | 태 도 | | | | | |
| | | 당신은 학교에서 어느 서클활동에 주력했습니까. 또한 무엇을 배웠습니까. | | 표 정 | | | | | |
| | | 가족들과 평소에 어떤 이야기를 합니까. 의견이 맞지 않는 것은? | | 동 작 | | | | | |
| | | 가족들은 모두 건강하십니까. 당신의 출석률(출근율)은? | | 독창성 | | | | | |
| | | 당신은 어떤 음식을 좋아하십니까, 싫어하는 것은 어떤 것입니까. | | 표현력 | | | | | |
| 총 평 | | | 부기사항 | | | | | | |

② 구체적(금융권) 면접평가표 양식

## 면 접 평 가 표

| 조 번 호 | | 대상자 | | 생년월일 | |
|---|---|---|---|---|---|
| 평 가 항 목 | 평 가 요 소 | | | 면 접 평 가 | 종합의견 |
| 목표달성의지<br>문제해결능력 | 업무에 대한 열정, 준비성, 프로의식,<br>창의력, 분석력, 종합적인 판단능력 | | | (S, A, B, C, D) | |
| 은행 적응력<br>성장 가능성 | 지원동기/사유, 대인관계, 은행 이해도 | | | (S, A, B, C, D) | |
| 표 현 력 | 말투, 자신감, 정확성, 논리력, 설득력 | | | (S, A, B, C, D) | |
| 기 본 소 양<br>윤 리 의 식 | 성격, 가치관, 품성, 예절, 인상, 태도,<br>일반상식, 윤리의식 등 | | | (S, A, B, C, D) | |
| 종 합 명 가 | 착안사항 | | | Check | 추천분야 |
| 반드시 채용(S) | 나의 부하직원으로 꼭 함께 일하고 싶다 | | | | ○영업점 (　　　)<br>– 개인금융<br>– 기업금융<br>– PB<br>○본　점<br>(직무 :　　　) |
| 채용 추천(A) | 함께 일한다면 성과창출과 부서발전에 기여할 것이다. | | | | |
| 채용가능(B) | 결점이 뚜렷하게 보이지 않으며 자기 역할을 무난히 수행할 것으로 기대된다. | | | | |
| 채용유보(C) | 결정적인 단점은 보이지 않으나 나의 부하직원으로 받아들이고 싶지 않다 | | | | |
| 채용불가(D) | 결격 사유가 보이며 반드시 불합격 시켜야 한다 | | | | |
| 면 접 위 원 | 직 | | 성 명 | | {{성명2}} (서명) |

앞의 면접평가표에 제시된 항목들을 참고로 분석해 보고 각자가 응시한 분야별 대책을 세워서 면접 현장에서 최대한 본인의 능력을 발휘할 수 있도록 한다. 이러한 면접 평가의 문항도 평소에 준비를 해 두는 것이 여러 가지 측면에서 유리하게 작용할 수 있다.

## 3. 면접시험 질문실전

### 1) 일반적인 질문에 대한 답변 준비

#### (1) 자기소개에 관한 질문과 그 답변

- 자기소개를 해 보시오.
- 최근에 자신에게 가장 의의 있었던 일은?
- 1분간 자기선전(PR)을 해 보시오.
- 대학에서 서클 활동은 어떤 것을 했습니까?
- 대학생활에서 가장 잊혀지지 않는 것은?
- 학생 때 가장 주력했던 일은 무엇인가요?
- 세미나에 참가하였다면 그 내용은?
- 그 학과를 선택한 이유를 말해 보실까요?
- 자신 있는 과목과 자신 없는 과목은 무엇인가요?
- 당신의 성격에서 어떤 점이 우리 회사의 업무에 적합하다고 생각합니까?
- 당신의 특기는 무엇입니까?
- 남들보다 월등하다고 자랑할 수 있는 점은?

#### (2) 지망 동기에 관한 질문과 그 답변

- 이 회사를 지망하게 된 동기를 말해 보시오.
- 이 회사를 택한 지망 동기를 말해 보시오.
- 어째서 ~ 이 회사를 지망했나요?
- 이 회사를 알게 된 계기를 말해 보시오.
- 이 회사에 대하여 아는 바를 말해 보시오.

- 우리 회사와 같은 중소기업을 택한 이유는?
- 대학생활에서 얻은 것을 직무에 어떻게 활용하겠습니까?
- 당신은 이 회사에 어떤 기여를 하려고 합니까?
- 지방에 있는 지사에서 근무할 수 있는지요?
- 어느 부서에서 근무하고 싶습니까?
- 만일 원하지 않는 부서에서 근무하게 되면~?
- 해외지사에 배속되면 어떻게 하겠습니까?
- 이 회사의 장점과 단점은 무엇이라 봅니까?
- 장래의 꿈은 무엇입니까?
- 10년 후의 당신에 대하여 말해 보시오.
- 우리 회사에 대해 특별히 알고 싶은 것은~?
- 마지막으로 더 말하고 싶은 것은 없습니까?

### (3) 직업관에 관한 질문과 그 답변

- 당신에게 직업이란 무엇을 의미합니까?
- 당신에게 있어서 삶의 보람은 무엇입니까?
- 취직에 대해서는 누구와 상의하였습니까?
- 정년까지 근무할 각오가 되어 있습니까?
- 어떤 사원이 되고 싶습니까?
- 어디까지 승진하고 싶습니까?
- 급료는 어느 정도를 바랍니까?
- 돈, 명예, 일 중에서 하나만 택한다면~?
- 학생과 사회인은 무엇이 가장 다르다고 생각합니까?
- 상사와 의견이 대립될 경우 어떻게 하겠습니까?
- 회사에 의견이 대립될 경우 어떻게 하겠습니까?

- 회사에 통근하는 방법과 소요 시간을 말하시오.

#### (4) 성격에 관한 질문과 그 답변

- 당신이 가장 존경하는 인물은 누구입니까?
- 당신의 부모님에 대해 들려주시오.
- 최근에 읽은 책 중 인상에 남는 것은~?
- 최근에 가장 관심을 갖고 보는 것은~?

### 2) 업계별 질문과 그 답변

#### (1) 언론계에서 묻는 질문과 그 답변

- 당신은 신문을 어느 면부터 읽습니까?
- 오늘 조간신문의 톱기사는 무엇입니까?
- 오늘 조간신문에서 가장 관심을 가진 기사는?
- 어째서 언론계를 지망하였는지요?
- 앞으로 신문업계는 어떻게 되리라 생각합니까?

#### (2) 제조업계에서 묻는 질문과 그 답변

- 어째서 제조업계를 지망하게 되었습니까?
- 이 회사의 제품을 어떻게 생각합니까?
- 무역마찰을 해소시키려면~?
- 현재 제조업계가 당면한 과제는~?
- 세계 경제 속에서 한국의 역할은~?

### (3) 금융업계에서 묻는 질문과 그 답변

- 어째서 은행계통을 지망하였습니까?
- 앞으로 은행업계는 어떻게 되리라 봅니까?
- 은행의 사회적 책임은 무엇이라 생각합니까?
- 어째서 증권회사를 지망하였습니까?
- 증권회사의 업무에 대하여 알고 있는 바는~?
- 금융업계에서 증권회사가 차지하는 위치는~?
- 앞으로의 증권업계는 어떻게 되리라 봅니까?
- 어째서 보험업계를 선택하였습니까?
- 생명보험과 손해보험의 차이점을 말해 보시오.

### (4) 기타 업계에서 묻는 질문과 그 답변

- 어째서 유통업계를 지망하였습니까?
- 어째서 상사회사를 지망하였습니까?
- 상사회사의 존립 기반은 무엇이라 봅니까?
- 상사회사는 앞으로 어떻게 살아나갈 것 같습니까?
- 어째서 이 건설회사에 지망하였습니까?
- 제일 가 보고 싶은 나라는 어디입니까?
- 처음으로 우리 나라에 온 외국인에게~?

## 3) 예상 외의 짓궂은 질문과 그 답변

- 학교 성적은 좋지 않군요?
- 어쩐지 이 회사에는 적합하지 않아 보이는데요.
- 안색이 좋지 않군요.

- 그런 것도 모릅니까?
- 다른 회사에 가 보는 것이 어떻습니까?
- 데이트 약속이 있을 때, 잔업을 시키면~?
- 휴일인데도 출근하라 하면~?
- 이 회사는 몇 번째의 지망입니까?
- 만일 채용되지 않으면 어떻게 하겠습니까?
- 복장이 개성이 없어 보이는군요?
- 자세가 좋지 않군요.
- 이력서를 보니 글씨가 형편 없군요.
- 대기실에 어떤 그림이 걸려있습니까?

## 4. 성공 취업 면접 알파에서 오메가까지

### 1) 성공하는 취업 면접

지금까지 입사 시험에서 면접이 강화되면서 면접 횟수와 시간이 늘고 있다. 또 면접방식도 집단 토론식 면접, 집단면접, 개별면접 등으로 다양해져 면접전략을 잘 세우는 것이 이제 취업성공의 관건이 되고 있다. 면접시험의 성공을 위해 입사지원서 작성에 최선을 다해야 한다. 면접관의 관심을 끌 만한 사항을 직무능력을 중심으로 기록, 면접관의 질문을 유도하는 것이 면접 성공의 첫 걸음이다. 그리고 첫인상이 좌우한다. 면접에서는 첫 만남의 인상이 매우 중요하다. 면접장에 들어서면 앉으라는 말이 있을 때까지 기다린다. 또 이리저리 두리번거리는 자세는 산만하고 불안한 인상을 주기 때문에 삼가해야 한다. 무의식적인 행동을 주의한다. 시선을 한곳에 고

정시키고 답변을 할 때는 면접관을 본다. 손가락을 움직이거나 다리를 떠는 행동은 삼간다. 또 머리카락을 계속 쓸어 올리거나 옷깃을 만지작거리는 것도 좋지 않다. 지원회사에 대한 집중탐구의 중요성은 수차례 강조했다. 지원회사의 조직문화, 주력 분야의 이슈, 최근 시사 이슈와 회사와의 관계, 경영철학 등 회사에 관한 정보를 면접 전에 파악하고 있어야 한다. 그래야 지원 동기나 비전 등에 관한 질문에 쉽게 답변할 수 있다. 지원회사의 홈페이지나 취업정보 사이트, 신문 스크랩 등을 통해 회사에 대한 정보를 얻을 수 있다. 또 이미 근무하고 있는 선배들에게 최근 회사의 동향이나 면접 때에 단골질문 등에 대해 조언을 들어 두는 것도 중요하다. 면접 예상질문을 뽑아 준비한다. 면접에 나올 만한 질문을 10개가량 뽑아 미리 답변을 준비해 두면 실전에서 보다 유연하게 대처할 수 있다. 단점에 대하여 질문을 받으면, 솔직하게 답변해서는 좋은 인상을 받기 힘들테고 그렇다고 "없습니다"라고 답변하는 것도 문제다. 이런 경우 상황에 따라서는 단점이 될 수도 있고 장점이 될 수도 있다는 느낌을 주는 답변을 하면 된다. 예를 들어, "저는 한 가지 일에 몰두하는 타입입니다. 무언가 하기 시작하면 먹고 자는 것도 잊고 거기에 빠져 버리는데 이것이 저의 단점이라고 생각합니다."라고 답하면 단점이기도 하지만 집중력이 있다는 장점도 보여 줄 수 있게 된다.

모르는 질문도 성실하게 답변하는 것이 중요하다. 면접 시 간혹 전혀 모르는 질문이 나와 당황할 때가 있다. 이런 때에는 솔직한 태도를 보이는 게 바람직하다. 하지만 단번에 모르겠다고 잘라 말하는 것보다 아는 한도 내에서 성실하게 대답하고 부족한 부분은 솔직히 인정하는 것이 좋다. 전혀 엉뚱한 대답을 길게 하면 전체적인 신뢰감을 떨어뜨리는 효과를 낳을 수 있다. 뒷모습도 중요하다. 면접관이 '나가도 좋다'는 사인을 보내면 대개 수험생들은 긴장을 풀고 머리를 긁적이는 등 평소의 습관적 행동을 하는 경우가 많다. 또 대답하지 못한 질문을 떠올리면서 침울한 표정을 짓기도 하는데 이런 행동은 금물이다.

TIP

**성공하는 면접 이미지메이킹**

1. 황당한 질문을 받을 경우 잠시 생각하고 솔직한 심정을 간단명료하게 답하면 된다.
2. 평소에 준비한 방법과 내용을 자신 있게 당당한 어투로 대답한다.
3. 신체의 모든 부위는 겸손하되, 눈빛은 호랑이 눈빛으로 불을 밝혀 답변한다.
4. 긴장을 이완시키기 위하여 양쪽 어금니에만 힘을 주고, 온몸을 느슨하게 한다.
5. 눈의 초점을 면접관의 눈과 눈 사이 이마 혹은 아미에 맞추어 보며 말한다.
6. 처음 의자에 앉으며 호흡을 가다듬고, 바르게 앉은 자세로 당당한 태도를 보인다.
7. 입꼬리를 올려 가벼운 미소를 머금고, 말할 때는 아래위 이빨이 보일 듯 말한다.
8. 이마가 보이는 머리 스타일로 단호하면서도 부드러운 첫인상을 보여 준다.
9. 청순하면서 단아한 복장으로 품위 있는 악세사리와 옷차림의 용모를 유지한다.
10. 인사는 정중하며 공손하되 불필요한 언행을 삼가며 과도한 제스처는 하지 않는다.

## 2) 성공하는 취업 면접을 위한 15가지 조언

다음은 보안, 리스크 관리, 규제 전문가들만을 대상으로 하는 임원 스카우트 기업인 시큐리티 리크루트(SecuriyRecruiter.com)의 사장인 제프리 스나이더(Jeff Snyder)가 제시하는 'CIO 면접' 성공을 위한 전략이다(원문 http://www.ciokorea.com/news/15673?page=0,1#csidx214eba20830ce4f845f83abf8616c89 참고).

집단면접에서 팀워크 강조하기, 자신의 약점에 대하여 이야기할 준비하기, 면접관에게 질문 던지기, 그리고 그 밖에 인사팀 임원이 들려주는 면접에 대한 조언 등이 있다.

(1) 훌륭한 이력서로 면접관 마음의 문을 열어라. 일단 이력서에서 그동안의 노력, 기여도, 그리고 가치관을 보여 줄 수 있어야 면접의 기회도 주어진다. 글쓰기 실력이 뛰어나지 못하고 자기 스스로를 홍보하는 데 서툰 사람이라면, 관련 업계에 종사하는 친구나 이력서 대필 전문가의 도움을 받을 것을 권한다.

(2) 전화 인터뷰는 간단히 한다. 회사 가까운 곳에 사는 사람이어도, 요즘 1차 면접은 대개 전화로 이뤄진다. 면접관이 묻는 질문에 귀를 기울이고 답변은 간결하

게 하라. 대개 전화 면접은 이력서의 내용이 진짜임을 확인하기 위한 과정이므로, 여기서 자신에 대해 길게 늘어놓는 것은 도움이 되지 않는다. 전화 인터뷰 전 미리미리 이력서에 쓴 내용을 뒷받침할 수 있는 예시나 근거를 준비해 두면 좋다.

(3) 외모에서부터 면접관을 감탄시켜라. 각 회사마다 자기들만의 드레스코드가 있으므로, 미래의 고용주가 어떤 면접 복장을 선호하는지 알아내는 것이 중요하다. 비즈니스 캐주얼을 드레스 코드로 삼는 회사의 경우 면접에 정장과 타이를 매고 가야 할 수도 있다. 혼자서 지레짐작하지 말고 물어보라.

(4) 귀 기울여 들어라. 입사 희망자가 면접관의 질문을 귀 기울여 듣고 답변하는가에 따라 면접의 승패는 수 분 내로 결정된다. 섣불리 다른 주제를 꺼내지 말고, 면접관의 질문에 먼저 집중해라.

(5) 정직한 태도를 보여라. 고용주 입장에서는 이력서에 기재된 내용이 실제 당신의 능력과 일치하는지 알고 싶어 한다. 자신의 경험이나 구체적 예시를 들어 설명할 수 없는 부분은 이력서에 기재하지 말아야 한다. 새로운 비디오 감시카메라 시스템에 대해 책에서 잠깐 읽어 보았을 뿐이라거나 새 방화벽 테크놀로지를 아주 잠깐 경험해 봤던 것뿐이라면 이력서에 이를 부풀려 쓰는 것은 지양해야 한다.

(6) 자기 자신에 대해 잘 알고 있어라. 면접 전에 그 회사에 대한 모든 것을 알 수는 없지만, 적어도 자기 자신의 강점에 대해서는 막힘 없이 설명할 수 있어야 한다. 준비되지 않은 모습을 들켜서는 안 된다. 누구나 다 약점을 가지고 있으며 자신이 못하는 분야가 있다. 면접에 임하기 전 자신의 약점을 파악하고 어떻게 하면 그 약점을 덮거나 강점으로 포장할 수 있을지 고민해 보라.

(7) 예상 질문을 선택해 연습해 보라. 이전 직장을 그만두었거나 해고된 상황이라면, 면접을 보기 전 미리 이전 직장과 새 직장 사이의 텀을 어떻게 설명할 것인지 생각해 두어라. 이런 류의 질문은 면접 전에 미리 생각해 두면 좋은 질문이다. 심리적인 압박이 심한 상황에서도 실수하지 않고 대답할 수 있을 것이다.

(8) 자신이 기업에 기여할 수 있는 바에 대해 막힘 없이 설명하라. 오늘날 대부분 기업들은 더 적은 인력으로 더 많은 일을 해내고 있다. 과거 자신이 속한 집단에 무엇인가를 기여했던 경험을 예로 들어 자신이 기업에 어떻게 기여할 수 있는지 설명하라. 경쟁자들과 차별된 모습을 보이려면 자기 자신의 개인적인 공헌만을 이야기하지 말고 집단에 기여하는 자신의 모습을 스스로 어떻게 생각하는지 이야기하는 것이 좋다. 즉, 어떻게 리스크를 분별해 냈고 어떻게 그 리스크를 줄였는지, 그리고 기업이나 집단을 위험 요소나 취약점들로부터 어떻게 지켜냈는지 등을 구체적인 예시를 들어 설명하라는 것이다. 기업이 한 발짝 앞으로 나아가는 데 어떤 기여를 했는지 설명할 수 있어야 한다.

(9) 기업 문화 및 리스크 문화에 대해 알아보고 나와 맞는 곳인지 판단하라. 면접 전 기업 문화를 자세히 알아 보고 마음에 들지 않는 기업의 면접은 피하라. 사전에 그 기업에 대해 조사를 함으로써 당신도, 그리고 회사 측에서도 서로 맞지 않는 짝을 찾기 위해 시간 낭비 하는 것을 피할 수 있다. 예를 들어, 당신이 피어싱이나 문신을 했는데 그런 직원을 꺼리는 회사에까지 굳이 지원할 필요는 없다.

또, 면접 전 그 회사의 리스크 문화에 대해서도 조사해 두라. 예를 들어, 매우 규제가 심한 은행에서 일하던 사람이라면 금융서비스 현대화법(Gramm-Leach-Bliley Act)에 의지하지 않고는 자기 주장을 펼치기 어려울 수도 있다. 그런 사람은 훨씬 규제가 덜한 회사, 비즈니스 가치로 자신의 주장을 뒷받침해야 하는 회사의 면접에 잘 적응하지 못할 수도 있다.

(10) SNS로 사전 조사를 하라. 링크드 인이나 페이스북은 분명 매우 유용한 검색 소스다. 이 사이트를 이용해 면접에 참가할 사람들에 관해 조사하거나, 면접을 보러 가는 기업에서 예전에 일했던 사람들을 찾아보는 것은 큰 도움이 될 수 있다. 그렇지만 그들이 요청하지도 않았는데 초대장을 보낸다거나 하는 실수는 저지르지 않길 바란다. 개중에는 당신이 소셜 미디어에서 자신을 검색했다는 걸 알고 소름 끼친다고 생각하는 사람도 있을 것이며 당연히 면접에도

부정적 영향을 줄 것이다.

(11) 면접관에게 질문을 던져라. 미래 고용주에 대한 조사를 끝냈다면, 이를 가장 잘 드러낼 수 있는 방법은 면접관에게 질문을 던지는 것이다. 미리 알아 간 사실을 바탕으로 고용주에게 던질 몇 가지 질문들을 준비해 보자. 많은 경우, 면접관보다 회사에 대해 더 많은 것을 알 수 있을 것이다. 전문적인 주제와 관련된 질문을 몇 개 던져라. 그리고 요즘 회사에서 집중하고 있는 비즈니스 이슈에 대한 질문도 하는 것이 좋다. 또 고용 매니저를 집중 겨냥한 질문을 한두 개쯤 던지는 것도 추천한다. 앞으로 하루 8시간, 혹은 그 이상을 함께 지내게 될 사람들에 대해 좀 더 알고 있는 것도 나쁘지 않을 것이다.

(12) 비즈니스 관련 및 전문적인 지식에 관련된 질문을 준비하라. 면접관이 당신에게 질문을 던지는 것만큼이나, 당신 역시 장래에 고용주가 될지도 모르는 이들을 꼼꼼히 살펴보아야 한다. 고용 매니저의 경영 스타일과 기대치 등에 대해 알아볼 수 있는 질문을 준비하라. 또 면접장에 들어올, 그러나 고용 매니저는 아닌 다른 이들에게 고용 매니저 밑에서 일하는 것이 어떤지 물어보라. 입사를 결정하기 전 이런 것들을 미리 알아보는 것이 좋다. 뒤늦게 사표를 쓰고 나서야 상사를 잘못 만났다고 후회해도 때는 이미 늦는다.

(13) 면접관을 곤란한 처지에 놓이게 하지 말아라. 적당한 수준의 관심을 보이는 것과, 면접관을 궁지로 모는 것 사이에는 분명한 경계가 있다. 회사에 대한 진심 어린 관심을 뚜렷하게 보여 줄 수 있는 방법을 생각하되, 자신의 면접이 어땠는지를 그 자리에서 면접관에게 물어보면서 압박해서는 안 된다. 질문을 하는 것의 목적은 면접관을 곤란하게 만드는 게 아니라 정보를 얻는 것이니까 말이다.

(14) 처음부터 끝까지 정신줄을 똑바로 잡고 있자. 면접에서는 무엇보다 자기 자신을 잃지 않아야 한다. 처음부터 끝까지 안정된 자세를 유지하되, 이미 합격은 보장된 것이라는 듯 너무 풀어져 경계를 늦춘 모습을 보여 주어서도 안 된다. 혹시나 해서 해 두는 말이지만, 면접 시간에 늦는 건 어떻게 변명할 수 있는

여지가 없다. 항상 면접장에는 미리 도착해 있어야 하고 필요하다면 미리 주차장에서 기다리며 주변 분위기에 적응을 하거나 심신을 안정시킨 후 면접시간 10분 전까지는 도착해야 한다. 혹시 관련 서류를 제출하라거나 온라인 지원 수속을 밟으라고 할 경우 성실한 자세로 이에 임하고 정해 준 날짜에 맞춰, 혹은 그보다 빨리 제출하는 것이 좋다.

(15) 면접이 끝난 후에도 좋은 인상을 남기자. 생각보다 면접 후 면접관들에게 시간을 내 주어 고맙다는 인사를 하는 이가 별로 없다. 따라서 면접에 들어가기 전 인사말을 미리 생각해 두는 것을 추천한다. 이메일로 인사를 할 생각이라면, 면접장에 들어온 이들의 명함을 꼭 받아 두길 바란다. 자필로 쓴 감사 쪽지를 전하려거든 면접관들의 이름, 직함 등을 틀리지 않게 적고 쪽지를 보낼 주소를 정확히 알아 두라.

또 인사말을 전할 때 혹시라도 빠진 사람은 없는지도 다시 한번 확인하라. 면접관 중 누가 감사 쪽지를 받고 당신의 센스에 감탄을 할지, 혹은 쪽지를 받지 못해 화를 낼지는 알 수 없는 일이다.

# 3
# PART

# 스타트업의 도전과 성공전략

10
CHAPTER

# 창업의 이해

## 1. 창업의 의의와 기업가정신

### 1) 창업의 개념

(Start-up Business, Entrepreneurship, Establishment, Foundation)

창업의 의미가 규모와 형태에 따라 달라질 수 있으나, 일상에서 개인이나 집단이 어떤 형태와 방법이든 간에 새로이 기업을 만드는 것이라 할 수 있다. 창업은 기업가로서 능력을 갖춘 개인이나 단체가 새로운 사업을 만들어 시작하는 것을 뜻하며 지금까지 존재하지 않았던 새로운 기업체를 설립하는 행위를 말한다. 창업이란 개인이나 법인이 일정한 재화의 생산을 목적으로 하는 기업을 새로 만드는 일 또는 창업자가 사업아이디어를 갖고 자원을 결합하여 시장에 판매하는 사업활동을 시작하는 일이라고 한다.[1] 이 외에도 창업은 "스타트업", 즉 '새로운 시작'이 중요한 내용이라면 '혁신' 혹은 '기업가정신'은 기업을 일으키고 유지, 발전시키는 핵심적 동인(motive)이라는 의미에서 창업의 대명사로 보통 "스타트업" 혹은 "기업가정신"이라는 용어를 혼용하여 사용한다.

그래서 흔히 창업의 이론적 측면을 강조할 때 그것은 이윤추구를 목적으로 지금까지와는 다른 방법이나 형태로 새롭게 상품 혹은 서비스를 만들어 생산, 판매하거나 이와 관련된 일련의 활동을 수행해 가는 과정을 말한다. 중요한 동인으로써 실무적 측면을 봤을 때는 개인이나 집단이 일정한 자본을 갖고 혁신적으로 물질적 가치의 기반을 조성하여 사업을 시작해 나가는 과정이다.

우리나라의 「중소기업 창업 지원법」에서는 창업에 대한 개념 정의를, 제1장 제2조(정의)에서 "창업"이란 중소기업을 새로 설립하는 것을 말하고, 이 경우 창업의 범위는 '대통령령으로 정한다'라고 규정하고 구체적으로 창업이란 제조업, 광업, 건축업, 건축 · 엔지니어링 기타 기술 서비스업, 정보처리 등 기타 컴퓨터 운용관련법, 기계 및 장비 임대업을 새로이 개시하는 것이라고 규정하고 있다. 창업에 대한 개념 정의를 보다 확실히 규정하기를 사업의 승계, 기업형태의 변경, 폐업 후 사업재개를 하는 경우에는 창업에 해당되지 않는 것으로 단정한다. 따라서 창업에 대한 개념은 획일적이지 않고 지원하는 법규에 따라서 다르게 규정되거나 국가에서 법적으로 지원하는 내용에 따라 다르다. 창업을 일반적인 의미로 인정하더라도 국가의 법률적으로는 창업에 해당되지 않는 경우가 있다.

디지털 기술의 발전과 기업경영의 방식이 획기적으로 변화함에 따라 창업의 형태가 과거 아날로그 시대의 창업과는 전혀 다른 방법으로 전개됨으로써 국가적 차원에서 최초로 기업을 창업하여 운영하고자 하는 사람들을 보호하는 차원에서 오히려, 다음과 같은 사업의 형태와 방법으로 사업을 시작하는 것 등은 창업의 범위에서 제외하고 있다.

---

1) 강기찬 저, 『창업학원론』, 도서출판 두남, 2016: 3.

### TIP 창업으로 보지 않는 창업의 범위

**(1) 사업의 승계**

타인으로부터 사업을 승계하여 승계 전의 사업과 동종의 사업을 계속하는 경우 중소기업을 신규로 창설하는 효과가 없으므로 창업으로 보지 않는다.

- 사업승계의 예
  ① 상속이나 증여에 의해 사업체를 취득하여 동종사업을 계속하는 경우
  ② 폐업한 타인의 공장을 인수하여 동일한 사업을 계속하는 경우
  ③ 사업의 일부 또는 전부의 양도 · 양수에 의해 사업을 개시하는 경우
  ④ 기존 공장을 임차하여 기존 법인의 사업과 동종의 사업을 영위하는 경우
  ⑤ 합병 분할 현물출자 등으로 사업을 승계하여 동종사업을 계속하는 경우
- 사업승계에 해당하지 않는 경우
  사업의 일부를 분리하여 당해 기업의 임원, 직원 또는 그 외의 자가 사업을 개시하는 경우로서 다음의 요건에 해당하는 경우도 창업으로 인정하지 않는다.
  ① 사업을 영위하던 자와 사업을 개시하는 자 간에 사업 분리에 관한 계약을 체결할 것
  ② 사업을 개시하는 자가 새로이 설립되는 기업의 대표자로서 당해 기업의 최대주주 또는 최대 출자자가 될 것
  ③ 경매 절차를 통하여 채권 · 채무를 인수하지 아니하고 경락을 받아 다시 동종의 사업을 영위하는 경우

**(2) 기업형태의 변경**

개인사업자인 중소기업자가 법인으로 전환하거나 법인의 조직변경 등 기업형태를 변경하여 변경 전의 사업과 동종의 사업을 계속하는 경우 형식상의 창업절차만 있고 실질적으로는 중소기업의 창설 효과가 없으므로 창업으로 보지 않는다.

- 개인사업자가 법인으로 전환하거나, 합명회사와 합자회사, 유한회사와 주식회사 상호 간에 법인 형태를 변경하여 동종의 사업을 계속하는 경우
- 기업을 합병하여 동종의 사업을 영위하는 경우
  (A기업과 B기업이 합병하여 C기업을 설립하는 경우)

**(3) 폐업 후 사업재개**

폐업 후 사업을 개시하여 폐업 전의 사업과 동종의 사업을 계속하는 경우
(다만, 폐업을 한 후에 사업을 재개하더라도 폐업 전의 사업과는 다른 업종의 사업을 새로이 개시하는 경우는 창업으로 인정한다.)

- 사업의 일시적인 휴업이나 정지 후에 다시 사업을 재개하는 경우
- 공장을 이전하기 위해 기존장소의 사업을 폐업하고, 새로운 장소에서 사업을 재개하는 경우

최근 일인 창업 시대가 확산이 되면서 창업의 의의와 개념이 다양화함에 따라 국가적 차원에서 정책적으로 창업 지원이 많으며 특히 청년들의 창업 지원정책은 정권이 바뀔 때마다 더욱 적극적으로 확대되고 있다. 이러한 시대적 요구와 국가적 정책에 편승하여 앞에서 살펴본 바와 같이 창업을 빌미로 편법적인 기업경영으로 원래의 창업정신을 훼손하는 경우가 많이 나타남으로써 창업아이디어에 의한 '중소기업 진흥'이라는 국가의 정책적 지원을 왜곡되게 하는 경우는 창업에서 제외하고 있다.

모두가 공감할 수 있는 창의적 방법으로 새로운 사업을 구상하고 획기적 아이템으로 스타트업을 성공으로 이끌 수 있는 기업가정신이 절대적으로 필요하다.

## 2) 창업의 의의로써 기업가정신

새로운 사업을 시작하는 데 가장 필요한 것은 여러 가지 여건을 감안하여 새로운 업을 시작하려는 태도와 자세에 관한 문제이다. 그래서 사업을 처음 시작하는 사람의 정신과 신념을 가리키는 창업가 정신 혹은 기업가정신에서 창업이나 기업개발의 의의를 찾는다. 이러한 관점에서 기업가정신(Entrepreneurship)은 외부 환경변화에 민감하게 대응하면서 항상 기회를 찾아서 혁신적 사고와 행동을 통해 시장에 새로운 가치를 창조하려는 일련의 역동적 활동과 관련이 있다.

기업을 운영하고자 하는 사람이 자신의 유 · 불리한 상황을 종합하여 새로운 기업의 창출을 위하여, 각종 리스크의 부담을 안고서 포착한 기회를 사업화하여 수익을 창출하려는 모험과 도전 정신으로 이해할 수 있다.

기업가정신을 말할 때, 행동으로 보여 주는 타고난 기업인의 자세라고도 하고 발명가 혹은 실패를 성공으로 이끄는 위대한 시대적 정신으로 표현할 수 있다. 또한 기업가정신의 중요성은 이런 정신을 가진 기업가는 국가 경제에 있어서 중요한 역할을 한다는 점이다. 또한 기업가정신의 개념을 정립한 경제학자 슘페터(J. Schumpeter)는 기업가를 '혁신자(Innovator)'라고 규정하고 창업의 과정을 통하여 자원의 새로운 결합과 새로운 사업 방법으로 현재 상황을 바꾸어 새로운 사업 환경으로 만드는 정신을 강조한다. 슘페터는 기업가정신에 관한 대표적 학자로 새로운 생산방법과 상품개발을 기술혁신으로 규정하고 기술혁신으로 새로운 창조사업을 일궈 내는 기업가를 혁신자로 설명한다.

현대의 기업가는 새로운 혁신에 대한 열정을 가지고 우수기업의 창조를 위하여 기업가로 변신을 꾀하며, 창의성과 혁신성을 자신의 업에 대한 비전과 수많은 노력이 필요한 개척자의 정신을 보여 주기도 한다. 때로는 뻔히 보이는 위험부담과 악조건에도 불구하고 성취동기의 달성을 위하여 모든 어려움을 기꺼이 감수하려는 자세를 나타낼 때도 있다.

스티븐슨(H. Stevenson)은 기업가정신이란 '기업을 설립하거나 혁신 또는 위험을 감수하는 정도'라고 정의하고 또 '기업창립의 기회를 어떻게 포착하고 추구'하느냐에 따라 그 특징을 제시한다. 중요한 것은 기회의 포착, 즉 요즈음에는 타이밍을 어떻게 잘 잡을 수 있느냐의 문제라고 할 수 있다. 다음은 우수기업의 유지발전과 인재 양성을 위한 혁신적 기업가의 리더십을 추구할 수 있느냐를 지적할 수 있다.

기업가정신의 구성요소를 지적하는 연구[2]에서는 혁신성과 진취성 그리고 위험감수성 등 3가지를 제시하고 있다. 새로운 기업의 창조는 과거와는 차별화된 기술혁신을 바탕으로 정립될 수 있다는 것이, 지금까지 경영학자들의 연구발표 등 이론적 관점에서 새삼 강조하지 않더라도 '일상의 모습을 벗어나 모든 인적 자원과 기술의 새로운 결합'이라는 것을 알 수 있다. 다음 두 가지 구성요소 진취적 자세는 새로운 것에 대한 도전 의식이라고 할 수 있지만, 새로운 것에 대한 호기심뿐만 아니라 두려움, 즉 위험성을 기꺼이 감수할 수 있는 역량을 가져야 한다는 것이다. 낯선 물질적 요소에 대한 리스크의 부담은 말할 것도 없으며 특히 새로운 업무의 결과에 대한 부담감은 엄청난 도전 의식과 진취성을 가져야 할 것이다. 의사결정의 과정, 재무구조의 탄력성 유지 그리고 사업의 흥망에 대한 자신감을 어떤 식으로 나타낼 수 있느

---

2) 이상석, 『창업론』, 도서출판 청람, 2015: 5-6.

냐가 기업가정신의 요체라고 지적할 수 있다.

결론적으로 새로운 업무를 준비하고 창업하는 과정은 철저한 개척자로서 자부심과 성공에 대한 자신감을 가진 기업가정신을 바탕으로 출발해야 한다는 것을 의미한다.

## 2. 창업의 중요성과 창업 전 준비자세

### 1) 현시대 창업의 중요성

세계는 지금 저성장 시대의 지속과 경제위기 현상의 반복으로 기업의 고용 창출이 더욱 어려워지는 현실이 지속되고 있다. 산업과 경제 부문에서의 고용인과 피고용인 사이의 미스매치가 심화되는 가운데 일인기업 혹은 '나홀로 장사'가 매우 확산되고 있다. 자영업의 형태로 개업하는 현재의 추세는 규모와 내용의 차이는 있을지언정 신규창업으로 고용과 경영의 방법이 빠르게 변화하고 있다.

디지털 시대의 대중화는 창업이 시대적 대세가 되는 데 크게 기여하고 있다. 특히 ICT 시대의 도래와 더불어 우리나라도 청년창업에서부터 국내외적으로 중소규모의 창업에 대한 관심과 참여는 점점 거세어지고 있다. 오히려 이미 살펴본 바와 같이 창업이 일상화되어 가고 있다고 봐야 할 추세이다. 특히 빌 게이츠와 스티브 잡스 그리고 중국에서의 ICT 관련 창업의 성공 신화와 글로벌 시대를 선도해 가는 ICT 분야에서는 세계의 젊은이와 사업가들에게 창업에 대한 꿈과 야망을 더욱 가속화시키고 있다. 마치 창업만 하면 성공으로 직결되고 인생 대전환이 보장되는 것처럼 환상을 부추키며 시대의 요청으로 일반화시키고 있다. 미국과 유럽에서는 20대는 물론 10대들까지 창업을 기웃거리고 있다. 지금 세계는 창업의 열풍에 휩싸여 있고 이로 인하여 E세대(Entrepreneurs Generation)라는 신조어가 생겼다. 졸업 후 안정된 직장에 취업하기보다는 창업에 우선순위를 두는 세대라는 뜻이다.[3)]

이제 창업의 중요성은 이러한 세계를 뒤덮는 창업 열기에서부터 창업에 대한 사회적 인식의 변화에서도 나타난다. 빌 게이츠 이후 창업 성공의 신화는 사람들로 하여금 직업의식에 대한 패러다임을 바꾸었음을 인정하고 있다. 또한 공장에서 기계의 부속품으로 일하는 시대가 아니라 고부가가치를 양산하는 지식사회의 도래에 의한 IT 기술을 기반으로 하는 지식산업이 가능하고 각광을 받기 시작하고 있기 때문이다. 그럼에도 불구하고 제4차 산업혁명의 시대적 요청은 생계를 위한 구직활동은 물론, 평생직업을 찾아야 하는 현장에서 창업을 일상화시키는 것도 사실이다. 그만큼 창업의 중요성을 역설적으로 강조하는 말일 것이다.

중요한 점은 창업은 개인이나 집단이 이윤 혹은 자기만족을 위한 목적을 달성하기에 가능한 적성과 특별한 능력 그리고 차별화된 소재를 가졌거나 전문적인 기술, 자본, 영업 혹은 경영능력 등을 동원하여 일정한 가치를 창출하는 기업을 새롭게 설립·운영하는 것이다. 현시대에 창업의 중요성이 강조되는 만큼 창업의 발상과 운영에서 강조되어야 할 점이 있으며 개인은 물론 사회와 국가적으로 다음과 같은 중요한 의의와 특성이 고려되어졌을 때 창업의 본질적 역할을 다할 수 있다는 것을 알아야 한다.

① **사회적 역할분담**: 일자리 창출과 국제수지에 영향, 과학기술 발달의 촉진

② **경제적 이윤추구**: 재화와 부의 창출, 자원발굴과 활용, 경제환경의 재편

③ **개인의 가치창조**: 사회와 국가발전에 기여, 인간 생활의 편의성 증대

새로운 일을 시작한다는 것 자체가 결코 쉽지 않다. 그렇지만 이러한 본질적 요소는 망각하고 막연히 금전적 욕구를 충족시키려 하거나 물질적 보상만을 위한 창업의 의미는 로또를 바라는 막연한 환상에 지나지 않는다는 것을 명심하여야 한다. 창업

---

3) 김형철 지음, 『청년창업과 성공전략』, 남서울대학교 출판국, 2015: 80.

의 본질적 특성과 함께 기업가정신을 발휘할 수 있을 때 성공적인 기업운영과 함께 궁극의 목표를 달성하게 된다.

창업을 하려는 개인이나 단체는 여러 가지 이유가 있겠으나 특히 새로운 업을 염두에 두고 그 중요성을 논하기에는 그러한 이유만큼이나 많은 요인이 있으며 또 창업의 과정과 그 결과를 생각할 때 더욱 그 중요성을 되새겨야 할 것이다. 이것은 개인과 사회에 미치는 파급효과를 생각해 볼 때 또한 더욱 강조되어야 할 문제이다.

그러나 창업을 위한 시대적 · 경제적 상황이 매우 어렵고 힘든 것이 현실이다. 코로나19 팬데믹의 암울한 자영업의 실상은 더할 나위가 없으며, 그 이전에 2007년 이후 자영업자의 폐업이 거의 10% 이상에 이르는 현실에서 섣불리 창업의 현장에 나서는 것은 한번 더 심사숙고하고 나서 행동화해야 할 문제이다. 통계청에서 제공한 2007년부터 2017까지 경제활동인구 조사에 의하면 2007년 610만여 명(경제활동인구의 25.7%)에 이르는 자영업자의 수가 2011년까지 계속 줄어들다가 2012년 잠시 상승한 이후 2017년에는 570만 명(전체 경제활동인구의 21.3%)의 수준으로 줄어들었다 ([그림 10-1] 참고).

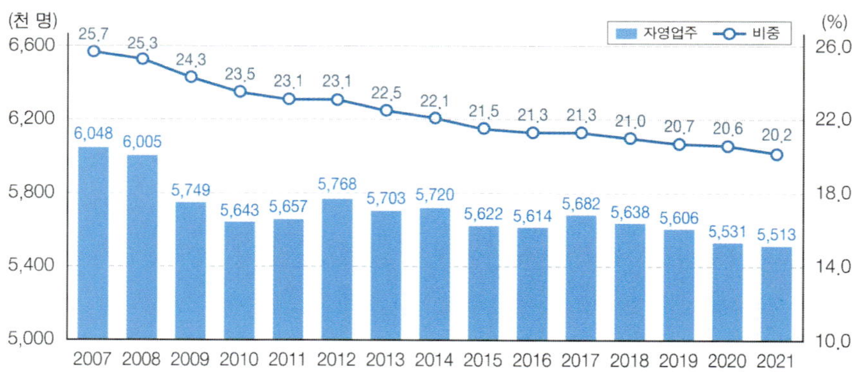


▲ 통계청의 경제활동인구조사에 따르면 2007년 이후 자영업을 하는 인구는 계속해서 감소하고 있다.

출처: 통계청 경제활동인구조사.

[그림 10-1] **자영업자 현황**

## 2) 창업자의 창업 준비의 기본

ICT 시대의 대중화와 더불어 우리나라는 25년 전 IMF 체제로 경제 부도의 위기에 내몰리면서 많은 실업자가 생겨나고 고용인력의 수급이 한계상황에 이르렀다. 이때 1998년도 중순쯤에 대구 지방대학의 김영문 교수는 일찍 경제 · 사회적으로 창업 분야에서 많은 기여를 하면서 특히 지방 대학생들의 사회진출을 위해 청년창업의 길로 이끄는 선도 역할을 하였다. 이때를 전후하여 우리나라 대학생들의 청년창업에 관하여 많은 연구와 창업 교육을 진행하기에 이른다. 이러한 과정에서 김영문 교수는 '창업이야기'를 시리즈로 여러 공교육기관이나 사회단체를 통하여 안내하고 창업자가 초기에 생각해야 할 육하원칙을 다음과 같이 제시하고 있다.[4] 즉, 창업을 준비하면서 반드시 점검해야 할 사항들이 있는데, 육하원칙(六何原則, five W's and one H)이 바로 그것이다. 이것은 창업의 계획단계에서 생각해야 하는 핵심적인 성공요인(CSF: critical success factor)이라고 할 수 있다. 창업에 대해 관심이 있고 창업을 하고자하는 예비창업자는 이를 기본으로 반드시 꼼꼼하게 준비해 보아야 한다.

① 누가(who): 누가 창업을 하는가 하는 것인데, 쉽게 말하면 창업자가 누구냐는 것이다. 즉, 창업자가 어떤 자질과 능력을 갖추고 있는가 하는 것이 매우 중요하다.

② 언제(when): 언제는 바로 창업의 시기 혹은 타이밍이라고 할 수 있다. 창업 아이템에도 창업의 시기가 있으며, 시장진입이 너무 빨라도, 너무 늦어도 낭패를 볼 수 있다. 사실 수많은 벤처기업이 너무 앞선 생각으로 제품을 만들어 시장에 진입을 한 탓으로 제대로 판매가 되지 않아 사라진 경우가 많다는 것을 알아야 한다.

③ 어디서(where): 어디서라는 것은 창업의 장소(입지)라고 할 수 있는데, 온라인과 오프라인으로 나눠 생각할 수 있을 것이다. 예를 들어, 점포 창업의 경우에

4) 김영문의 창업이야기, "창업자가 생각해야 할 육하원칙"
(http://bizk.co.kr/board_new/new_read.php?sno=2128)

는 어느 장소에서 창업을 하는가 하는 것이 매우 중요하다.

④ 무엇을(what): 무엇을 만들고 판매할 것인가 하는 문제를 말한다. 이것은 창업 아이템과 직결된 것으로, 관련 분야에서 경험을 쌓은 후 창업을 하는 것이 필요하다. 외식업을 하겠다는 사람이 조리사 자격증이 하나도 없거나 음식에 전문적인 지식이 없다면 곤란할 것이다. 이러한 경우에 식당 주방에서 몇 개월간 근무를 해 보는 것도 많은 도움이 된다.

⑤ 어떻게(how): 어떻게는 창업의 여러 요소를 어떻게 결합시켜서 경영하는가 하는 문제를 말한다. 기술개발, 자금조달, 홍보 및 마케팅, 시장개척, 인사관리 등의 여러 문제를 어떻게 관리하고 운영할 것인가 하는 것을 말하는데, 창업자는 자기 나름대로 경영철학과 경영전략을 갖고 있어야 한다. 흔히 마케팅전략으로 4P가 중요하듯이, 프랜차이즈 시스템에서는 4S(speed, spread, strength, satisfaction) 전략도 매우 중요하다. 즉, 시장진입 속도, 가맹점 확산전략, 브랜드의 강점 및 차별화, 고객 만족을 프랜차이즈 창업에 중요하게 고려해야 할 것이다.

⑥ 왜(why): 왜는 무엇 때문에 창업하는가와 같이 창업 목표를 분명하게 해야 한다는 것이다. 또한 창업 과정에서 일어나는 수많은 문제와 의사결정에 대해서 "왜?"라는 질문을 스스로 하고 또한 자신감 있게 대답할 수 있어야 한다.

이상과 같이 창업 준비의 과정에서 제시한 6가지를 생각하면서 이미 준비되어 있는 것과 아직 준비되지 않은 것의 목록을 만들어 가면서, 경쟁업체와 비교해서 무엇을 어떻게 차별화시킬 것인가를 계획해야 한다. 그것이 바로 차별화 및 경쟁력이며, 실패하지 않는 창업을 가능하게 하는 핵심적인 성공 요인이라고 할 수 있다.

많은 예비창업자는 아직도 '무엇을'에 해당하는 창업 아이템에만 신경을 쓰고 다른 것들은 천천히 준비하면 되겠지 하는 생각을 하기 쉽다. 즉, 몇 가지만 준비가 되면 나머지는 시간 여유를 갖고 해도 된다는 것인데, 오히려 대부분 준비가 됐다고 하더라도 한두 가지가 미흡해 창업하기 전에 포기하거나 창업을 하였더라도 몇 개월만에 파산하는 경우가 많다. 우수한 기술력으로 품질 좋은 제품을 생산해도 판매전략이 제대로 수립되지 않으면, 판매 부진으로 결국 도산할 수밖에 없다. 이것은 국내의 대다수 창업자들이 가지는 심각한 문제이기도 하다. 준비의 과정과 출발선에서 완벽할 수 없으나 자신의 확고부동한 기업가정신의 자세로 무장하고 과감한 도전 의식이라는 자신감을 내세워 나름대로 주어진 타이밍을 잘 포착할 수 있어야 한다.

TIP

**스타트업을 시작하기 전, 체크포인트**

- 나의 젊음을 일과 맞바꾸는 데 불만이 없다.
- 비록 실패하더라도 다시 일어날 자신이 있고 절망하지 않는다.
- 나의 사업 아이템에 대해 얘기하면 종자돈을 투자할 만한 사람이 적어도 3명 이상 있다.
- 스타트업과 관련된 책을 10권 이상 읽었다.
- 10개 이상의 성공한 스타트업에 대해 자세히 얘기할 수 있고, 실패한 스타트업 사례를 10개 이상 잘 알고 있다.
- 내가 스타트업을 시작하면 목숨을 걸고 같이 참여할 멤버가 두 명 이상 있다.
- 정부자금을 받을 경우 실패해도 몇 년간 일해서 다 갚으면서 불평하지 않을 수 있다.
- 내가 시작하려는 분야에서 적어도 1년 이상 일하였거나 전문지식을 갖췄다.
- 현재 빚이 없으며 신용에 문제가 없다.
- 이미 스타트업을 하고 있는 사람과 친분이 있고 그들이 겪고 있는 과정과 상황을 사전에 접했다.

출처: Uzzaman & 유석호(2014: 18).

## 3. 창업의 기본요소

일반적으로 새로운 사업을 시작할 때는 기대에 부푼 성공 창업을 확신하며 새로운 아이템을 비롯하여 물적 · 인적 자원을 동원한다. 창업의 기본적 요소는 맨 먼저 창업 동기에 따라 필요한 자원이나 요소가 달라질 수 있을 것이다. 무엇보다도 자신의 사업에 대한 신념에서부터 수행가능한 인적 자원과 재화 그리고 자본이 필수적 요소라 할 수 있다. 우선 창업의 인적 자원은 적성과 자질을 겸비한 창업하는 개인 혹은 집단을 뜻한다. 창업자와 종업원 그리고 동업자들로 사업경영에 대한 최소한의 정신(기업가)과 의욕을 가지고 있는 사람들로 구성을 이루게 된다. 그중에는 핵심기술을 갖고 창업정신을 구현할 수 있으면 최고의 인적 구성은 담보하게 된다. 다음은 창업을 성공으로 이끄는 최고의 동인이라 할 수 있는 미래지향적인 신념하에 세워진 창업 아이템의 선정이다.

창업 아이템은 기업이 생산하려는 상품이나 서비스의 형태로 나타난다. 곧 이익을 창출하는 아이디어의 발굴은 창업의 성공과 실패로 연결되므로 성장 가능성, 자본의 규모와 적정성 여부, 경쟁력은 있는가, 실패의 부담, 다른 기업과의 차별화 등을 고려하여 아이템 창출의 노하우를 가지고 있어야 한다.

일정한 물적 자원으로 자본은, 사업 아이템을 제품이나 서비스 형태로 전환하고 기업을 운영해 나가는 금전적 자원이다. 기술과 토지는 당연히 건물과 기계설비, 원자재 등으로 이루어진다. 창업의 요소 중에서 가장 큰 비중을 차지하는 자본은 사업 아이템을 구체화하는 데, 즉 상품과 서비스를 생산하고 조달하는 데 드는 비용이다. 무엇보다 자본의 양과 질에 따라 인적 구성의 자질이 달라질 수 있으며 그것은 곧 생산물의 품질과 연계되어진다. 이 외에 창업에 필요한 적절한 자본은 제품은 물론 서비스의 창출과 생산 및 판매에서 매우 중요하다. 자본은 시설자금, 운전자금으로 사용이 된다. 창업을 시작할 때는 자본조달의 한계가 있으므로 흔히 창업자의 자기자본에만 의존하는 경우가 많다.

마지막으로 점포 혹은 상권이라는 사업을 펼칠 수 있는 장소, 즉 시장의 형태 등을 말하는 사업장이 업종의 유형별로 적정 장소와 환경 여건에 따라 다르게 있어야 한다. 창업의 외견상 요소로 가장 큰 비중을 차지하는 사업장소나 환경은 창업의 규모와 함께 속칭 목 좋은 곳으로 미래 지향성이 있는 장소가 포함되어야 할 것이다.

이상과 같이, 창업의 주체로서 창업자와 창업의 아이디어(아이템)로서 생겨난 제품을 포함해 서비스 사업장이라 할 수 있는 점포와 상권을 의미하는 시장 그리고 자기자본이나 국내외적 정책의 지원을 받는 자금 등은 일반적으로 창업을 할 때 가장 기본적인 구성요소이다.

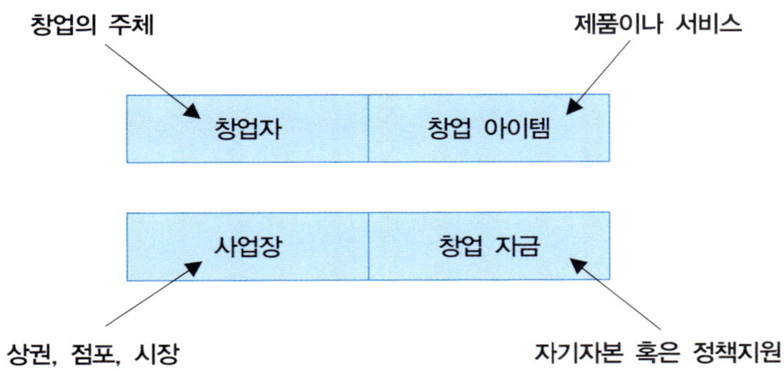


[그림 10-2] 창업의 기본요소

이 외에 창업의 목적을 창업의 중요한 준비 요소로 강조하는 경우가 있다.[5] 그 이유는 제대로 된 기업설립의 목적은 창업자에게 관리 활동의 의미 있는 표적이 되며, 그러한 관리 활동의 성과를 측정하는 수단이 되기도 하며 또한 조직 구성원들의 개입 수준을 높이며 아울러 목표 달성에 대한 동기부여의 수단이 되기 때문이다. 즉, 기업의 목적은 기업의 활동과 방향을 설정해 주며 다른 기업창업 요소를 통합하는 역할을 한다. 다른 요소들은 기업 목적의 하부 시스템으로 서로 유기적인 상호작용을 하되 궁극적으로는 기업 목적 달성을 지향한다.

이러한 창업의 여러 가지 요소 중에서 우리나라 대학생들이 생각하는 창업에 관한 생각들에 대한 중요논점에 대하여 발표된 것을 제시해 보면 [그림 10-3]과 같다.

5) 이신모 저, 『두드림 DO Dream 창업학』, 두양사, 2016: 61.

"대학생들이 생각하는 창업 성공의 핵심은 획기적인 아이디어"

• 대학생들이 생각할 때, 창업에 성공하기 위한 가장 중요한 요소는 획기적인 사업 아이디어(40%)라는 의견이 가장 많았고 다음은 풍부한 창업 자본(19%), 인맥 네트워크(1%) 순으로 나타남
• 좋은 아이템이 있을 때, 과반수에 가까운 응답자의 43%가 창업 의사가 있다고 응답하여, 창업 아이디어가 중요한 요소임을 다시 한번 알 수 있었음
• 하지만 대학생들이 실제로 창업을 고려한 이유는 대학생들이 가장 중요하다고 생각한 획기적인 아이템(17%)의 비율이 상대적으로 낮아 대학생들이 창업에 대해 가지고 있는 인식과 실제 경험에는 차이가 있는 것으로 생각됨

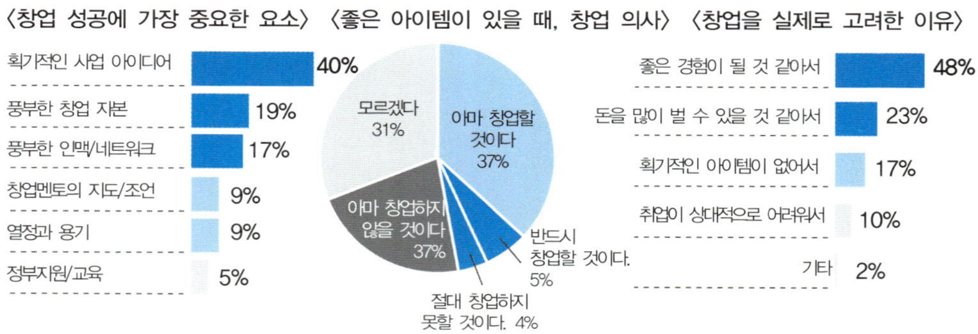


출처: [대학내일20대연구소]창업을 대하는 대학생들의 생각을 엿보다.(2012)
http://www.slideshare.net/jjhyla/202012-15-20121127-2

[그림 10-3] **대학생들이 생각하는 창업의 성공요소**

TIP

**창업의 결정요인**

• **시장성:** 시장 성장성, 예상시장 점유율, 유통경로, 가격경쟁력
• **기술성:** 국산화정도, 기술인력 확보, 기술집약도, 생산기술 능력
• **경제성:** 공장(건물)부지, 기계(장치)설비, 운전자금, 수익성
• **정부정책(제도):** 정부지원품목, 정책자금지원, 환경규제문제, 세제지원
• **경영능력:** 자금조달능력, 판매 · 서비스 능력, 조직 · 인력관리 능력, 동종 및 관련 산업관리능력

출처: 이상석(2015).

## 4. 스타트업의 형태와 종류

창업의 환경과 방법에 따라 그 형태와 종류(유형)를 다양하게 나눌 수 있다.

### (1) 방법에 따른 창업의 형태

① 신규창업

② 기존 기업의 인수와 합병 창업

③ 가맹점 가입방법(프랜차이즈 창업)

④ 혁신적 창업과 모방적 창업

⑤ 개인창업과 팀창업

⑥ 무점포창업과 점포중심창업

⑦ 청년창업

⑧ 글로벌 창업(ex. 글로벌 k-스타트업)

https://k-startup.kr/

http://blog.naver.com/withcktown/220255391364

### (2) 창업종에 따른 종류

① 제조업 창업

② 도·소매업 창업

③ 서비스업 창업

④ 소호(SOHO)형 창업

⑤ 벤처기업(Venture Business) 창업

⑥ E-비즈니스 창업: 전자상점, 전자구매, 전자경매, 전자쇼핑몰, 신용서비스

⑦ 스마트 앱 창업

11
CHAPTER

# 창업의 과정과 절차

## 1. 일반적 창업의 과정

### 1) 창업의 목표설정과 과정

현재의 대학 교양인들은 이미 언급한 바와 같이 디지털 네이티브로서 태어나면서부터 4차 산업혁명의 시대를 경험하며 디지털 문화와 더불어 성장한 세대들이다. 대학인은 사회진출과 더불어 디지털 산업환경에서 직업을 구하거나 창의적인 일인 사업을 개척할 수 있도록 매우 적합한 환경에 놓여 있다. 그래서 구직보다는 창직(創職)이 미래지향적인 직업관이라고 할 수 있다. 과거 어느 때보다 기술집약적이며 자본집약적인 창업이 가능하다는 의미이다. 단 여기에는 무한한 창의적인 직업을 가질 수 있으며 이를 바탕으로 세상의 변화에 엄청난 기여를 할 수 있는 기회가 주어지는 한편, 새로운 도전에 따르는 위험부담 역시 스스로가 감당해 내어야 할 몫이다. 창업을 하기 위한 목표설정에 제일 먼저 주의하여야 할 점이 바로 무궁한 잠재력을 창의적으로 발휘하면서 주도면밀한 계획을 세워야 한다는 것이다.

창업을 하려는 사람은 창업의 기회를 맨 먼저 어디에서 찾고 처음으로 시작하려고 하는가에 따라 창업과정은 시작된다. 학창 시절이나 현장실습의 경험을 취득하는 과정에서 독특한 발상이 떠올라 기업을 해 보려는 마인드를 가지는 창업의 순간 포착이 중요하다. 예컨대, 발상의 전환에서 시작된 사업경영을 하려는 마음은 장차 사업성 판단의 근거가 되기도 하고 성공 여부를 결정하기도 한다. 그래서 흔히 창업은 타이밍이 중요하다고 하는 사람들이 다수 있다.

상식적으로 창업을 준비하는 사람이라면 보통 창업 후의 자신을 미리 내다보며 성공을 목표로 추진계획을 세우게 된다. 그래서 성공 창업을 염두에 두고 창업 전후의 과정을 준비단계와 본 단계로 구분해 볼 수 있다. 준비단계에서는 창업의 기회를 탐색하며 아이디어를 찾아내고 그 해결방안에 대하여 여러 가지 난상토론을 거치며, 브레인스토밍의 방법 등으로 제품개발의 과정까지 포함해서 고육지책까지 생각하고 심사숙고의 과정을 거치게 된다. 구체적인 아이디어에 의한 제품의 생산계획과 함께 테스트 마케팅을 해 가며 사업성이 있다고 판단되면 개업을 위한 절차에 돌입한다. 여기서 시의성, 즉 타이밍이 철저히 고려되어야 시행착오를 줄일 수 있다는 것도 염두에 두어야 한다.

중요한 점은 아주 특출한 창업아이디어를 갖고 창업 준비를 하는 사람이나 막연히 자신의 창업에 대한 성취 의욕으로 새로운 사업을 모색하려는 사람 모두가 창업에 대한 리스크의 부담을 갖고 시작한다는 것이다. 이를 두고 때로는 '치명적 2% 증후군' 혹은 '창업 과대망상증' 등의 표현으로 준비 부족을 지적하거나 불확실한 추측에 의한 사업계획 등을 지적하며 창업의 구상과 함께 보다 철저한 계획과 준비를 강조하고 있다. 기존의 창업경험자는 혁신적 마인드와 기술혁신으로 새로운 수익 창출에 대한 기대와 부담을 동시에 가질 수 있다는 의미로 창업의 첫 단계를 경험하게 된다. 그래서 창업에서의 첫 번째 절차는 기대를 극대화하고 위험부담을 최소화할 수 있는 창업과 사업에 대한 구체적이고도 철저한 사업의 타당성에 대한 기획과 분석이 따라야 한다. 초기 단계의 구체적인 사업 아이템의 선정과 사업의 핵심 요소 및 타당성에 대한 분석이 사업계획서의 작성과 함께 있어야 한다. 창업의 아이디어와 타당성 조사에서 시작된 창업 초기의 과정이 진행되어 원만히 진행될 수 있도록 다음과 같은 절차를 거쳐야 한다.

① 창업의 아이디어를 토대로 창업 목표 설정

- 창업업종의 타이밍 체크와 성장 기반의 동력 점검
- 창업자의 자질과 적성검사, 전문적 지식과 기술의 소유를 점검
- 창업자금을 비롯한 사전 준비 부문에 대한 점검
- 기업가정신을 바탕으로 창업 후의 목표 재정립

② 사업타당성에 근거한 분석과 사업계획서 작성

- 홍보 및 판매 방법
- 상품과 원재료 구입과 활용법에 관한 조사와 연구
- 제조 방법과 재료의 구입 방법

③ 사업장에 대한 입지선정과 상권 등 시장성 조사

- 시장규모와 장소 등의 점검과 경쟁상대 등 시장성 조사
- 상가의 특성, 창업업종에 따른 입지 추천 혹은 유동의 인구 확인
- 기존 입지의 주변 환경 탐색
- 가용 인력확보와 필요인력의 지식과 기술에 관한 문제

④ 창업자본금에 대한 조달계획과 방법(공 · 사적 지원제도 파악)

- 국가 및 사설 기관의 자금지원제도 활용
- 금융권 등 공 · 사적 자금 활용방안

⑤ 법률과 세무관계에 대한 자료준비와 대처 방법(창업교육기관 활용)

- 회계 및 세무 관련 법과 제도에 관한 이해
- 교육 프로그램의 이해
- 사업자 등록과 등록증 교부

⑥ 회사설립과 개업 행사 준비(광고 등 마케팅 전략 수립)

⑦ 개업

이상, 창업의 일반적 과정을 도식화해 보면 〈표 11-1〉과 같다.

〈표 11-1〉 **창업의 과정**

창업 아이디어와 타이밍 맞추기

↓

창업인의 장단점과 적성검사

↓

투자규모와 재원의 적정성 확보

↓

아이템의 활용과 탐색

↓

사업형태의 결정

↓

사업타당성 분석

↓

계획서 및 종합운영 타당성 검토

↓

법률적, 세무 관련 인허가 사항 점검

↓

개업준비와 마케팅 홍보

↓

개업

## 2) 국가의 중소기업청에서 제시하는 일반적인 창업의 과정

① 창업의 예비분석

- 창업자의 자질부터 지식, 자금조달능력, 창업의 시기, 창업에 대한 자세와 전략 세우기

② 사업목적에 대한 체계화

- 창업 결정 이후 중장기 목적과 목표를 세워서 명확한 방향 설정의 토대를 세울 수 있어야 한다. 이를 창업의 비전과 이념 혹은 미션으로 정립한다.

③ 사업 분야의 결정과 아이디어의 모색

- 사전 창업을 위한 구상에서 세운 창업 아이템을 중심으로 경영 능력 점검, 시장에서 성장 가능성, 기술개발과 대외협력의 정도 탐색, 홍보와 마케팅 전략 등 모색

④ 사업성 분석

- 창업과 동시에 사업의 수익성, 시장성, 업무의 효율성 등 사업성을 충분히 분석하며 이웃 혹은 기존 사업체와 사람에 대한 벤치마킹에 의하여 구체화

⑤ 인적 · 물적 자원의 조달과 구성

- 창업의 인적 구성에 대한 것(창업멤버와 소요인원)과 자기자본을 비롯한 타인자본 그리고 외부 지원금에 대한 방법

⑥ 사업계획서의 작성과 조직구조의 설정

- 유무형의 상품에 대한 제품계획과 판매계획, 생산과 설비 등 구체적 일자별, 항목별 계획 그리고 업무 진행에 대한 조직과 공 · 사적 행정업무에 대한 준비

⑦ 사업의 시작

- 개업일을 정해 창업 준비를 토대로 개업

## 2. 업종별 창업의 과정

창업 준비에서부터 개점에 이르기까지, 기초정보의 수집, 창업계획서 작성, 창업과 아이템의 선정, 사업장의 선정과 꾸미기, 현장실습을 통한 실무교육이 필수적 창업의 절차이다. 또한 사업자등록증과 영업허가증 수여 그리고 개업 혹은 개점 등으로 이어지는 일련의 창업 과정이 제조업과 소매업, 서비스업 그리고 벤처사업(인터넷 쇼핑) 창업 등 업종에 따라 사업을 구체화하는 과정에서 절차가 다소 차이가 있다.

중소기업창업지원센터 및 한국경영능력개발원에서 제시하는 업종별 창업절차를 요약해 보면 다음과 같다.

### 1) 외식업 창업절차

| 절차단계 | 준비과정 | 기 타 |
|---|---|---|
| 창업준비 | 가) 규모와 식음료 아이템 구상<br>나) 투자자금의 규모결정<br>다) 창업형태(독립점, 체인점)결정<br>라) 인허가 여부 사전검토 | |
| 점포개발 | 마) 시장 및 점포 상권분석<br>바) 점포입지 결정<br>사) 점포계약 체결<br>아) CI/BI/메뉴 결정<br>자) 점포 인테리어 | 점포 계약 전까지 기본수익성 분석 및 기본사업계획 수립<br>※ CI: Corporate Identity 기업로고<br>\|CIP(Corporate Identity Program)<br>BI: Brand Identity |
| 개업준비 | 차) 조리기술/원재료 공급처 확보<br>카) 운영방안(홍보/서비스/수지)<br>타) 주방 및 서빙 채용과 교육<br>파) 개업홍보 및 개업식 | 조리 관련 문제는 창업 준비 때부터 고려하되 개업 전까지 최종사업계획서 작성 및 손익분기분석표 작성 |
| 사업자등록 및 영업 개시 | | |

## 2) 도 · 소매업 창업절차

도 · 소매업은 제조업과 달리 공장설립이나 기계장치 등이 필요 없고 특히 소규모 자영업이 대부분으로서 법인 형태보다 개인기업으로 경영하기 때문에 창업절차가 비교적 간단하다.

그러나 여기서 간단하다는 것은 제조업에 비해서 그러하다는 의미이며 경영의 초보인 창업자에게는 쉬운 것만도 아니다. 도 · 소매업이라 하더라도 나름대로 사전 준비가 철저하지 않으면 창업 초기에 시행착오를 겪게 되고, 착오가 거듭되면 경영을 제대로 해 보지도 못하고 사업에 자신감을 잃을 수 있기 때문이다.

그러므로 도 · 소매업도 창업을 준비함에 있어 점포의 입지선정, 취급할 품목선정, 자금조달능력 등이 종합적으로 검토되어야 할 뿐 아니라 이와 함께 상권분석 및 영업 · 방법 등에 대한 충분하고 세밀한 연구가 반드시 필요하다.

예컨대, 의류 품목을 취급하려면 유동 인구가 많은 곳으로, 생필품은 아파트 단지 등 거주인구가 많은 장소 등에서 성공할 확률이 높다는 일반적 시장분석은 물론 품목별로 판매대상, 판매장소, 판매시기, 판매방법 등을 복합적으로 검토하여야 한다.

도 · 소매업도 제조업과 마찬가지로 창업자가 사업자등록이나 법인신고만 하면 영업활동이 가능한 업종과 일정한 시설과 요건을 갖춘 자만이 사업활동을 할 수 있는 인 · 허가 업종으로 구분할 수 있다.

도 · 소매업은 일반적으로 어떤 품목을 어떤 장소에서 판매하느냐에 따라 사업의 성패가 달려 있다고 할 정도로 품목에 따른 입지의 중요성이 강조되고 있다. 따라서 도 · 소매업의 창업절차도 사업 품목을 선정할 때부터 자료조사와 시장조사, 즉 현지조사를 함께해야 한다.

도 · 소매업의 창업절차를 순서별로 보면 사업 아이템 선정단계인 창업 예비 절차와 점포입지 선정 절차 및 개업 준비 절차의 3단계로 나눌 수 있으며, 각 단계별 세부 내용을 알기 쉽게 도표로 나타내면 다음과 같다.

| 절차단계 | 준비과정 | 기 타 |
| --- | --- | --- |
| 창업준비 | 가) 취급상품의 구상<br>나) 투자자금의 규모결정<br>다) 사업형태(자영업, 대리점)결정<br>라) 상품공급처 사전검토 및 확보 | |
| 점포개발 | 마) 후보점포 상권분석<br>바) 점포입지 결정<br>사) 점포계약 체결<br>아) CI/BI/상품군 등 결정<br>자) 점포 인테리어 | 점포 계약 전까지 기본수익성<br>분석 및 기본사업계획 수립<br>※ CI: Corporate Identity 기업로고<br>CIP(Corporate Identity Program)<br>BI: Brand Identity |
| 개업준비 | 차) 상품수급계약서 작성<br>카) 영업과 경영(홍보/서비스/수지)전략<br>타) 직원채용과 교육<br>파) 개업홍보 및 개업식 | 상품수급 문제는<br>창업 준비 때부터 고려하고<br>개업 전까지 최종사업계획서<br>작성 및 손익분기분석표 작성 |
| 사업자등록 및 영업개시 | | |

### 3) 서비스업 창업절차

생활양식의 변화, 여가 시간의 증가, 기대수명의 연장, 생활의 풍요성 등에 따라 소비자의 요구수준은 점차 다양화, 개성화되어 가고 있다. 그러므로 서비스업종을 창업하고자 하는 자는 창업업종과 관련된 사회적 환경 및 소비자 생활양식의 변화 등 급속하게 변하고 있는 시대의 흐름을 잘 파악하여야 한다.

또한 창업자는 서비스의 품질 향상에 항상 노력해야 한다. 즉, 서비스의 품질을 높이는 것은 고객에게 편리함이나 편익을 제공하는 것을 통해서 고객의 만족감을 극대화하는 것이다. 그러므로 창업자는 성공적인 경영을 위하여 최상의 품질 서비스를 제공할 수 있도록 고객만족을 목표로 하는 경영전략을 수립하여야 한다.

서비스업을 창업하기 위하여 서비스업의 특징 등 창업자가 기본적으로 알아야 할 사항을 정리하면 다음과 같다.

첫째, 서비스업은 기계시설보다는 주로 인력에 의하여 서비스가 제공될 뿐만 아니라 생산과 동시에 소비되어 버리는 특성이 있으므로 서비스를 구입하는 고객은 일반

제품을 구입할 경우보다 서비스품질의 파악이 어렵기 때문에 불확실한 입장에 처할 수 있으므로 서비스 내용을 충분히 설명하여야 한다.

둘째, 서비스업은 창업자나 종업원의 경험, 지식을 토대로 하여 소비자에게 서비스를 제공하는 것임으로 양질의 서비스를 제공하기 위하여는 종업원에 대한 교육을 지속적으로 실시해야 하며 서비스질의 향상을 위하여 창업자는 창업업종의 특징을 파악하여 차별화된 전략을 수립하여야 한다.

셋째, 서비스업은 창업자의 철학이 있어야 한다. 소비자 만족과 종업원을 중시하는 기업의 자세는 창업자의 서비스철학에서 시작되는 것이다. 또한 이러한 경영자의 철학은 고객과 종업원의 만족을 이끌어 내어 성공적인 기업경영을 할 수 있는 밑바탕이 된다.

넷째, 서비스업은 서비스수준을 관리하여야 한다. 고객은 일정 수준 이상의 서비스를 원하고 있기 때문에 경영자는 기대와 욕구를 파악하여 자사와 경쟁사와의 서비스 수준을 비교하고 고객이 만족할 수 있는 서비스를 유지 관리할 수 있도록 하여야 한다.

다섯째, 서비스업을 창업하여 사업 기반이 확립되기까지는 서비스 내용 및 서비스 수준에 대한 홍보가 지속적으로 이루어져야 한다.

또한 창업자는 서비스업에서 가장 중요한 서비스의 질을 향상시켜 소비자가 제공되는 서비스에 만족할 수 있도록 하여야 한다. 소비자가 서비스의 품질을 평가하는 요소는 서비스의 종류에 따라 다를 수 있지만 일반적으로 다음과 같은 내용의 질문에 대하여는 긍정적인 답변이 나올 수 있도록 하여야 한다.

| 절차단계 | 준비과정 | 기 타 |
|---|---|---|
| 기본결정 | 가) 사업아이템 구상 및 결정<br>나) 투자자금의 규모결정<br>다) 기업형태(개인, 법인)결정<br>라) 창업멤버와 조직의 구상<br>마) 시장분석과 고객결정 | |

| 절차단계 | 준비과정 | 기 타 |
|---|---|---|
| 창업진행 | 바) 사무실입지 조사(고객이용편의성)<br>사) 사무실입지 결정 및 계약체결<br>아) 인력충원, 조직구성, 기본교육<br>자) 경영전략 수립/실행<br>• 사무실 집기<br>• CI/BI/서비스제품<br>• 가격 및 유통전략<br>• 촉진전략<br>• 실행스케줄(창업 후 6개월간)<br>• 홈페이지/브로셔/명함 제작<br>• 의사결정(온/오프)시스템<br>• 각종 양식과 제규<br>• 손익계산서 작성(1~3년) | 사업개시 전까지<br>사업계획서 작성 완료<br><br>※ CI: Corporate Identity 기업로고<br>CIP(Corporate Identity Program)<br>BI: Brand Identity |
| 사업개시 | 차) 개업홍보 및 개업식<br>카) 사업자등록 및 영업개시 | 창업 후속조치로 법인설립 검토 |

## 4) 인터넷 쇼핑몰 창업절차

| 절차단계 | 준비과정 | 기 타 |
|---|---|---|
| 기본결정 | 가) 사업아이템 구상과 선정<br>나) 쇼핑몰 디자인<br>다) 도메인 등록 | |
| 창업진행 | 라) 사업계획서 작성과 전략수립<br>마) 사업자 등록<br>바) 통신판매업 등록<br>사) 부가통신사업 신고<br>아) 결제서비스 준비<br>자) 상품사진 제작 등 영상비주얼 제작<br>차) 마케팅과 운영정책 | 사업 개시 전까지 아이디어<br>구상과 사업계획서 작성 완료 |
| 사업개시 | 카) 상품 홍보과 마케팅 개시<br>타) 사업자등록 및 영업개시 | 창업 후 사업 다각화 |

이 외에도 프랜차이즈 창업, SOHO 창업 그리고 무점포 창업 등, 창업의 형태에 따라 창업절차에 약간의 차이가 있으나, 창업의 과정은 항상 기본절차에 우선적으로 최대한 집중하여야 한다. 무엇보다 성공 창업을 위하여 긴장감을 유지하고 냉정하게

시장과 고객에 대한 분석 등의 전략적인 접근이 필요하다. 또한 창업 현장에서 이루어지는 살아 있는 정보와 경험이 필요한 경우가 있으며, 옳고 그름의 옥석을 가려서 선택할 줄 아는 취사선택의 능력도 있어야 한다. 그리고 부족한 부분에 대하여 전문가를 비롯해 경험자들에 의한 팁 혹은 연수를 받아야만 하는 경우는 물론 스스로 계속해서 자기분석과 손익계산을 할 수 있어야 한다.

## 3. 창업과정에서 빠짐없이 챙기기

### 1) 전략적 사업계획서 짜기

창업의 규모와 형태가 결정되고 업종이 명확해지면 창업상품, 사업 규모, 자금조달 방법, 경영능력 체크 등 모든 일에 있어 치밀한 계획과 사전 준비는 당연히 창업의 성공과 실패를 좌우한다. 마찬가지로 성공한 창업과 실패한 창업은 기업가정신을 토대로 한 준비의 정도와 운용의 전략에 따라서 결정된다. 그래서 매우 전략적인 비즈니스 플랜을 세워야 창업의 절차가 원만히 진행될 것이다. 예컨대, 창업의 준비과정에서 우리나라에서는 정부기관에 의한 창업지원 제도를 꼼꼼히 체크하고 적절히 활용할 수 있어야 한다.

#### (1) 비즈니스 계획 세우기

- 새로운 기업, 창업에 대한 신념과 일관성, 독창성 그리고 미래비전의 확립

#### (2) 창업의 의미와 사업계획 개요, 기업 현황 분석

- 창업 아이템에서 고객 운용계획과 확보 전략 등 사업계획과 기업에 대한 프

로필 구성, 기술과 자원 등에 관한 현황 확보

### (3) 마케팅과 생산, 운용계획

- 경영환경분석을 통한 경쟁우위, 마케팅 전략 수립, 생산성 향상 촉진 계획 등

### (4) 재무계획

- 창업비용-집기, 비품, 기계장치, 보증금, 임차자산관리, 운영자금과 소요자금 등 자금조달과 운용, 재무제표 상태, 추정 손익계산서, 손익분기점 분석, 재무비율

### (5) 조직의 형태와 이노베이션

- 회사의 형태, 개인과 법인기업의 차이, 설립에 관한 법률, 벤처창업 그리고 적절한 시기에 기업혁신과 기술혁신, 변화창조

### (6) 지원제도의 활용과 지원기관 정책 수렴

- 국가기관과 관련 부서들의 지원정책에 대한 확보방안, 인적 물적 자원의 지원방안 체크와 대정부 건의를 위한 정책의 상호작용, 사업정보의 확보와 활용대책

### (7) 보험과 인적 네트워크

- 일상의 안전 추구, 보안상태의 체크와 대비책, 내외적 인적 구성에 적극성

### (8) 위험요인과 리스크

- 라이프 스타일의 변화와 환경변화, 경제적 요인과 사회적 요인에 따른 위험요인 체크, 대처방안 수립

### (9) 창업경영수첩 작성

- 경영마인드의 일상화, 절망의 창업과 창업실패담, 성공 창업의 비결 그리고 창업자가 지켜야 할 10가지 원칙 등 일상에서의 창업정신을 생활화하고 실천하는 방법

## 2) 정부 기관 등 창업지원 제도의 최대한 활용

과거 미국의 최고 경영컨설턴트인 피터 드러커는 "창업가는 기회를 극대화하여야 한다"라고 하였다. 기회의 극대화는 새로운 마음으로 창업하는 발상과 과정 그리고 창업 이후 경영에 이르기까지 성공적 기업경영의 중요한 화두라고 할 수 있다. 모든 부분에서 기회를 찾고 또 그러한 기회를 최대한 확보할 수 있을 때 창업가와 기업인은 자신의 역량과 함께 더욱 확실한 성공 창업의 결과를 가능케 할 것이다.

특히 국가에서 지원하는 창업지원 제도의 활용은 창업지원금의 확보는 물론 시스템화된 창업 루트를 활용할 수 있으며 창업 과정과 경영에 있어서 물적, 정신적 멘토를 활용할 수 있는 기회를 담보하는 시너지를 얻게 될 것이다.

중소기업청이 제시하는 '창업 맞춤형 사업 운영지침'에 의하면 "창업 맞춤형 사업 운영지침은 「중소기업 창업 지원법」 제4조 및 동법 시행령 제5조에 의한 (예비)창업자의 창업 및 기술사업화 지원을 위한 창업 맞춤형 사업을 효율적으로 수행하기에 필요한 세부 사항을 정함을 목적으로 한다."라고 규정하고 있다. 동 지침 제22조, 창업자지원 선정 규정에 의하여 공고된 사업의 지원 대상 창업자로 참여하고자 하는 자는 사업관리기준에서 정한 서식에 따라 사업계획서를 작성하여 창업넷(http://www.changupnet.go.kr)에 제출하여야 하며, 신청 방법 등에 대한 사항은 사업관리기준을 제시하고 있다. 참고로 창업지원을 위하여 사업계획서에는 다음 각호의 사항을 포함할 것을 지침으로 정하고 있다.

- 창업자 기본정보

- 창업 아이템의 개요, 세부소개 및 시제품제작 계획 등
- 창업 아이템의 수요시장 및 판매계획
- 사업비 집행계획
- 기타 사업관리기준의 별지 서식에서 기재를 요구하는 사항 및 증빙자료

또한「창업 지원법」에 따라 지원하려는 자는 사업 공고문상의 자격조건에 대한 사전검토를 해야 하며 중소기업청장 또는 전담 기관의 장이 요청하는 사항에 대한 협조 및 신용조회 등에 동의하여야 한다는 것 등을 골자로 하고 있다.

지원지침에 근거하여 지원의 절차를 도식화해 보면 〈표 11-2〉와 같다.

〈표 11-2〉 **창업기업지원 절차**

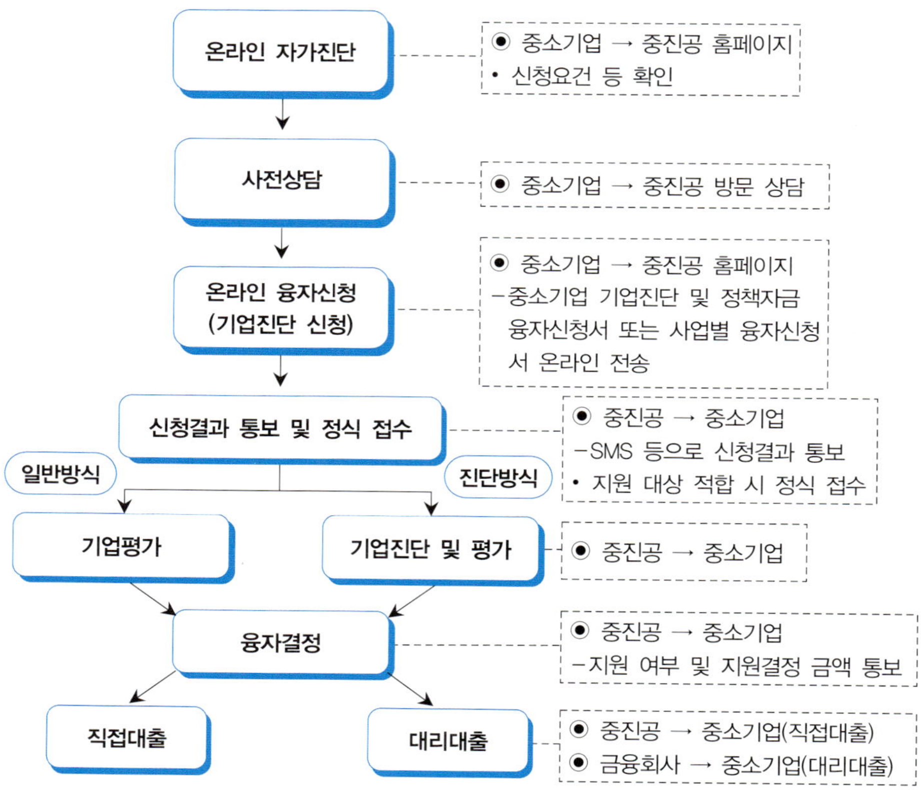


출처: 창업기업지원자금(http://www.smba.go.kr/kr/policy/support/supportView.do?mc=usr0001045&brd_id=A01000&seq=374)제도의 활용.

이 외에도, 국가에서 시행하는 창업지원기관과 창업컨설팅 등 글로벌 창업지원사업 등을 최대한 활용하도록 한다. 예를 들면, 글로벌청년창업활성화, 창업맞춤형사업, 재도전 성공패키지, 스마트 벤처창업학교, 장애인 창업아이템 경진대회, 여성창업경진대회, 창업도약패키지, 창업선도대학육성사업, 여성벤처창업 케어 프로그램, 국내 · 해외 지식재산 권리화, K-Global Startup 공모전, K-Global IoT 챌린지, K-Global 액셀러레이터 육성, K-Global Startup 스마트 디바이스(공모전/제품화/문화확산), K-Global 스마트미디어, 우주기술 기반 벤처창업 지원사업, 경기도 대학생 융합기술 창업지원사업, K-Global 클라우드기반 SW개발환경지원, K-Global DB- Stars, 사회적기업가 육성사업, 청년창업사관학교, 창업발전소 운영, 창조관광사업 발굴 및 육성, 선도벤처연계기술창업, 스마트벤처창업학교, 스마트창작터, 크리에이티브팩토리 지원사업 등의 정부 및 외부기관의 창업지원방안을 꼼꼼히 챙겨 보고 적극 활용한다.

**TIP** **창업지원을 받기 위한 정부지원사업용 사업계획서에 꼭 필요한 항목**

첫째, 프레젠테이션부터 작성해야 한다.
둘째, 독창적인 기술(또는 제품) 개발이어야 한다.
셋째, 실현 가능한 기술(또는 제품)을 위해 충분히 준비된 모습을 갖춰야 한다.
넷째, 기술(또는 제품)을 판매할 수 있다는 근거를 제시해야 한다.

출처: 이종훈(2016: 80).

## 4. 창업을 위한 적성검사

창업준비 과정에서 한 번쯤, 검증 가능한 창업자질테스트를 통하여 성공적인 창업을 보장하여야 한다. 창업적성을 파악할 수 있는 다양한 검사방법을 통해 사전에 충분한 준비를 할 수 있어야 한다. '고용노동부의 워크넷'과 '한국경영능력개발원', '소상공인지원센터' 등에서 제공하는 창업적성과 창업자질 등에 대한 사전 검사를 활용해 창업성공을 사전에 보장받을 수 있도록 한다.

### 1) 창업진단검사

창업자질을 알아보는 미국에서 개발된 바움백(Baumback) 적성검사가 있다.

창업을 해야 한다는 강박 관념에서 벗어나, 과연 내가 창업에 적합한 사람인지 간단한 테스트로 알아보자.

**창업진단검사지**

○ **측정방법: 각 항목을 읽고 서술내용과 나의 행동이 얼마만큼 일치하는지 해당 점수에 표기한다.**

| | | | |
|---|---|---|---|
| 1. 다른 사람과의 경쟁 속에서 희열을 느낀다. | 그렇다 3 | 가끔 그렇다 2 | 그렇지 않다 1 |
| 2. 보상이 없어도 경쟁이 즐겁다. | 그렇다 3 | 가끔 그렇다 2 | 그렇지 않다 1 |
| 3. 신중히 경쟁하지만 때로는 허세를 부린다. | 그렇다 3 | 가끔 그렇다 2 | 그렇지 않다 1 |
| 4. 앞날을 생각해 위험을 각오한다. | 그렇다 3 | 가끔 그렇다 2 | 그렇지 않다 1 |
| 5. 업무를 잘 처리해 확실한 성취감을 맛본다. | 그렇다 3 | 가끔 그렇다 2 | 그렇지 않다 1 |
| 6. 일단 하기로 결심한 일이면 뭐든 최고가 되고 싶다. | 그렇다 3 | 가끔 그렇다 2 | 그렇지 않다 1 |
| 7. 전통에 연연하긴 싫다. | 그렇다 3 | 가끔 그렇다 2 | 그렇지 않다 1 |
| 8. 일단 일을 시작하고 나중에 상의하곤 한다. | 그렇다 3 | 가끔 그렇다 2 | 그렇지 않다 1 |
| 9. 칭찬을 받기 위해서가 아니라 업무 자체를 중요하게 생각한다. | 그렇다 3 | 가끔 그렇다 2 | 그렇지 않다 1 |
| 10. 남의 의견에 연연하지 않고 내 스타일대로 한다. | 그렇다 3 | 가끔 그렇다 2 | 그렇지 않다 1 |

| | | | |
|---|---|---|---|
| 11. 나의 잘못이나 패배를 잘 인정하지 않는다. | 그렇다 3 | 가끔 그렇다 2 | 그렇지 않다 1 |
| 12. 남의 말에 의존하지 않는다. | 그렇다 3 | 가끔 그렇다 2 | 그렇지 않다 1 |
| 13. 웬만해서는 좌절하지 않는다. | 그렇다 3 | 가끔 그렇다 2 | 그렇지 않다 1 |
| 14. 문제가 발생했을 때 직접 해결책을 모색한다. | 그렇다 3 | 가끔 그렇다 2 | 그렇지 않다 1 |
| 15. 호기심이 강하다. | 그렇다 3 | 가끔 그렇다 2 | 그렇지 않다 1 |
| 16. 남이 간섭하는 것을 못 참는다. | 그렇다 3 | 가끔 그렇다 2 | 그렇지 않다 1 |
| 17. 타인의 명령을 듣기 싫어한다. | 그렇다 3 | 가끔 그렇다 2 | 그렇지 않다 1 |
| 18. 비판을 받고도 참을 수 있다. | 그렇다 3 | 가끔 그렇다 2 | 그렇지 않다 1 |
| 19. 일이 완성되는 것을 보겠다고 고집한다. | 그렇다 3 | 가끔 그렇다 2 | 그렇지 않다 1 |
| 20. 동료나 부하들이 나처럼 열심히 일하기를 바란다. | 그렇다 3 | 가끔 그렇다 2 | 그렇지 않다 1 |
| 21. 사업에 관한 지식을 넓히기 위해 독서를 한다. | 그렇다 3 | 가끔 그렇다 2 | 그렇지 않다 1 |

○ **평가방법: 각 항목의 점수를 합계해 총점을 낸다.**
- 63점: 당신은 창업하기 위해 태어난 사람! 창업자로서 자질이 완벽합니다.
- 52~62점 사이: 창업자로서 우수한 자질을 갖고 계시군요.
- 42~51점 사이: 창업과 관련된 적성은 아닙니다.
- 41점 이하: 창업자로서 자질이 매우 부족합니다.

## 2) 스스로 체크하는 창업자로서 자질, 적성, 강 · 약점 알아보기

일반적으로 알아보는 창업자질 테스트의 대부분은 창업자로서 자질과 태도를 분석해 보는 역시 미국에서 개발된 바움백(Baumback) 테스트에 기초하고 있다. 이 외에도 우리나라 신용보증재단에서 창업자들을 위해 제시한 자질과 적성 체크리스트, 그리고 강 · 약점 체크리스트 등이 있다. 그런데 이 또한 바움백 테스트를 기초한 방식이다.

다음의 내용은 서울 신용보증재단 자료 창업자질 체크리스트 및 창업적성 체크리스트이다.

### (1) 자신의 강 · 약점 체크리스트

| 구분 | 항 목 | 매우 그렇다 (5점) | 비교적 그렇다 (4점) | 보통 이다 (3점) | 그렇지 않은 편 (1점) | 전혀 아니다 (1점) |
|---|---|---|---|---|---|---|
| 성품 | 긍정적 사고를 한다. | | | | | |
| | 겸손하다. | | | | | |
| | 기지나 재치가 있다. | | | | | |
| | 인내와 끈기가 있다. | | | | | |
| 대인 관계 | 대인관계의 폭이 넓고 깊다. | | | | | |
| | 활달한 성격이다. | | | | | |
| | 화술과 표현력이 뛰어나다. | | | | | |
| | 인상이나 외모가 호감을 준다. | | | | | |
| 업무 습관 | 업무에 완벽하다. | | | | | |
| | 일에 대해 집중한다. | | | | | |
| | 기획 및 분석력이 있다. | | | | | |
| | 추진력이 있다. | | | | | |
| | 창의력이 있다. | | | | | |
| 미래 대비 | 정보마인드가 있다. | | | | | |
| | 컴퓨터 실력이 있다. | | | | | |
| | 어학능력이 있다. | | | | | |
| | 독서를 많이 한다. | | | | | |
| | 건강하다. | | | | | |

| 구분 | 강점 5 | 약점 5 |
|---|---|---|
| 1 | | |
| 2 | | |
| 3 | | |
| 4 | | |
| 5 | | |

[ 평가 방법 ]

보통 이상과 보통 이하로 분류하여 보통 이상은 강점으로 보통 이하는 약점으로 기입하고 자질의 장단점을 분석해 본다.

### (2) 창업 자질 체크리스트

| 평가사항 | 평 가 | | |
|---|---|---|---|
| | 예 | 보통 | 아니오 |
| 1. 낙관적인 성격이다. | | | |
| 2. 가족의 동의, 협력 확보가 가능하다. | | | |
| 3. 사람 만나는 것을 좋아한다. | | | |
| 4. 신용을 곧 생명으로 안다. | | | |
| 5. 성취욕구가 높다. | | | |
| 6. 자신의 운명을 개척할 수 있다고 믿는다. | | | |
| 7. 매사에 정열적이다. | | | |
| 8. 한번 결정하면 끝까지 수행한다. | | | |
| 9. 다른 사람을 설득할 수 있는 힘이 있다. | | | |
| 10. 아이디어가 풍부하다. | | | |
| 11. 새로운 방식을 빨리 받아들인다. | | | |
| 12. 건강에 자신이 있다. | | | |
| 13. 무슨 일이나 집념이 강하다. | | | |
| 14. 교제에 능숙하고 친구가 많은 편이다. | | | |
| 15. 많은 과제를 가지고 일하는 것이 즐겁다. | | | |
| 16. 곤란한 일을 당해도 해결의지가 강하다. | | | |
| 17. 남보다 한발 앞서 가려는 마음이 강하다. | | | |
| 18. 모든 것을 계수화하기 좋아한다. | | | |
| 19. 아랫사람에 대한 사랑이 있다. | | | |
| 20. 신문 · 잡지 등 정보지 읽기를 좋아한다. | | | |
| 21. 다른 업종 등에도 늘 관심을 구고 있다. | | | |
| 22. 번뜩이는 창의력이 있다. | | | |
| 23. 언제나 장래에 하고 싶은 일이 생각난다. | | | |
| 24. 참을성이 강하다. | | | |
| 25. 보고 듣고 난 후에 메모하는 습관이 있다. | | | |

[ 평가 방법 ]

각 항목에 대해 (예)라고 답한 경우 4점, (보통)이라고 답한 경우 2.5점, (아니오)라고 답한 경우 1점을 주어 25개 문항에 대한 점수를 합산하여 창업자 자질을 알아보는 내용이다.

| 점 수 | 판 정 |
|---|---|
| 90점 이상 | 창업 자질이 매우 높음 |
| 80점 이상 | 창업 자질이 비교적 높음 |
| 70점 이상 | 창업 자질이 약간 높은 |
| 60점 이상 | 창업 자질이 보통임 |
| 50점 이상 | 창업 자질이 다소 낮음 |
| 50점 미만 | 창업 자질이 낮음 |

24점 미만인 사람은 창업을 하기에 상당히 부족한 조건이라 판단하고 새 일자리를 찾거나 현 직장에 머무를 것을 권하지만, 창업을 고집하고 싶다면 자기 자신을 고쳐 나갈 의지를 갖고 각고의 노력을 기울여야 한다.

### (3) 창업적성 체크리스트

창업의 적성은 창업하기까지 문제뿐 아니라 창업을 한 이후도 파악하는 지표로 활용한다.

| 평가사항 | 평 가 | | |
|---|---|---|---|
| | 예 | 보통 | 아니오 |
| 1. 창업에 대해 신중히 고려하고 있다. | | | |
| 2. 창업박람회, 사업설명회, 창업강좌에 참석해 본 적이 있다. | | | |
| 3. 기본적인 창업 절차에 대한 지식을 가지고 있다. | | | |
| 4. 대인관계가 원만하다는 소리를 주변에서 듣는다. | | | |
| 5. 물건을 살 때 꼼꼼하게 따지고 구입하는 편이다. | | | |
| 6. 새로운 사람을 만나는 일이 즐겁다. | | | |
| 7. 식당에서 음식이 늦게 나와도 짜증 내지 않는다. | | | |
| 8. 처음 본 사람이라도 인상이나 이름을 잘 기억하는 편이다. | | | |
| 9. 환경이 변하면 나 자신을 바꿀 준비가 돼 있다. | | | |
| 10. 인터넷은 게임보다 정보습득에 더 많은 시간을 할애한다. | | | |
| 11. 상대방의 기분을 상하지 않게 부탁을 거절할 수 있다. | | | |
| 12. 가족과 상의하고 판단해서 일을 처리한다. | | | |
| 13. 이해득실에 대한 판단이 빠르다. | | | |
| 14. 건강, 여가 선용을 위해 한 가지 이상 운동을 한다. | | | |
| 15. 사인별로 추진하든 포기하든 의사 선택의 결정이 빠르다. | | | |
| 16. 창업한다면 말리는 사람보다 돕겠다는 사람이 더 많다. | | | |

| 평가사항 | 평 가 | | |
|---|---|---|---|
| | 예 | 보통 | 아니오 |
| 17. 한 번 창업에 실패하면 나는 끝장이다. | | | |
| 18. 실패의 경험이 있다(진학, 취업, 사업, 자격시험 등). | | | |
| 19. 살아오면서 여러 가지 직업을 경험해 봤다. | | | |
| 20. 나는 반드시 창업을 할 것이다. | | | |

[ 평가 방법 ]

예) 2점, 보통 1점, 아니오 0점

- 32점 이상: 마인드, 성격, 특성, 환경, 의지, 경험 등 전 부문에서 좋은 조건
  - 창업 아이템 선정을 비롯한 창업 실무에 돌입해도 무방
- 24~32점: 비교적 양호하지만 부족한 부분도 있음
  - 창업 이후 건강, 체력, 습관과 성격 등 여러 요인으로 적성에 맞지 않아 그만두는 경우가 많다는 것을 염두에 두고 보충할 부분을 충분히 검토 한 후 창업을 시도하고, 창업 후에도 꾸준한 변화노력을 갖추어야 안정 궤도에 오를 수 있음
- 24점 미만: 창업을 하기에 상당히 부족한 조건
  - 새 일자리를 찾거나 현 직장에 머무를 것을 권하며, 창업을 고집하고 싶다면 자기 자신을 고쳐 나갈 의지를 갖고 각고의 노력을 기울여야 함

12
CHAPTER

# 성공 창업을 위한 정신과 비전

## 1. 창업자의 자세와 각오

### 1) 창업자의 기본자세

성공적인 창업을 기대하며 굿 아이디어와 탄탄한 자본으로 창업을 준비하는 사람이라면 누구나 한 번쯤 장차 창업의 성공을 다짐하는 마음과 각오를 다진다. 『하버드 25시』의 저자, 중국의 싱한(星韓)은 공부 벌레들의 잠들지 않는 열정과 근성을 조사하고 나서 '하버드 교훈'을 20가지[1] 제시하고 있다. 싱한이 그것들을 토대로 쓴 글

---

1) 하버드 대학교 도서관에 쓰인 20가지 교훈
Sleep now, Dream will come out; Study now, Dream will come true.
1. 지금 잠을 자면 꿈을 꾸지만 지금 공부하면 꿈을 이룬다.
My wasteful today is the tomorrow those losers begging for.
2. 내가 헛되이 보낸 오늘은 어제 죽은 이가 갈망하던 내일이다.

중에는 "그 누구도 편하게 성공한 사람은 없다. 성공은 철저한 자기관리와 의지에서 나온다."를 강조하고 "꿈꾸는 사람만이 도전할 수 있고 행동하는 사람만이 배울 수 있다."라고 저서의 표지에서 주장하고 있다. 참고로 이 저서는 '전 세계 500대 기업이 원하는 하버드 기질 특강' 자료로 '하버드 기질, 하버드 정신'을 역설하는 내용들로

---

The earliest moment is when you think it's too late.

3. 늦었다고 생각했을 때가 가장 빠른 때이다.
   Better do it today than tomorrow.
4. 오늘 할 일을 내일로 미루지 마라.
   The pain of study is temporary, the pain of not study is lifelong.
5. 공부할 때의 고통은 잠깐이지만 못 배운 고통은 평생이다.
   You do not lack time to study, you are lacking the efforts
6. 공부는 시간이 부족한 것이 아니라 노력이 부족한 것이다.
   There might not be a ranking of happiness but there is surely a ranking of success.
7. 행복은 성적 순이 아닐지 몰라도 성공은 성적 순이다.
   Study is one but not the only component of your life, but if you cannot even overcome this single component, what can you overcome?
8. 공부가 인생의 전부는 아니다. 그러나 인생의 전부도 아닌 공부 하나도 정복하지 못한다면 과연 무슨 일을 할 수 있겠는가?
   Please enjoy the pain if it is unavoidable.
9. 피할 수 없는 고통은 즐겨라.
   Get up early, Grind out hardy, Gain on success.
10. 남보다 더 일찍 더 부지런히 노력해야 성공을 맛볼 수 있다.
    Nobody succeeds easily without complete self-control and strong perseverance.
11. 성공은 아무나 하는 것이 아니다. 철저한 자기관리와 노력에서 비롯된다.
    Time pass by.
12. 시간은 간다.
    Today's slaver will drain into tomorrow's tear.
13. 지금 흘린 침은 내일 흘릴 눈물이 된다.
    Study like a Dog; Play like a gentleman.
14. 개같이 공부해서 정승같이 놀자.
    Stop walking today and you'll have to run tomorrow.
15. 오늘 걷지 않으면, 내일 뛰어야 한다.
    People who invest the future are the true realists.
16. 미래에 투자하는 사람은 현실에 충실한 사람이다.
    Education equals income.
17. 학벌이 돈이다.
    Today never comes back..
18. 오늘 보낸 하루는 내일 다시 돌아오지 않는다.
    Even at this very moment your competitors will not stop flipping pages.
19. 지금 이 순간에도 적들의 책장은 넘어가고 있다.
    No pain, No gain.
20. 고통이 없으면 얻는 것도 없다.

구성되어 있다. 수많은 창업 컨설턴트와 창업전문가들이 주장하는 기업가정신의 핵심적인 키워드는 바로 혁신과 창조와 열정 그리고 도전 등이다. 하버드 대학생들의 학습과 연구의 기본자세와 정신이 곧 '하버드 기질'이라면 이것은 바로 성공하는 기업가정신으로 연결되는 것으로 이해할 수 있다.

하버드 기질과 같은 기업가정신으로 창업 과정을 주도하는 사람은 치열한 창업시장에서 성공적인 결과를 예측할 수 있다. 세계 초일류를 지향하며 연구하고 봉사하는 하버드의 정신이야말로 창업 과정에서 요구되는 핵심 요소 중에서도 창업자를 비롯한 인적요소에서 핵심이라고 할 것이다. 이미 살펴본 바와 같이 창업자란 사업을 새로이 시작해서 일정한 자신의 목표를 달성하려는 사람이다. 자신의 목표 달성이 단순히 금전적 욕구를 충족하기 위한 것이라 하더라도 최소한의 기본정신이 결여되어 있다면 이미 사업 초기에 사업 성패의 진로는 결정된다.

중국의 신생 거대 전자제품 제조업체 '샤오미'(小米)의 CEO 레이쥔(雷軍)은 중국은 물론 세계의 경제 무대에서 극단의 찬사를 받기도 하고 그와는 정반대로 많은 비난을 받기도 한다. 그러나 샤오미라는 기업의 출발은 레이쥔의 "파괴적 혁신을 이끄는 스타트업 매뉴얼"이라는 그의 독특한 창업정신과 창업 아이템에서 시작했다는 것을 아무도 부인할 수 없을 것이다. 레이쥔은 샤오미라는 벤처기업이 '태풍의 길목'에서 탄생했다는 것을 강조하기 위하여 "태풍을 만나면 돼지도 날 수 있다."는 명언을 만들었다. 자신의 창업에 임하는 자세를 한마디로 표현하는 것이다. 불가능이란 없다는 자세에 대한 나폴레옹의 명언이나 우리나라의 현대기업의 창업자인 고 정주영 현대그룹 명예회장의 "불가능하다고? 해 보기는 했어?"와 모두 상통하는 창업의 자세라 할 것이다.

기업가정신의 본질에서 알 수 있듯이 성공을 담보하는 창업자들의 자세는 다양한 형태의 기업가정신으로 나타난다. 어떤 위험이 닥치더라도 '실수는 있어도 실패는 없다'라는 불사불멸의 정신 그리고 파괴적 혁신을 두려워하지 않고 도전적인 자세의 창업을 의미하는 기업가정신은 창업하기까지 그리고 위험부담의 두려움까지 창업 과정에서의 주변 환경에 대처하는 창업자의 각오에서 출발한다.

TIP

**파괴적 혁신**

"혁신에는 '존속적 혁신(sustaining innovation)'과 '파괴적 혁신(disruptive innovation)'이 있다. 존속적 혁신은 과거보다 더 나은 성능의 고급품을 선호하는 고객들을 목표로 기존 제품을 지속적으로 개선해 보다 높은 가격에 제공하는 전략을 말한다. 반면 파괴적 혁신은 현재 시장의 대표적인 제품의 성능에도 미치지 못하는 제품을 도입해 기존 시장을 파괴하고 새로운 시장을 창출하는 것을 말하며 일반적으로 기존에 고객이 아니던 사람이나 덜 까다로운 고객들을 사로잡는, 간단하고 편리하고 저렴한 제품들을 출시하는 전략이 여기에 속한다고 볼 수 있다."

클레이튼 크리스텐슨(Christensen · 58) 하버드 경영대학원 교수

-'파괴적 혁신(disruptive innovation)' 이론- 전문가

출처: http://news.chosun.com/site/data/html_dir/2010/01/22/2010012201165.html

## 2) 창업자의 각오

창업을 하려는 사람의 기업가정신에 결국 포함되는 말이라고 볼 수 있으나 창업자의 각오란 좀 더 창업 과정에서의 주변 여건과 미래에 대한 불확실성에서 창업자가 내외적으로 대처하는 육체적, 정신적 자세라 할 수 있다. 그래서 벤처 정신이란 창업자의 기본적인 마음의 각오가 된다. 위험의 부담을 기꺼이 감수하려는 자세이다. 즉, 새로운 사업에 대해 갖는 생소함과 두려움을 극복하고 도전하려는 각오가 보통 사람들이 경험하는 것 이상의 자세가 필요하다는 의미이다. 과거 '총각네 야채가게'의 이영석 CEO는 트럭 행상으로 야채가게를 운영하면서 비 오는 날, 길거리의 행상들이 흔히 생각하는 '쉬는 날'을 오히려 '주인의식'을 가지고 사장과 다른 직원들에게 더욱 영업을 해야 하는 자세와 각오를 주장하였다. 성공을 담보하는 창업자의 기업 운영에 임하는 각오는 특별함보다는 합리적이며 기본적인 마음 자세에서 시작한다는 것을 염두에 둘 필요가 있다.

창업자의 중요한 각오라고 할 수 있는 주인의식을 강조하는 측면에서는 앞 절에서 살펴본 중국의 샤오미(小米)기업의 레이쥔도 마찬가지로 강력한 자기-주도적 기업가정신의 각오를 말한다. 저우광핑(周光平) 샤오미 부사장은 자신이 샤오미 기업에

합병하게 된 이유가 레이쥔이 회장의 위치에 있으면서도 '만약 회사에 위기가 닥쳐온다면 나는 곧바로 밖에 나가서 샤오미 핸드폰을 세일즈 할 수 있다'라고 했다며 다른 기업의 경우 회장은 기업이 판매 부진으로 위기가 오면 직원을 책망하고 자신은 책임을 미루었는데 레이쥔이 스스로 책임자로서 주인의식을 보여 줌으로써 신뢰를 보여 준 모습에서 크게 감명을 받았다는 것이다.

또한 애플의 창업자 스티브 잡스는 "매일 최후처럼 살면, 언젠가 당신은 가장 옳은 사람이 될 것이다.(If you live each day as it was your last, someday you'll most certainly be right)"라는 각오로 기업을 운영하였으며 스탠포드 대학의 졸업식장에서는 졸업생들을 향하여 행한 연설문에서 "갈망하라, 우직하게(Stay Hungry, Stay Foolish)"라는 그만의 삶의 각오를 역설한 바 있다. 일상에서의 남다른 삶의 자세와 각오는 자신이 전념하고자 하는 일에서 평범하지만 특별한 각오가 되어 사람들에게 전해진다. 24단계의 창업프로그램을 제시하는『성공 스타트업』(Disciplined Entrepreneurship_24 steps to a successful startup)의 저자 빌 올렛(Bill Aulet)은 "창업자야말로 현대의 영웅이다. 그들은 일자리를 만들고 세계의 변화를 이끌며 문화를 창조한다"라고 책의 서두에서 규정하고 있다. 그는 그러한 창업자가 '첫발을 내딛기에 앞서' 갖게 되는 창업을 결심하게 되는 세 가지 이유를 설명하였는데, 첫째, 번쩍하는 아이디어가 있다. 둘째, 기술을 가지고 있다. 셋째, 열정을 마음껏 펼치고 싶다는 것으로 요약하면서 "오랜 기간 지치지 않고 즐기면서 잘할 수 있는 일은 무엇일까?"라는 창업자의 기본적 각오를 창업 초기 단계로 설명한다.

창업자는 평범한 일상에서도 다른 사람들과 달라 보이는 자세와 각오가 있다는 것과 그 필요성을 창업 성공을 말하는 사람들에서 볼 수 있다. 바로 이러한 창업을 준비하는 사람들의 남다른 자세와 각오는 자신의 번쩍하는 아이디어를 열정으로 표현하려는 과정에 기업가정신으로 승화하여 나타나게 된다.

중국 알리바바(阿里巴巴)의 마윈(马云,馬雲)은 "아무런 기술이나 지식도 없는 나도 창업에 성공할 수 있는데 머리가 잘 돌아가는 (젊은이)들은 대부분 창업해서 성공할 수 있을 것이다."라고 말하고 "영원히 포기하지 마라, 결국은 기회가 있다."라고 창업에 임하는 각오를 밝힌 바 있다.[2] 역시 중국 브랜드 가치 1위 기업 텐센트의 CEO인 마화텅(馬化騰)은 '시련에 무너지지 말고 끝까지 전진하라'는 각오로 초기 펭귄왕국을 건설하고, 어려움에 부닥쳤을 때도 "폭풍 속에서도 두려움이란 없다"라는 의지로 마침내 적자에서 흑자로 경영을 이뤄 냈다고 한다. 기업경영의 어려움에서 초기의 마음가짐, 즉 정신적 각오는 새로운 혁신과 위험의 요소가 다가왔을 때 자신은 물론 조직 구성원들이 어려움을 극복하고 새로운 활로를 모색하는 등대불이 되어 준다.

우리나라의 경우, 혁신적 IT기업의 선두 '카카오톡' 개발과 창업자인 이제범 대표는 처음에는 쪽박만 차던 개발자에서 시작하여, 다음 단계에서 카카오톡이 국민앱으로 등장하게 된 이유는 크게 두 가지라고 말하고 있다. 첫째는 단지 '타이밍'이 좋았기 때문이고, 둘째로는 '무료'와 '그룹채팅' 같은 차별화 전략 때문이라고 발표한 적이 있다. 대학 졸업 후 처음 창업에서의 실패가 오히려 새로운 IT기업으로 성장할 수 있는 모티브를 제공하고 창업에 임하는 각오를 다지게 했음을 엿볼 수 있다.

**내가 만일 창업을 한다면 어떤 자세와 각오**

- 자세와 각오:

- 사례제시(근거):

- 설명(이유 등): 최대한 상세하면서 자신이 보았을 때 그럴듯한 이유, 장래의 전망, 성공한다면, 혹은 실패한다면 그리고 창업에 임하는 더 좋은 태도를 제시하고 구체적이며 실천적인 방법 등을 기술해 본다.

---

2) 알리바바의 마윈 회장 명언 40선(http://mankindweeklymagazine.blogspot.kr/2014/11/blog-post.html)에 의하면 "很多人失败的原因不是钱太少, 而是钱太多(많은 사람들이 실패하는 이유는 돈이 없어서가 아니라, 돈이 많아서이다.)"라고 주장하였는데, 마윈 회장은 지략가이면서도 노력을 아끼지 않는 지도자다. 이미 여러 매체를 통해 소개됐듯이 '남들이 불평불만을 가질 때 노력하는 사람만이 변화를 만들 수 있다'고 말한 바 있다. 또한 "我感谢这个变化的 时代, 我感谢无数人的抱怨, 因为在别人抱怨的时候, 才是你的机会, 只有变换的时代, 才是每一个人看清 自己有什么要什么该放弃什么的时候(나는 이런 변화의 시대에 감사한다. 많은 사람들이 불만을 갖는 것에 감사한다. 다른 사람들이 불평불만할 때가 당신에게는 기회다. 세상이 변할 때 우리는 내가 원하는 것이 무엇인지, 버릴 것이 무엇인지를 확실히 알 수 있다.) (淘宝(타오바오) 퇴임 연설 中)"라고 하였다. 이러한 실력 하나만으로 세계 최고창업자가 된 '马云名言名句(마윈 어록)'이 중국에서 회자되고 있다. 사람들이 앞다투어 나올 수 있지만, 역경에 처할 때 진짜 지도력이 나온다.

## 2. 기업가정신과 창업

### 1) 기업가정신의 의의

기업가정신(Entrepreneurship)은 앞서 창업을 의미하는 다양한 개념 정의에서 밝힌 바와 같이 스타트업 혹은 창업과 같은 의미로 사용된다. 그만큼 창업의 대명사로서 창업의 본질이라고 볼 수 있다. 사전적 의미로 기업가정신(企業家精神)은 외부 환경변화에 민감하게 대응하면서 항상 기회를 추구하고, 그 기회를 잡기 위해 혁신적인 사고와 행동을 하고, 그로 인해 시장에 새로운 가치를 창조하는 일련의 활동과정을 뜻하는 것으로 '기업의 본질인 이윤 추구와 사회적 책임의 수행을 위해 기업가로서 마땅히 갖추어야 할 태도와 정신'을 의미하는 것이다.

흔히 말하는 기업과 경제발전의 토대라 할 수 있는 기업가정신의 개념은, 1934년 슘페터가 창조적 혁신에 의한 새로운 사업을 수행해 나가는 것으로 정의하였다. 즉, 이윤추구를 위해 새로운 방식으로 새로운 상품을 개발하는 것을 혁신으로 규정하고 기술혁신을 통한 '창조적 파괴'에까지 이르는 기업가의 노력이나 의욕을 기업가정신으로 정의한다. 그래서 기업가와 기업가정신의 공통적인 요소는 우선 기업 운영에의 비전과 개척자 정신으로 스타트업의 형태로 나타나며, 다음으로 창의적 혁신(innovation)을 들 수 있으며 그리고 리스크, 즉 위험에의 부담에도 불구하고 할 수 있다(can do spirit)는 성취동기가 강하게 나타나는 것을 뜻한다. 또한 우수한 기업으로 성장시키려는 창조와 리더십을 갖춘 인재양성(건전한 지도자)에 대한 책임감이 강하며 전반적으로 기업 활동에 있어서 변화와 혁신을 추구하는 리더십을 보인다는 것으로 규정하고 있다.

또한 기업가정신이란 불확실한 미래에 도전하고 미래를 개척하는 자로서 불굴의 의지, 도전정신, 개척자적인 정신을 말한다. 기업인은 불굴의 추진력과 필사의 자세로 기업을 경영하는 자의 자세와 정신을 갖고 있다. 그리고 기업가정신은 실천이다.

기업인의 사명은 이윤극대화가 아니라 기회의 확대자로서 실천하는 사명을 지닌 자이다. 기업가정신은 종합적인 경영의 실천이다. 기업가정신이 없는 기업은 실패를 거듭한다. 기업가정신을 실천하는 가운데서 이윤도 창출되고, 사회적 책임도 갖게 되며, 노사 화합도 이루어지고, 성장도 이루게 된다. 미국 뱁슨대학의 론스타드(Ronstadt) 교수는 기업가정신이란 빨간 신호등 앞에서 때로는 이를 무시하고 돌진하는 것과 같다고 하였다. 그만큼 무모한 도전을 필요로 한다는 의미일 것이다. 기업가정신은 스스로 사업을 일으키고 그것을 자신의 인생에서 가장 즐거운 일로 여기는 것이다.

새로운 일, 몰랐던 일을 처음 시작할 때에는 기대감과 설레임이 있으며 기대가 큰 만큼 위험부담이 따른다. 기업가정신은 새로운 일의 시작에서 비롯된 불확실성을 전제로 시작하고 진행과정의 발전과 쇠퇴에 따라 혁신적 방법으로 보다 나은 방향으로 성공을 이룩할 수 있다. 따라서 기업가정신에는 창의성과 함께 혁신적 마인드가 필수적이다. 한 가지 일의 성사에 만족하기보다는 장단점에 대한 점검으로 다음 단계로의 변신을 시도하여야 한다. 이유는 어제의 차별성이 하루 뒤에는 진부한 일상으로 바뀌고 다른 경쟁자들의 모방을 가져오기 때문이다. 또한 진화의 과정에 위험과 불확실성에 대한 이익 창출의 기반으로 기회를 발굴하는 지혜가 있어야 한다. 이러한 기업가정신은 앞에서 밝힌 바와 같이 창의적인 혁신성으로 나타난다. 예를 들어, 새로운 고용의 창출은 물론 국민의 삶을 새롭게 할 수 있으며, 사회와 국가에 봉사하는 요인들을 발굴하게 된다.

창업은 이러한 기업가정신에서 잉태된다. 기업가정신을 가진 사람에게는 창업이 저절로 자연스럽게 생겨나기도 한다고 말한다. 사람이 어떤 사물을 처음 보거나, 접하게 되면 그 사물의 활용방안 혹은 되새겨 보려는 마음이 충만해지는 사람이 있다. 바로 그 시점에서 사물에 대한 호기심에서 시작하여 확대 재생산해 보려는 성취욕구가 생겨날 때 흔히 말하는 기업을 만들려는 기업가정신이 솟아난다고 할 수 있다. 그래서 기업가정신을 혁신의 정신, 창조의 정신으로 이미 있는 사물에 대한 원리들을 새롭게 융복합해서 또 다른 가치를 창조하고자 할  때 기업가정신으로 나타난다.

또한 창업하고자 하는 사람은 최초의 원칙에 충실하고 본질을 최대한 활용할 수 있어야 한다. 따라서 창업과 동일한 의미로 기업가정신은 기업창건의 목표를 세우고 성공을 예견하며 강력한 추진엔진, 즉 도전정신과 실천에 대한 의지를 기술-노하우로 무장하여 시대의 흐름을 읽고 창업 성공사례의 끝없는 재탐색으로 성공적인 창업을 지향하는 정신으로 요약할 수 있다.

즉, 기업가정신은 성공 창업의 열쇠라는 의미이다. 기업가가 가지는 남다른 정신이 성공을 가져오는 핵심 요인이며 그러한 정신이 요즘 흔히 논의되는 창조적 경영의 밑그림을 그리고 혁신을 앞장서 수행한다. 그리고 기업가정신이야말로 성공 창업의 핵심이라는 사실은 많은 학문적 연구와 실제의 경험적 연구에서도 판명이 되고 있다. 실무적 측면에서도 기업가정신이 우수한 기업가의 창업 성공이 예견되는 것은 이미 너무나 많이 알려지고 있는 바와 같다. 이만큼 기업가정신의 중요성은 강조되고 있다.

## 2) 기업가정신의 일반적 특징

세계적으로 성공한 기업가정신은 공통적으로 다음과 같은 정신을 제시하고 있다.

### (1) 도전과 개척정신

창업자들이 창업의 뜻을 이루기 위하여 목표를 향하여 도전하고, 시련과 역경을 극복하며, 극한의 어려움을 무릅쓰고 개척하여 성공하는 사업정신을 말한다. 창업목표의 뜻을 이루기 위하여 무(無)에서 유(有)를 만들고, 미지의 황무지 같은 사업에 도전하여 정복하고, 성공하고자 부딪치는 정신을 말한다.

### (2) 신용제일주의

성공한 기업가들은 사업 시작과 함께 어떤 상황에서도 거래처와 소비자와의 믿음과 약속을 끝까지 바르게 지켰다. 신용을 가장 중요한 자산으로 사업의 철칙으로 여기면서 성공으로 이룩하였다. 날짜 약속, 납품 약속, 자금지불 약속, 제품수급 약속, 거래 약속, 원료확보 약속을 어떠한 상황에서도 지켜 내는 신용은 사업의 기반이다.

### (3) 신념의 정신

성공한 기업가는 생각이나 행동에 대해 옳다거나 이룰 수 있다고 믿는 마음의 정신이 있었다. 기업가의 신념주의는 '하면 된다'라는 'can-doism'을 탄생시켰다. 이는 할 수 있다는 불굴의 정신, 개척정신과 도전정신을 총합한 신념의 정신을 말한다. 새로운 환경변화를 빠르고 적절하게 수용하는 적응력, 사업의 장벽, 온갖 충격을 불굴의 도전정신으로 방어하고, 악조건에서 싸울 수 있는 정신력을 신념이라고 말한다.

### (4) 근검절약정신

성공한 기업가들은 한결같이 "부자가 되는 길은 부지런하고 검소하여야 된다."고 말하고 있다. 꼭 필요한 데에만 돈을 쓰며 헛되게 낭비하지 않는 정신이 기본이며, 작은 것을 아껴 큰 곳에 쓰는 정신을 발휘하였다. 공통으로 그들은 근면과 성실을 바탕으로 주위의 신임을 얻는 것에서 시작하여 점점 큰 것을 이룩해 가는 자세가 배어 있었다.

### (5) 고객 만족주의

고객 만족주의 정신(customer satisfaction management)은 경영의 모든 부문을 고객의 입장에서 생각하고 진정으로 고객을 만족시켜 기업의 생존을 유지하고 발전시키려는 경영전략이다. 이러한 전략은 미국에서 1980년대 중반 이후 주목받기 시작한 전략인데, 우리나라 성공한 기업가들은 일찍이 1950년대부터 "고객을 만족시켜야 사업이 성공한다."라는 경영이념을 가졌었다. 고객과의 거래는 한 번에 그치는 것이 아니라 사업이 계속되는 한 고객의 일생 동안 지속된다. 한 사람이 한 번 불만을 가지게 되면 주위의 모든 사람에게 영향을 미쳐, 결국 한 명을 잃는 것이 아니라 수십 명 또는 수백 명을 잃는 결과를 낳게 된다.

### (6) 인간존중 정신-인재 중시주의

인간을 존중하고 개인 능력을 최대한 발휘하도록 여건을 조성하여 개인과 조직의 원동력이 되게 하는 정신으로, "기업은 사람이다"라는 원리를 기업경영의 전략으로 도입하여 성공한 기업가정신이다. 기업에서 재주나 능력이 뛰어난 사람, 기술개발이나 혁신의 인재를 발탁하여 적재적소에 배치하는 정신, 일에 꼭 필요한 유능한 인재, 능력을 갖춘 사람, 인물을 발굴하여 채용하는 정신을 말한다. 기술혁신과 기업경쟁력 제고를 위한 원천은 사람을 육성하고 동기 부여하여 조직에 헌신하게 하는 것이며, 성공한 기업가는 이러한 점에서 뛰어났다.

### (7) 창의와 혁신정신

창의와 혁신정신은 지금까지 없었던 새로운 분야를 개척하는 정신, 사업을 성공으로 이루기 위하여 처음으로 생각해 내는 신제품 발명, 신기술 개발, 신시장 개척, 신원료 확보, 신조직 형성 등을 혁신(innovation)이라고 슘페터는 말하고 있다. 성공한 기업가는 말하기를 "합리적 경영에 변치 않는 두 개의 수레바퀴가 있는데 하나는 기술개발이요, 다른 하나는 경영혁신이다."고 한다. 기업은 영속되어야 하고 성장해야 한다. 그렇게 하기 위해서는 끊임없는 창의로 아이디어를 창출하고 이를 뒷받침하는 기술을 개발하며, 경영혁신을 이룩해야 한다. 성공한 창업자는 창업 초기부터 성공하기까지 창의와 기술개발, 그리고 혁신을 찾아 뛰었다고 기술하고 있다.

### (8) 책임주의 정신

성공한 기업가는 책임정신을 강조하고 있다. 성공한 기업가가 가져야 할 책임정신의 첫째는 한 가정, 한 가족의 일원으로서 책임, 둘째로는 직장과 사회구성원으로서 책임, 셋째로는 국가와 민족의 책임이고, 넷째로는 인간으로서 이 세상에 태어나서 인간답게 할 일을 다 해야 할 책임이라고 기술하고 있다. 기업경영에는 항상 지켜야 할 원칙과 책임, 권한과 의무가 따른다. CEO는 기업의 경영조직, 관리 문제를 원칙과 제도에 따라 책임을 지고 풀어 가야 한다.

### (9) 합리추구의 정신

성공한 기업가는 경영이론이나 이치에 합당한 것을 선택하여 경영기법으로 활용한다. 이것이 합리적 경영이다. 합리추구의 정신은 기업규모의 적정화를 추구하며 경제성에 입각하여, 환경의 대응능력을 지키며 시대에 적응하는 경영혁신을 꾀하는 것이다. 또한 국가의 사업보국과 투명한 경영, 고객만족도의 실현 그리고 합리적 노사관계라고 평가하고 있다. 따라서 합리추구 정신은 경쟁사회에서 기업이 성장하기 위한 철칙이다. 합리를 추구하는 것은 능률적인 경영을 통하여 사회적 책임을 다하는 목적에서 이루어지는 것이다.

### (10) 산업 평화주의는 노사공동체 정신

노사관계는 넓게는 노동자와 자본가 및 경영자 사이에 보여지는 지배 대 피지배 관계를 말하며 기본적으로는 계급관계이다. 그러나 노사관계는 계급관계 일만이 아니고 그것에 기초해서 발생하는 집단으로서의 노동자와 자본가 및 경영자와의 관계로서 이해되고 있다.

구체적으로는 노동력의 매매 및 교섭을 둘러싼 노동조합과 개별적인 자본가와 경영자 혹은 그 단체와의 관계라고 규정하고 있다. 이러한 관계 때문에 과거에는 주종관계로서 첨예한 대립양상을 가져왔다. 그러나 성공한 기업가는 노사관계를 대등한 관계로 인식하여 인간존중과 인간중심의 경영으로, 사람을 인재로서 인재제일주의 경영이념을 활용하여 성공하였다. 따라서 종업원과 회사의 관계는 서로 협조하고 공존 공영하는 관계로 보고 있다.

### (11) 정직과 정도주의

성공한 기업가의 비결 중 하나가 정직과 정도경영 정신이다. 테일러도 기업가의 자질과 조건 중에 정직(honesty)을 생명으로 여기는 창업자는 성공한다고 기술하고 있다. 사업은 신용을 기반으로 정직하게 행해지는 것이 정론이다. 가끔 신문상에서 부패 문제와 비윤리적 행위로 기업을 경영하다가 망하는 회사를 본다. OECD를 비롯하여 선진국의 경제기구는 21세기 기업의 경쟁력 원천은 기업윤리에 있음을 천 명하고 있어 정직하고 투명한 기업만 경쟁에서 살아날 수 있으며, 세계시장에 상품을 팔 수가 있다.

### (12) 사업보국정신

피터 드러커도『경영의 실체』에서 기업의 사회성을 강조하였고 기업의 이익과 공익이 일치되어야 사회가 건강해진다고 역설하고 있다. 사회적 기업인이라면 누구나 기업이란 마땅히 기업을 통해 자기의 뜻을 실현하고 국가에 공헌해야 한다고 말하고 있다. 기업의 공익이란 재화와 서비스의 풍족한 제공이며, 고용과 소득기회의 확대일 뿐 아니라 국가경영의 재원을 이루는 납세의 세원조성, 나아가 수익을 축적하여 새로운 기업에 계속 투자하고 신기술개발에 전력을 다하여 확대 재생산함으로써 국가경제를 발전시켜 국민의 행복, 인류의 복지향상에 공헌한다는 것을 말한다.

### 3) 기업가정신의 중요성

창업자는 기본적으로 창의적 아이디어를 갖고 도전의식과 개척정신에서 시작한다. 흔히 사람들은 사업을 시작하려는 기본 정신으로서 대인관계에 있어서 신용제일주의, 기업경영에서의 자신에 대한 확고한 신념과 가치관의 정립, 근검절약의 정신, 고객 만족주의, 사회에 대한 봉사와 책임정신, 인간존중의 가치, 창의와 혁신의 마인드, 합리적 사고와 기업경영의 투명성 추구, 노사합의에 의한 산업 평화주의 정신, 기업윤리에 근거한 정직과 정도, 사업보국의 정체성 제고 등을 기업가정신으로 제시하고 있다. 이와 같이 기업가정신은 기업을 시작하려는 자세와 태도의 모든 것을 포함하고 있다. 그래서 기업가정신은 중요하다.

성공 창업의 열쇠라고도 할 수 있는 기업가정신의 중요성은 환경의 변화에 대한 신속하고도 유연한 적응력과 함께 혁신적 행위를 과감히 가능하게 한다. 또한 새로운 과학적 지식을 제품과 서비스로 시장화 · 가치화 · 생산(실물)화를 해냄으로써 과학기술 발달에 따른 '산업의 혁명'을 시장에 일으키고 사회로 연결하는 효과적인 수단이 되고 있다. 또한 그 중요성은 여기서 개인의 혁신적 마인드가 사회의 고용 창출을 일으키며 사회를 혁신하고 변화시켜 새로운 사회를 창출한다는 데 있다. 론다 에이브람스(Abrams, 2016: 3)는 세상을 바꾸는 창업자는 새로운 아이디어의 혁신적 개발로 새로운 직업을 만들어 새로운 산업을 일으키고 시장의 니즈에 신속히 대응하는 유연성을 보여 중산층의 소득을 보장하고 생활을 유지 발전시키는 중요한 역할을 수행하는 것으로 규정한다.

한편 기업가정신이 중요한 이유는 창업에 의한 새로운 기업의 일자리 창출을 비롯해 고도의 기업가정신으로 세계 일류상품을 창조할 수도 있으며, 그로 인하여 사회와 국가경제 성장 등에 큰 기여를 하기 때문이다. 우리나라의 경우 6.25 전쟁 이후, 피폐한 상황을 딛고 일어서려는 국민적 열망 가운데 삼성의 이병철 회장, 현대의 정주영회장 등과 같은 기업가정신이 강한 사람들이 나타나 기업을 만들어 자신의 사업은 물론 국가적 산업을 성장시켰다. 이는 혁신에 혁신을 거듭한 결과였다. 그리하여 세계가 인정하는 일류상품, 글로벌 기업으로 가치 평가를 받았다. 또 벤처창업 붐이 일면서 한국경제의 체질은 이제 반도체, 자동차, 조선, 정유 등 고부가가치 첨단기술 산업을 보유한 선진 국가에로의 엄청난 변화와 성장을 일궈 냈다. 그러한 성장과 발전의 원동력이 창업자의 기업가정신에서 비롯되었다는 것을 강조한다.

위대한 기업가정신은 기술의 변화로 시장과 마케팅의 변화를 유발하여 기업경영의 경쟁 환경을 변화시키고 사회적 변화를 일으켜 궁극적이며 근본적인 변화를 일으키고 있다는 중요성 때문에 미국을 비롯한 선진국에서는 18 세기부터 기업가정신을 체계적, 학문적으로 접근하였으며(예: 미국의 카우프만 재단 등) 기업가정신의 수준을 측정하는 등, 기업가정신교육의 중요성까지 강조하고 있다(김진수 · 이창영, 2014: 97). 국가와 사회변화의 원동력의 처음 시작은 아주 자그마한 기업가정신에서 시작될 수도 있음에 그 중요성을 가름해 볼 수 있다.

## 3. 창업정신과 비전

### 1) 창업에 임하는 정신

창업을 준비하는 사람이라면 평소에 도전과 호기심을 바탕으로 개척의 정신이 충만해 있어야 할 것이다. 성공적인 창업자의 특성은 트렌드에 민감하게 반응하고 그 실용화 여부를 따져 본다. 그리고 현장 조사와 업종의 타당성과 경영의 적정성을 체크해 볼 것이다. 또한 끊임없는 아이디어의 개발을 일상화하고 창업의 냉혹한 현실을 몸과 마음으로 대처해 나가려는 자세가 필수적이다.

창업을 통하여 기업가인(Businessman)으로 성장 발전하려면 기본적인 특성으로 야망과 자립심, 자신감, 모험심, 통찰력, 창의력, 활력, 열정, 헌신, 혁신성 그리고 진취성 등을 핵심적 요소로 갖추어야 한다. 또 갖추어야 할 능력으로 조직관리 능력, 시간관리 능력, 인내력, 풍부한 창의성, 도덕성, 목표설정 능력, 적절한 모험심, 유머 감각, 정보를 다루는 능력, 문제해결을 위한 대안 구상능력, 혁신적 도전성 등이 요구된다(유성은, 2015: 124).

이 외에도 창업마케팅과 효율적인 세일즈 마인드를 가진 고객 지상주의 그리고 지속적인 자기관리(육체적, 정신적)는 필수적인 자세라고 할 수 있다. 기업을 일으키고자 하는 용기와 목표를 향한 끊임없는 열정과 지식을 바탕으로 과감한 실천으로 성공창업을 이룰 수 있어야 한다. 이러한 창업자의 기본 정신을 토대로 창업십계명, 즉 대담한 목표의 설정, 신속한 실행, 다른 사람 도우기, 상식을 깨는 이단자, 좋아서 하는 일을 하라, 경쟁력 갖기, 배짱, 지속적 학습, 멘토 만들기, 포기하지 말 것 등을 제시하고 유성은(2015: 150)은 창업성공을 위한 11가지, 즉 결단의 법칙, 역설의 법칙, 열정의 법칙, 도전의 법칙, 혁신의 법칙, 돈의 법칙, 동료의 법칙, 변화의 법칙, 학습의 법칙, 일인자의 법칙, 놀람(Wow!) 법칙 등을 제시한다. 이러한 창업정신 등을 바탕으로 창업의 실무와 관련된 정신들을 요약해 정리해 보면 다음과 같다.

① 창업기업의 경영과 업무수행에서 인력관리와 정보수집관리 그리고 고객관리 정신
② 창업 과정과 경영에서의 법률적 이해와 운용 및 사업상의 법적용, 특별법 이해와 지적 재산권 등에 대한 상호이해 정신
③ 세무회계와 재무관리의 효율성 제고 정신
④ 홍보와 광고 및 마케팅 전략 정신
⑤ 창업구성원과 기업구성원들의 지속적인 삶의 질 향상 정신
⑥ 창업의 성공적 수행과 사세 확장 그리고 이익증대를 위한 노력

### 2) 창업에의 비전

창업에 대한 비전은 창업정신에서 비롯된다. 흔히 창업자의 특징은 가르쳐지거나 학습으로 가능하지 않다고 한다. 선천적으로 타고난다고 한다. 그 타고난 성격이란 적극적이고 창의적이며 남다른 의욕을 갖고 기꺼이 위험을 감수하려는 태도에 관한 것들이다. 그러나 이러한 창업가로서 타고난 자질이라는 것도 교육과 훈련의 과정으로 인식할 수 있으며 요즈음은 국가기관은 물론 사설 직업 컨설팅회사를 중심으로 창업에 대한 비전을 믿음으로 창업의 자신감과 성취욕을 만족시키려 한다. 이러한 관점에 지금까지 살펴본 창업자가 가져야 할 정신과 성공을 담보하는 창업 경영에 대한 자세로서 다음 6가지 창업에의 비전 등을 기업가정신으로 요약해 볼 수 있다.

① 새로운 가치 창출에 의한 사회적 역할 분담과 공·사적 이익증대에 대한 비전
② 상존하는 리스크의 극복과 파괴적 혁신의 성공에 대한 비전
③ 새로운 지식과 기술의 개발로써 미래지향적이며 지속 가능성에 대한 비전
④ 새로운 고용창출에 의한 사회변화와 국가발전의 공헌에 대한 비전
⑤ 혁신과 도전에 의한 성공적 창업으로 성취한 자아실현에 대한 비전
⑥ 글로벌화된 세계시장에서의 해외창업의 성공에 대한 비전

## 4. 성공 창업자의 기업가정신 사례연구

### 1) 성공 창업자들의 정신

성공한 창업자들은 야망과 열정에 의한 창조적 정신으로 무장하고 혁신자적 특성을 갖고 있다. 유순근(2016: 27)은 성공적인 기업가의 특성으로 혁신자이며 성취하기

위한 강력한 동기로 적극적인 모험과 성취욕구를 갖고 있으며, 불확실성을 관리할 수 있는 능력자이고 또한 적절한 위험을 추구함으로써 무모한 위험추구자가 아니라 위험제거자의 특성을 가진다고 한다. 창업을 성공적으로 이끄는 조직기술의 효과적 결합, 책임에 대한 욕망, 정서적 안정과 자기통제로 성공적 사업을 운영하고 의사소통능력이 뛰어나며 문제해결자이며 미래지향적이고 인간관계의 능력 등을 중요한 특성으로 제시한다.

그리고 이러한 성공적인 기업가정신을 이상석(2015: 15)은, 발전단계로 설명하여 창조적 혁신, 틈새시장 창조, 통상적 혁신, 혁명적 혁신, 혁신의 발전 등으로 나누면서 발전의 전략적 방향성을 제시한다.

이상과 같은 창의성을 겸비하고 혁명가적 기업가정신을 발휘하여 국내외적으로 성공한 기업인들의 창업과정과 성공 이후 기업 운영에 임하는 정신을 알아본다.

### (1) 정주영 명예회장을 비롯한 한국의 성공한 기업인들의 기업가정신

- 근검절약정신
- 인간존중정신
- 신용제일주의정신
- 고객최우선정신
- 창의와 기술개척정신
- 신념의 정신
- 산업평화주의-노사화합의 정신
- 도전과 개척정신
- 사업보국주의정신

특히, 정주영 회장의 기업가정신은 오늘날 우리 사회의 성공한 창업자의 기본적 특성으로 분류가 되며 성공한 기업가들의 기본적 정신으로 많이 소개되고 있다.

### (2) 빌 게이츠와 스티브 잡스를 비롯한 창업에 성공한 미국인들의 기업가정신

2012년, 미국 최대의 비즈니스 『잡지 포춘(Fortune)』지는 현시대 미국의 가장 위대한 12명의 기업가를 발표하였는데 그중에는 애플의 스티브 잡스, 마이크로소프트의 빌 게이츠, 아마존의 제프 베조스(J. Bezos), 구글의 래리 페이지(L. Page)와 세르게이 브린(S. Brin), 페이스북의 마크 주커버그(M. Zuckerberg) 등 미국은 물론 세계적인 IT 혹은 ICT 관련 기업의 CEO들이 다수 선정되었다. 이들의 공통적인 기업가정신은 오늘날 미국의 대표적 기업가정신으로 끊임없는 혁신과 도전에 의한 성취욕이라고 요약해 볼 수 있다.

- 젊음과 패기의 도전정신과 창조적 혁신정신
- 시테크와 워크홀릭(work-holic)의 정신
- 미래에 대한 통찰력과 탁월한 의사결정력
- 핵심적 인재 확보에 의한 인간존중 정신
- 성공에 대한 경계와 실패를 재기의 발판으로 활용하는 태도
- 끊이지 않는 열정과 학습열
- 노블레스 오블리주(Noblesse Oblige) 실현과 창조적 자본주의 창출
- 상상을 초월하는 역발상과 현실화에 대한 실천의지

### (3) 마윈과 레이쥔(雷軍) 그리고 마화텅(馬化騰) 등 성공한 중국인들의 기업가정신

알리바바의 창업자 마윈 회장은 2013년 12월 한국의 서울대학교에서 초청된 특강에서 자신의 성공비결이 '돈, 기술, 계획이 없었기 때문'이었다고 밝힌 바 있다. 중국의 성공한 창업자들의 성공비결이라고 하기보다는 기업가정신을 의미하는 중요한 화두라 할 수 있다. 현시기 중국에서 애플과 아마존과 구글을 합친 회사로 규정짓는 샤오미의 공동창업자이며 CEO인 레이쥔 역시 중국 IT산업의 창업 신화를 탄생시키

기까지 그의 어록으로 "태풍의 길목에 서면 돼지도 날 수 있다."라고 창업하는 기업가정신으로 창의적 발상과 혁신적 전략을 내세운다. 현대 중국의 성공 창업자들의 공통적 특성은 현실에 안주하지 않고 실패를 두려워하지 않는다는 것이다.

- 시대의 흐름을 알고 선제적으로 대처한다.(겨울을 미리 준비하고 견뎌라)
- 멀리 내다볼 수 있는 통찰력(물구나무를 서면 세상이 다르게 보인다)
- 중독(집중을 통한 성공에 대한 확신과 자신감)
- 불확실한 기회를 창조와 혁신의 진정한 기회(호기)로(기선제압과 기회포착)
- 고통과 좌절의 역설(호되게 겪어 봐야 출세할 수 있다, 죽도록 버티면 기회가 생겨난다. 위기관리의 헝거 마케팅)
- 삼류 아이디어에 일류의 실행을 더하다.
- 변화가 오기 전에 변하라.

창업을 준비하는 사람이라면 평소에 도전과 호기심을 바탕으로 개척의 정신이 충만해 있어야 할 것이다. 그리하여 성공적인 창업자의 특성은 트렌드에 민감하게 반응하고 그 실용화 여부를 따져 본다. 그리고 현장 조사와 업종의 타당성과 경영의 적정성을 체크해 볼 것이다. 또한 끊임없는 아이디어의 개발을 일상화하고 창업의 냉혹한 현실을 몸과 마음으로 대처해 나가려는 자세가 필수적이다. 이 외에도 시간 엄수와 고객 지상주의와 지속적인 자기관리(육체적, 정신적)는 필수적인 자세이다.

### 2) 성공 창업 SWOT 분석과 사례연구

다음과 같은 양식으로 내가 생각하는 성공한 창업인의 사례를 선택하고 성공하기까지 장단점을 비롯해 여러 가지 요인들을 종합하여, 우선 TOWS 매트릭스를 작성하고 성공하기까지 기업가정신 등을 분석하여 보자.

## 성공 창업 사례연구 보고서

제출일:　　　　년　　월　　일　　　　　　　　　　　　　　　성공 창업 SWOT 분석

| 제목 | | 학과 | | 성명 | |
|---|---|---|---|---|---|
| | | 학번 | | | |

성공한 창업인(벤치마킹하고자 하는 창업인): ____________________

사전준비: 성공한 창업자의 스타트업 활동을 찾아서 자료화 한다. (인터넷 및 SNS자료, 신문, 각종 저널, 기타 미디어활용) 성장과 교육 혹은 프로필, 성공하기까지 스펙, 일화 등을 정리한다.

|  | | | |
|---|---|---|---|
| 조사1] 중요한 성공의 요인이 어떤 것이 있는지 요약 | | | |
| 조사2] 성공하기까지 실패, 위기 경험한 것은 어떤 것이 있는지 요약 | | | |
| 조사3] 수집자료와 관찰자료를 중심으로 매트릭스표 작성을 위한 내용정리 및 분류 | ① 성공한 창업인의 환경에서 기회요인(opportunity)은? | | |
| | ② 위협요인(threat)은? | | |
| | ③ 개인적 강점(strong)은? | | |
| | ④ 개인적 약점(weakness)은? | | |
| | ⑤ 내외적 강약점을 극복하고 성공하기까지 스타트업 전략은 | | |
| 분석1] TOWS 매트릭스표 작성 〈SWOT 분석〉 | 내적요인 / 외적요인 | 개인의 강점(S) | 개인의 약점(W) |
| | 외부기회(O) | ① SO전략 | ② WO전략 |
| | 외부위협(T) | ③ ST전략 | ④ WT전략 |
| 분석2] SWOT 분석에서 나타나는 기업가정신은 | ①<br>②<br>③<br>④ | | |
| 분석3] 창업자의 성격 및 가치관을 분석해 보면? | | | |

## 5. 성공 창업을 위한 기업가정신의 실천

처음 창업은 기업가정신에서 잉태되어진다. 기업가정신을 가진 사람에게는 창업이 저절로 자연스럽게 생겨난다는 의미다. 사람이 어떤 사물을 처음 보거나, 접하게 되면 그 사물의 활용방안 혹은 되새겨 보려는 마음이 충만해지는 사람이 있다. 바로 그 시점에서 사물에 대한 호기심에서 시작하여 확대 재생산해 보려는 성취욕구가 생겨날 때 흔히 말하는 기업을 만들려는 기업가정신이 솟아난다고 할 수 있다. 그래서 기업가정신을 혁신의 정신, 창조의 정신으로 이미 있는 사물에 대한 원리들을 새롭게 융복합해서 또 다른 가치를 창조하고자 할 때 기업가정신이 나타나는 것으로 설명하고 창업하고자 하는 사람은 최초의 원칙에 충실하고 본질을 최대한 활용할 수 있어야 한다.

이미 여러 차례 언급한 바와 같이 창업자는 도전과 개척정신이 충만하여야 한다. 이런 기업가정신을 바탕으로 대인관계에 있어서 신용제일주의, 기업경영에서의 자신에 대한 확고한 신념과 가치관의 정립, 근검절약의 정신, 고객 만족주의, 사회에 대한 봉사와 책임정신, 인간존중의 가치, 창의와 혁신의 마인드, 합리적 사고와 기업경영의 투명성 추구, 노사합의에 의한 산업평화주의 정신, 기업윤리에 근거한 정직과 정도, 사업보국의 정체성 제고 등을 겸비하여야 한다.

창업에서의 성공이란 이러한 기업가정신이 실천으로 이어지는 것을 의미한다. 물론 사업 초기에는 기대와 의욕에 넘친 자세로 마음먹은 목표를 실천하려 노력할 것이다. 그러나 기업환경은 물론 사회적 · 경제적 여건이 반드시 긍정적으로만 작용할 수는 없을 것이다. 이때 초심으로 자신의 창업 당시의 기업가정신을 철저하게 실천할 수 있는 태도가 중요하다. 때로는 적자경영을 각오하며 기업가정신을 포기해서는 아니 된다. 오히려 위기에 처하였을 때 긍정적이며 적극적인 자세로 최초의 기업가정신을 실천할 수 있는 능력을 보여 줄 수 있어야 한다.

창업의 초기, 목표를 세우고 성공을 예견하고 강력한 추진력으로 실천의 요소들을 자신만의 노하우로 만들어 나가며 도전정신을 발휘할 때 결국 자신이 목표로 하는 창업의 성공은 물론 인생의 성공까지 예견해 볼 수 있다.

13 CHAPTER

# 창업을 위한 성공전략

## 1. 성공 창업을 위한 설계

### 1) 창업계획서 작성하기

창업을 계획하는 사람은 누구나 성공을 꿈꾼다. 그러기 위해서는 시작의 단계에서부터 창업을 위한 자신만의 기업가정신 등으로 철저히 무장하고 처음 계획한 창업정신의 실천과 주도면밀한 기업경영의 수완을 보여 줄 수 있어야 한다는 것 등은 창업에 임하는 사람 누구에게나 어디에서나 똑같은 의미일 것이다. 성공한 창업을 위해서는 무엇보다도 창업을 준비하는 첫 단계에서 최고의 비전을 보여주고 누구나 인정하는 기업가정신을 갖출 수 있어야 한다.

창업의 확실한 비전의 설정, 즉 주변에서 공감이 가는 창업계획서를 제시하는 것은 창업준비의 물질적 · 정신적 성공 모티브를 제공한다. 이것은 창업을 성공으로 이끄는 매우 중요한 전략이라 할 수 있다. 유연호(2014: 47)는 창업을 앞둔 사람들이 '첫 사업계획서를 작성해 보면 기업의 미래가 보인다.'라고 지적한다. 왜 창업을 하려 하는가? 언제 창업할 것인가? 누구와 함께할 것인가? 무엇을 팔거나 서비스할 것인가? 목표 고객은 누구인가? 어디에서 팔거나 서비스할 것인가? 어떤 마케팅을 할 것인가? 자금은? 얼마나 매출을 달성할 것인가? 그리고 스토리를 만들어 알려야 한다는 것 등 열 가지를 계획서 작성의 기본 틀로 제시하고 있다(유연호, 2014: 47).

성공 창업의 전략을 말하는 것이다. 이러한 측면에서 나만의 창업계획서를 구상해 보면 다음과 같다.

〈표 13-1〉 **창업계획서 설계**

| 구 분 | 창업요소 | 내 용 |
|---|---|---|
| 누가 | 창업자 | 창업자개요, 인원 및 조직계획 |
| 무엇을 가지고 | 아이템 | 개발계획, 상품계획, 서비스계획, 가격계획<br>설비계획, 자재계획, 외주계획 |
| 얼마를 투자해서 | 자금 | 투자계획, 자금계획 |
| 어디서 | 입지 | 입지계획, 지사(대리점)계획 |
| 누구에게 | | 판매계획, 매출계획, 수출계획 |
| 어떻게 | | 마케팅계획, 홍보선전계획 |
| 언제 | | 일정계획 |
| 얼마를 벌 수 있을까 | | 원가계획, 이익계획, 상환계획, 배당계획 |

**위의 계획서를 토대로 창업계획서의 구성 전략을 구체화시켜 보면,**

- 팀과 팀워크 구성 전략:
- 제품 개발 전략:
- 마케팅 전략:
- 자금조달 전략:
- 특허권 여부 전략:
- 단계별 전략:
- 최종 혁신(리스크) 전략:

모든 일의 출발이 그러하듯 새로운 사업을 시작할 때는 철저한 계획과 사업 진행에 대응하는 매뉴얼이 준비되어야 한다. 창업자 자신의 창업 의지와 창업의 필연성 등의 문제의식에서 출발하여 스스로 창업 과정과 향후 사업 운영에서의 현안 해결을 모색하는 과정에서 합리적인 사업계획서의 작성과 같은 전략이 있어야 한다.

사업계획서가 자신의 창업정신에 의해 가치관이 정립되고 창업절차가 명료해지면 사업 전반에 걸쳐 하나의 창업스토리가 완성되고, 계획서 작성의 방향이 정해진다. 계획서 작성은 쉽고 명확하게 서술하여야 한다. 또한 필요에 따라 전문성이 가미된 아이템에 대한 자신감 있는 설명이 필요하다. 자신이 서비스하거나 팔려는 상품을 고객에 대한 기업가정신, 즉 창업정신이 배어날 수 있어야 한다. 때로는 다른 사업체와의 차별화와 틈새 전략을 찾기 위한 계획서를 작성할 수 있어야 한다.

## 2) 창업계획서의 구성

좋은 구상은 좋은 계획 아래 이루어진다. 또한 필요충분 조건을 갖추게 되면 훨씬 용이해진다. 사업계획서의 작성에는 사업을 창안하는 사람과 아이디어나 기술, 시장, 자금이라는 기본요소가 필요하다. 성공적인 마스터플랜을 짜기 위하여 다섯 가지 원칙과 여덟 가지 구성요소를 바탕으로 구체적인 계획이 세워져야 한다. 한국창업경영컨설팅협회에서 제시하는 사업계획서 작성의 다섯 가지 원칙과 여덟 가지 요소를 정리하면 다음과 같다(김진영 외, 2015: 190).

### (1) 사업계획서의 작성 다섯 가지 원칙

① **객관성**: 객관적인 자료와 데이터를 근거로 작성한다.

② **명확성**: 사업계획에 대한 핵심을 명확히 제시한다.

③ **단순성**: 기술적 전문가가 아닌 일반인도 이해할 수 있도록 작성한다.

④ **일관성**: 지각적 통일성과 문제해결 과정 등에서 일관성을 유지한다.

⑤ **독창성**: 자신의 창업정신으로 기존 사업이나 경쟁상대와는 구별되는 특징을 내세운다.

### (2) 사업계획서의 작성에 포함되어야 할 여덟 가지 요소

① 조직 및 인력

② 아이디어와 기술(제품 포함)

③ 시장 및 경쟁 상대(개인과 단체)

④ 마케팅

⑤ Business System

⑥ 기회와 위험적 요인

⑦ 재무계획

⑧ 추진 일정

## 2. 사업의 타당성 분석

### 1) 사업타당성 분석의 의의

창업을 위한 사업타당성 분석은 사업을 시행하기 이전에 기획하는 사업에 대한 성공 가능성의 정보를 파악하는 것을 말한다. 성공이냐 실이냐를 알아보는 것이다. 사업 아이템은 물론 장소와 자금 중 창업의 기본요소에 해당되는 사안들에 대한 정보 분석이 선행되어야 한다. 사업 성공을 위하여 기본적으로 분석의 대상은 시장성과 수익성의 문제에서 출발한다. 이를 위하여 사업추진 능력을 비롯하여 기술성, 적합성, 경제성, 안정성과 위험부담의 정도 등을 분석하고 평가하는 총체적인 과정이 이루어지는 것을 의미한다. 가능하면 매우 주도면밀하게 하나하나 로드맵을 그려야 하며 타당성에 관한 정보를 세분화해 보면 또 그 과정에서 마케팅 전략이나 경제성에 대한 시너지를 얻을 수도 있을 것이다.

사업타당성 분석 전략은 창업을 추진하는 내부 주체 또는 창업에 관련된 투자나 자금동원에 나선 사람들 사이에서 이루어진다. 즉, 직간접적으로 창업에 투자한 창업주체는 물론 외부의 사람들이 중심이 되어, 사업의 추진 능력, 기술적 문제, 마케팅 업무 그리고 투자에 대한 손익의 추정과 경제성 등에 관한 정보를 입수하고 전망해 보려는 일련의 활동을 의미한다. 창업의 성공 여부를 여러 가지 측면에서 상호 협조하여 조사 분석하게 된다. 창업 주체는 타당성의 제고를 위해 보다 객관적이고 합리적인 분석을 원한다. 따라서 분석을 위한 평가요소별 상위수준을 얻기 위한 노력을 얻으려 할 것이다.

## 2) 사업타당성의 평가요소

창업 과정에서 사업타당성을 검증하려면 체계적이고 합리적인 분석의 준거가 제시되어야 한다. 일상의 생활에서 마찬가지로 창업자의 사업수행 능력을 비롯해, 시장의 활성화와 방향성(유통구조와 특성), 기술적 능력 그리고 경제성과 효율성 등이 기본적 평가 요소라 할 수 있다. 여기에 조세와 적용 법률에 관한 식견이나 대처방안들의 확보 등이 필요하다. 한편 중소기업청에서 제시하는 사업타당성 분석을 위한 요소들을 살펴보면, ① 시장의 규모 및 시장개척 가능성, ② 제품 및 기술개발 가능성, ③ 수익성 및 자금조달 가능성, ④ 기타, 장기적 관점에서 경영환경과 소비패턴 그리고 국내외적 경제상황과 경제동향에 대한 분석도 필요하다. 이들 평가요소를 갖고서 일련의 타당성의 분석을 다음 절차에 따라 진행하게 된다.

### 3) 사업타당성 분석의 절차

사업계획서 검토 상담(사업 아이템 선별)

⇩

내 외부 자료 수집과 아이템의 비교 분석

⇩

사업 아이템의 결정과 타당성 분석

- 창업자 능력분석
- 시장성 분석
- 기술성 분석
- 경제성 분석
- 적법성 분석

⇩

계획분석의 정리(최적 아이템 실용성)

⇩

계획부문별 사업타당성 분석보고서 작성

⇩

사업계획서 작성

## 3. 성공 마스터플랜

창업이 시대적 대세가 되면서 사회적으로 많은 이슈가 생겨나고 있다. 학교 교육에서도 취업이 아니라 여러 가지 위험부담을 전제로 창업에 나서길 강권하고 있는 현실이다. 미국에서는 2011년 이후 해마다 대학사회에서 창업 관련 강좌를 이수하는 학생 수가 600만 명이 넘어서고 있다. 이렇게 많은 창업교육은 많은 창업을 기대하게 한다. 창업을 희망하는 사람이면 누구나 성공 창업을 기대하고 있다. 지금까지 살펴본 바와 같은 많은 성공 창업을 위한 정신이나 구호가 모두에게 적절하지는 않을지라도 창업희망자는 성공하는 창업이 궁극적 목표이다. 또한 어느 시대를 막론하고 모든 분야에서 창업자는 개인적으로 국가와 사회에 많은 공헌을 하고 있다. 여러 가지 측면에서, 그리고 최근 10여 년 동안 IT분야에서 중국 창업자들의 성공 신화에서 보듯이 하루아침에 성공을 거두어 개인은 물론 사회에 급속한 성장의 여파로 국가 경제에 변화를 주도하기도 한다. 소규모 기업에서부터 대기업에 이르기까지 단순히 새로운 부의 창조와 함께 고용인력의 창출과 가치의 변화 등을 일으켜 새로운 사회의 개척자가 되기도 한다. 그래서 창업의 초기 단계에서 마스터플랜은 기업의 성공유무에 똑똑한 역할을 한다.

'성공을 보장하는 마스터플랜이 있을 수 있을까?'를 생각하며 또 다른 실패를 최소화할 수 있는 계획을 실행하기 위한 열 가지 성공 마스터플랜을 알아본다. 또한 사업과 분야에 따라 계획서의 작성 내용이 다를 수 있음에 유의하되 혁신적 마인드에 의한 창조와 열정으로 사업계획서를 준비하여야 한다.

① 사업계획서의 용도와 제출처의 평가 기준에 타당하게 작성한다.
② 제시된 여러 가지 예측 수치에 신뢰성을 부여한다.
③ 하드웨어개발 중심과 소프트웨어개발 중심 업체에 차별을 둔다.
④ 기술 적용과 내용은 단순하고 보편적인 설명으로 이해시킨다.
⑤ 유사 제품과의 차별성을 강조한다.
⑥ 사업계획은 지속적으로 혁신한다.
⑦ 자금의 조달 목적 및 방법에 대하여 명확히 한다.
⑧ 프리젠테이션의 능력도 중요하다.
⑨ 발표 자료를 전략적으로 충분히 준비한다.
⑩ 솔직한 비전의 제시가 필요하다.

## 4. 창업 관련 세무와 법률에 관한 이해

### 1) 세무회계와 재무관리

창업에서의 회계는 경영자와 이해관계자들과의 커뮤니케이션을 위한 도구라고 규정할 수 있다. 기업을 둘러싸고 있는 다양한 이해관계와 창업에 대한 결과가 수치로 나타나는 것이 세무회계이며 이는 기업경영의 애로와 법적 책임의 기본 자료로 활용이 된다. 세무회계와 관련된 용어 그리고 그 내용들을 요약하면,

① 장부기장: 주요 장부와 보조장부

② 사업자등록에 따른 세금문제: 개인사업자는 소득세, 부가가치세, 원천징수하는 세금과 개별 소비세 등이 있으며 법인사업자는 법인세 과세표준에 따라 세금의 종류와 세액부과가 달라진다.

③ 세제혜택: 점포 및 창업기업의 유형에 따라서 혜택이 달라진다.

④ 재무제표(재무상태표와 손익계산서): 대차대조표, 손익계산서

⑤ 재무관리: 자금의 조달 및 운영에 대한 업무

### 2) 창업자가 알아야 할 법률

①「상가건물 임대차보호법」

② 특허출원

③「가맹사업거래 공정화에 관한 법률」

④ 개인사업자등록 신청

⑤ 허가 · 등록 · 신고업종

⑥ 학교 정화 구역내 금지업종

⑦「벤처기업육성에 관한 특별조치법」

⑧ 「제조물 책임법」

⑨ 창업기업의 의무 신고사항: 건강보험, 산재보험, 취업규칙, 고용보험, 국민연금, 근로자 명부와 임금대장 작성

⑩ 기타 창업자가 알아야 할 법률: 「전자상거래 등에서의 소비자 보호에 관한 법률」, 「소득세법」, 「가맹사업 진흥에 관한 법률」, 「상표법」, 「소기업 및 소상공인 지원을 위한 특별조치법」, 기타 지적재산권에 대한 이해, 특허정보,

## 5. 스타트업 성공전략과 실패의 재활용

### 1) 실패는 성공의 반석

사람은 항상 모든 일이 성공하기를 바라고 일한다. 창업자라면 누구나 성공을 위한 온갖 지혜와 전략을 동원한다. 어느 누구도 실패를 하려고 창업하려는 사람은 없다. 성공 창업을 위한 토대가 되는 창업가 정신의 기본은 흔히 '창조', '혁신', '열정' 그리고 '도전정신' 등으로 요약할 수 있다. 그러나 역설적으로 어떤 창업인도 바라지 않는 실패가 성공 창업의 반석이라는 것을 강조한다. 창업과 업무수행의 과정에서 실패의 재활용은 궁극적인 최후 성공 창업의 전략이라는 것이다.

영국 가전업체의 어떤 창업자는 성공이란, "열정을 잃지 않고 첫 번째 실패에서 다음 실패로 계속 나아갈 수 있는 능력"이라고 말한다. 그래서 열정이란 창업자의 기업가정신을 혁신과 창조의 도전정신으로 승화시켜 실천할 수 있는 원동력으로 작용한다는 점이다. 또 실패를 극복하고 또 다른 도전과 혁신을 이끌어 낼 수 있는 추진력이기도 하다. 보다 적극적인 의미로 창업자의 위험부담을 최종의 성공으로 안착시킬 수 있는 실패의 적절한 활용이 있어야 한다. 강조하건데 실패란 창업에 있어

서 중요한 전략이라고 할 수 있다. 그래서 선진 경영학에서는 '실패학'이라는 것이 있다.[1)]

사람들은 심지어 실패는 세계를 변화시키는 출발점이라고 강조하기도 한다. 주인공은 반드시 좌절하기도 하고 끊임없는 갈등과 내부전쟁을 통하여 극복한다. 그리고 성공한다. 그리고 글로벌 기업일수록 실패를 기꺼이 받아들인다. 실패 재활용의 중요성을 강조하며 우리나라의 LG경제연구원에서는 성공 포인트 일곱 가지를 실패학을 근거로 제시한 바 있다. 여기서 실패학은 곧 성공을 위한 반석이요, 성공의 지름길이 아닌 성공을 위한 여정의 하나라는 것을 강조하는 의미다. 그래서 실패학 성공 포인트 일곱 가지는, 첫째, 가장 성공했을 때를 가장 실패할 확률이 큰 시기로 규정해라. 둘째, 실패를 학습의 대상으로 삼아라. 셋째, 실패 DB를 활용하라. 넷째, 감성지수(EI)를 활용한 실패 정서 관리에 초점을 맞추어라. 다섯째, 가상 실패 체험으로 성

---

1) 미국의 창업자들은 매일 "시도하는 데 실패하지 말고 실패하려고 시도하라"는 명언을 곱씹는다. 뉴욕타임스(NYT)는 2014년 3월 27일 "실패는 우리의 뮤즈(영감을 주는 존재)"라는 제목의 기사에서 실패 예찬론까지 폈다. NYT는 "지금 '실패'가 한창 뜨는 중"이라며 '실패의 아이콘'으로 통하는 문학계 인사들을 소개했다. 『모비딕』의 허먼 멜빌(1819~91)도 그중 한 명이다. 뉴욕 세관 공무원으로 19년간 일했던 멜빌은 출판사를 찾지 못해 자비 출판을 했다. 그나마도 돈에 쪼들려 한 번에 25권을 찍어 내면 많은 정도였다고 NYT는 전했다. 그의 유작 『빌리 버드』는 그의 생전 빛을 보지 못했고 사후 책상 서랍에서 원고지 묶음으로 발견됐다. 『모비딕』의 생전 판매는 3715부에 그쳤다. NYT는 "멜빌의 작품 질이 높아질수록 독자 수는 줄었다"며 "위대한 작가로 꼽히는 멜빌 본인은 자신의 인생을 실패작이라 생각하며 숨졌다"고 전했다. NYT는 이어 "수많은 꽃이 얼굴을 붉히지만 그 모습을 보이지 않은 채 그 달콤한 숨결은 대기 중에 버려 버리네"라는 토머스 그레이(1716~71)의 시 '시골 교회 묘지에서의 애가(哀歌)'를 인용했다. 이어 사뮈엘 베케트(1906~89)의 부조리극 '고도를 기다리며'의 대사 "더 잘 실패해라(Fail better)"까지 인용했다. "우아하게 더 잘 실패하라는 (베케트의) 대사는 인생에서 성공이라는 것은 존재하지 않는다는 뜻"이라는 해석을 달았다.
실리콘밸리에서 탄생한 '실패 콘퍼런스'인 페일콘(FailCon)에선 보다 구체적인 실패 사례가 논의된다. 벤처 사업가들이 모여 자신의 실패담을 공유하고 "이렇게는 하지 말아라"는 이야기를 나눈다. '실패'를 주제로 삼은 이 회의는 큰 성공을 거뒀다. 2008년 결성돼 첫 회의를 실리콘밸리에서 치른 후 일본 · 이란 · 스페인 등으로 확산됐다. 회의 주제는 "실패를 껴안고 성공을 만들자"다. CNN은 "실패자들의 커밍아웃 파티"라고 진단했고, 미 공영 라디오 NPR은 "실리콘밸리가 사랑하는 단어인 '실패'에 초점을 맞췄다"고 소개했다. 연사들은 실패담을 자랑스럽게 내놓는다. 미국판 싸이월드로 통했던 마이스페이스 공동 창업자인 크리스 드월프는 "다이어트를 종용하는 해괴망측한 광고를 보며 내 회사에 대한 제어력을 상실했음을 깨달았다"고 털어놨다. 숙박 공유 주선업체인 에어비앤비 창업자 조 게비아는 "남들이 '너 미친 거 아니냐'고 하면 제대로 하고 있다는 증거"라고 말해 환호를 받았다.
실패한 신제품만 모아 놓은 박물관도 있다. 미국 미시간주 앤아버의 '신제품 전시관'은 별칭인 '실패한 상품 박물관'으로 더 잘 알려져 있다. 펩시콜라가 야심 차게 내놓았지만 소비자들에게 외면당한 '투명 콜라' 등이 인기 전시물이다. 실패학(failure study) 권위자인 로버트 맥메스가 "신제품의 90%가 실패하는 이유는 뭘까"라는 의문으로 1990년 설립해 약 13만 점이 전시 중이다.
[출처: 중앙일보, 2014. 08. 09. 미국서 뜨는 '실패학']

공 가능성을 높여라. 여섯째, 실패했을 경우 책임을 지는 경영자가 현장에서 활동해라. 일곱째, 실패를 헤쳐 나갈 원칙을 만들어 주어라.

그래서 흔히, 인류의 진보는 99번의 실패 끝에 찾아온 단 한번의 우연한 성공에서 비롯되었다는 이야기가 전설적으로 전해지고 있다. 전화기를 발명한 에디슨(T. Edison)의 실수가 그랬고, 깨진 창문으로 들어온 푸른곰팡이에서 우연히 항생제 페니실린을 발견(1928년 영국 런던)한 플레밍(Alexander Fleming)의 경우도 그러했다. 올해 노벨 화학상을 받아 일본 전체를 신선한 감동으로 몰아넣은 다나카(田中) 수상자 역시 자신의 발견이 우연한 실수에서 시작했음을 고백한 바 있다.

창업의 실패를 뛰어넘어 성공으로 연결하는 전략적 방법으로 일곱 가지 방안에 대해 살펴보았다. 불확실성이 증가하는 21세기 경영환경에서 살아남기 위해서는 실패에 대한 인식 전환이 필수적이다. 이와 같은 전략적 인식의 전환은 과거의 일에 집착하는 실패가 아닌, 미래 지향적인 실패에 초점을 맞추는 방향으로 진행되어야 한다. 성공학 못지않게 실패학에 관심을 기울여 실패를 인정하고 반석이 되었을 때, 최후의 성공 창업의 전략이라고 할 수 있을 것이다.

그래서 끊임없는 도전과 비전을 향해 돌진해야 한다. 결국 실패는 포기하지 않고 목표를 향해 달릴 수 있는 기반을 닦는 과정이라고 볼 수 있다. 실패는 더 큰 성공을 위한 성장통이라고 규정하기까지 한다.[2)]흔히 '실패를 거울삼아'라는 말의 시사점이 실패는 궁극적으로 성공을 위한 과정으로 보아야 한다는 것이 실패학의 기본이다.

## 2) Stay Hungry, Stay Foolish

우리나라 음식문화를 선도해 나가는 외식경영전문가 백종원 대표이사는 "항상 외식문화의 새로운 트렌드를 만들고, 사람들이 좀 더 쉽고 맛있게 즐길 수 있는 메뉴를 개발하고 널리 보급하기 위해 고민하고 있다."라고 그의 여러 강연과 저술 등에서

2) 사토 지에 지음, 김정환 옮김, 『실패에서 무엇을 배울까』, 2014: 250.

주장한다. 한국 외식 경영업에서 30여 개의 외식 브랜드와 1,200여 개의 매장을 운영하며 항상 긴장된 기업가정신으로 새로운 외식문화를 창출하는 힘은 어디서 나오는 것일까. 여기서 생각나는 것은 잡스의 대명사가 된 "Stay Hungry, Stay Foolish"를 떠올릴 수 있다. 사실 이 문장은 잡스가 학창 시절 즐겨 읽은 자연과학 백과사전에서 인용한 글이다. 백종원 역시 자신의 분야에서 창업하기를 희망하는 사람들에게 이 메시지를 끊임없이 강조하고 있다. "서비스업에 종사할 수 있는 마음가짐"과 "인내심" 등을 기본으로 창업하려는 자세와 마음가짐을 점검하고 독려하면서 냉철하게 자신을 바라볼 수 있는 기회를 가질 수 있도록 자신의 저서[3])에서 주장한다.

'취업보다 스타트업'도 창업으로 성공을 이룬 인도 청년들의 사례를 이야기하는 인도의 여성 라시미 반살은 그들의 결코 멋진 '성공 신화'만을 이야기하진 않는다. 어이없고 황당한 실수와 수많은 실패의 기록을 제시하고 인도의 기업가정신인 '주가드' 정신을 내세운다. 이것은 세계인이 주목하는 성공의 열쇠를 뜻하며 '주가드'는 열악한 환경에서 생존하기 위해 독창적인 방식으로 해법을 찾아내는 경영을 뜻하며, '결핍이 만든 혁신정신'으로 내세운다.

한결같이 목표를 향한 우직한 인내심을 강조하는 기업가정신으로 무장하라는 메시지이다.

3) 백종원의 장사 이야기(2016, 머리말).

# 대학 교양인의 미래직업 설계를 위한 웹사이트와 모바일 앱

취 · 창업의 설계와 자기계발에 필요한 정보를 얻을 수 있는 모바일 앱과 온라인 웹사이트는 너무나 많다. 정보의 홍수 속에서 내가 필요로 할 때 활용 가능한 정보망을 구축할 수 있어야 한다. 흔히 구슬이 서 말이라도 꿰어야 보배가 될 수 있다는 말처럼 나만의 신속 · 정확한 IT맵을 준비하고 활용하여야 한다. 그중에서도 진로 탐색과 자기계발 그리고 취 · 창업을 준비하기 위한 주요 링크를 모아 보면 다음과 같다.

- 고용노동부: "함께 일하는 나라, 행복한 국민"을 기관소개의 비전으로 우리나라 국민이 취업 및 일자리 찾기를 위하여 맨 처음 찾아봐야 할 국가기관이다. 국민의 고용안정과 국가발전을 위해 의무적으로 내세우는 고용률 70% 달성, 일자리의 질 향상, 활력 있고 안전하며 든든한 일터 조성, 미래창조형 상생의 노사관계 구축을 통하여 국가발전과 국민행복을 달성 등의 슬로건에 유의하여 많은 이용을 필요로 한다. http://www.moel.go.kr/ 모바일 앱 http://m.moel.go.kr/Main/ http://m.work.go.kr/main.do
- 한국고용정보원: 취창업을 위한 모든 정보가 있는 곳, 그들은 우리 국민들에게 "신속하고 정확한 고용정보 제공으로 인력 수급 원활화"라는 미션 수행을 위하여 고객감동 등을 핵심가치로 세계 일류 국가고용정보기관으로 거듭나고 있다고 자랑한다. 최근 고용동향은 물론 중장기 고용정책에 관한 정보원을 얻을 수 있다. 직업심리검사 등의 취업과 진로 길라잡이 역할까지 하고 있다.

  http://www.keis.or.kr/main/index.do/

  모바일 앱 http://m.facebook.com〉workgokr

- 중소기업청: 체계적이고 효율적인 중소기업지원체계를 구축하고 중소기업의 경쟁력을 높이기 위해, 옛공업진흥청을 폐지하고 통상산업부의 중소기업국을 확대하여 1996년 2월 12일 개청하였다. 정부의 중소기업 지원 조직은 1960년 7월 1일 상공부 공업국 중소기업과로 출범하였으며, 그 후 중소기업국으로 확대(1968.7.24.)된 이후 현재 중앙행정기관으로 창업자들과 기업인들을 위하여 봉사하며 발전하고 있다.

  http://www.smba.go.kr/kr/index.do

  http://www.smba.go.kr/kr/etc/callinfo.do?mc=usr0002049
- 소상공인시장진흥공단: 소상공인시장진흥공단은 소상공인 육성과 전통시장·상점가 지원 및 상권활성화를 위해 설립된 준정부기관으로서, 소상공인과 전통시장을 보다 체계적이고 직접적으로 지원하기 위해 2014년 1월, 기존의 '소상공인진흥원'과 '시장경영진흥원'을 통합하여 생겼다. 2015년부터는 2조 원 규모의 '소상공인시장진흥기금'을 운용하고 있으며, 2016년부터는 소상공인들에게 직접 대출도 시행하고 있다. 정부지원금제도를 적극적으로 활용하기에 좋다.

  http://www.semas.or.kr/web/main/index.kmdc
- 소상공인포털 http://www.sbiz.or.kr/sup/main.do
- 한국인터넷진흥원: 글로벌 리더를 지향하는 인터넷 정보보호 진흥기관으로서 산업진흥, 정보보호, 미래선도, 혁신경영을 통해 인터넷으로 국가발전에 이바지하는 것을 내세우고 있다. 시대 변화를 앞서 내다보며 미래 인터넷 이슈를 선점하고 선순환 인터넷 산업 생태계 조성과 안전한 정보보호 기반을 확립하여 우리나라 인터넷의 제2 도약에 견인차 역할을 하는 인터넷·정보보호 진흥기관이다. 인터넷서비스활성화, 해킹·바이러스 대응, 개인정보보호, 방송통신 국제협력 등을 위한 공공기관이다.

  http://www.kisa.or.kr/main.jsp
- 사단법인 한국창업경영컨설팅협회: 중소기업의 경쟁력 제고 및 육성을 위하여 중소기업 상담회사제도를 활성화하고 정부의 중소기업컨설팅지원 사업에 참여

하여 창업 및 중소기업 강화를 위해 도움을 주는 교육, 연구개발, 컨설팅 지원에 도움이 되는 사단법인이다.

http://www.kmcca.net/

- 한국직업능력개발원: 직업교육훈련정책 및 자격제도에 관한 연구와 직업교육훈련 프로그램의 개발·보급 등 직업능력개발에 관한 연구사업을 효율적으로 수행하여 직업교육훈련의 활성화 및 국민의 직업능력 향상에 기여함을 목적으로 1997년에 설립되었다. 또한 국무총리 산하 국책 연구기관으로서 '교육훈련-고용의 연계를 주도하는 글로벌 직업능력개발 정책연구기관'이라는 비전하에, 국가인재개발과 직업교육훈련에 대한 정책 연구를 비롯하여 자격제도, 교육·훈련 프로그램의 개발, 직업훈련기관 및 훈련과정에 대한 평가, 국가공인 민간자격 관리 및 운영, 직업·진로정보 및 상담 서비스 제공 등 다양한 연구와 사업을 하고 있다.

  http://www.krivet.re.kr/ku/index.jsp
- 한국산업인력공단: 근로자의 평생학습 지원과 직업능력개발훈련의 실시와 자격검정 그리고 기능장려사업 및 고용촉진 등에 관한 사업을 수행함으로써 산업인력 양성 및 수급의 효율화를 도모하고 국민경제의 건전한 발전과 국민복지 증진에 이바지한다. http://www.hrdkorea.or.kr/, http://webzine.hrdkorea.or.kr/
- 한국직업정보시스템

  http://www.work.go.kr/consltJobCarpa/srch/jobInfoSrch/srchJobInfo.do
- 한국창업교육협의회 http://kaee.kr/comuni/share.php?bmode=view&no=2
- 창조경제타운: 정부의 창조경제에 대한 슬로건을 국민 개개인의 창의적 아이디어를 바탕으로 과학기술과 IT를 접목하고, 산업과 산업, 산업과 문화의 융합을 촉진해 새로운 시장과 일자리 창출을 돕는 공공기관이다.

  https://www.creativekorea.or.kr/ 모바일 앱 www.facebook.com/withcktown
- 불패경영아카데미: 불패경영아카데미는 다양한 유형의 실패 사례들을 다각도로 가공해 단순명쾌한 불패 인사이트를 제공함으로써 개인, 기업, 정부의 실패를

줄이고 성공을 높일 것이다. '사람의 손에 돈을 남기면 100년을 넘기기 어렵지만 사람의 가슴에 지혜의 불을 붙이면 1,000년을 이어간다. 한 트럭의 재물보다 한 줌의 지혜가 더 낫다.'는 슬로건으로 직업을 찾는 사람들의 청년 멘토링, CEO 멘토링, 국민 멘토링은 물론 우리나라, 온 나라의 인재를 길러내는 '나라인재발전소'의 역할를 담당하는 미래형 구직멘토 기업이다.

www.everceo.kr

# 참고문헌


교육의봄, 김현빈, 마민형, 박규현, 박창동, 브랜든 리, 석의현, 손승현, 송인수, 안용균, 이소영, 이진원, 임동환, 임승호, 임호근, 조민혁, 채창균, 최원호(2021). **채용이 바뀐다 교육이 바뀐다**. 서울: 우리학교.

권병일, 권준한(2021). **디지털 트렌드 2022**. 서울: 책들의 정원.

권창오(2015). **진로설계전략**. 경남: 경성대학교 출판부.

김난도, 전미영, 최지혜, 이향은, 이준영, 이수진, 서유현, 권정윤, 한다혜, 이혜원(2021). **트렌드 코리아 2022**. 서울: 미래의 창.

김상균, 신병호(2021). **메타버스 새로운 기회**. 서울: 베가북스.

김윤호 유승훈(2015). **스마트 창업경영론**. 서울: 청람.

나윤빈(2021). **미래 직업 감상하기**. 서울: 지식의 날개.

박영숙, 제롬글렌(2017). **일자리 혁명 2030 – 제4차 산업혁명이 변화시킬 업의 미래–**. 서울: 비즈니스북스.

박영숙, 제롬글렌(2020). **세계미래보고서 2035–2055 –포스트코로나시대 앞당겨진 미래–**. 경기: 교보문고.

손영배(2017). **이제는 대학이 아니라 직업이다**. 서울: 생각비행.

신상진(2015). **직업의 이동**. 서울: 한스미디어.

신정수(2015). **취업 공부를 멈춰야 성공한다**. 서울: 가림출판사.

양수영, 최지웅(2021). **2050 에너지 제국의 미래**. 서울: 비즈니스북스.

양형남(2016). **취준생에서 CEO까지!** 서울: 행복에너지.

유순근(2016). **기업가정신과 창업경영**. 서울: 비앤엠북스.

유영성, 김상호, 김형진, 류석진, 송승현, 이명수, 이상대, 이수진, 이필우, 정유선, 지우석, 천영석, 최민석, 하봉운(2015). **미래사회의 산업과 직업변화**. 경기: 한울아카데미.

유홍준, 정태인, 김기헌(2016). **직업사회학**. 서울: 성균관대학교 출판부.

윤영돈(2021). **채용트렌드 2022–MZ세대가 바꾸는 채용문화의 변화–**. 서울: 비전코리아,

이민화(2016). **기업가정신 2.0**. 서울: 창조경제연구회.

이상민(2021). **누가 IT시장 취업에 성공하는가**. 서울: 로드북.

이상우(2021). **2022 미래지도**. 서울: 여의도책방.

이상석(2015). **창업론**. 서울: 청람.

이종구(2021). **한국 취업문화 · 공채문화 40년사–채용 역사와 뉴 패러다임–**. 서울: 청람.

이종찬(2020). **코로나와 4차 산업혁명이 만든 뉴노멀.** 서울: 북랩.

이종호(2018). **4차 산업혁명과 미래직업.** 서울: 북카라반.

이종훈(2016). **(2016) 창업지원금 성공전략.** 서울: 행성B 웨이브.

임재석, 최인식, 조준호, 염현숙(2016). **현장중심 창업의 이해.** 서울: 무역경영사.

최영길(2015). **나만의 브랜드를 만들어라.** 서울: 대명아이티에스.

최윤식(2016). **2030 대담한 미래2-미래의 기회와 전략적 승부-.** 서울: 지식노마드.

최윤식(2021). **메타도구의 시대.** 경기: 넥서스 Biz.

카이스트(2018). **2031 카이스트 미래보고서-미래에 어떻게 대응할 것인가-.** 서울: 김영사.

코트라(2021). **2022 한국이 열광할 세계 트렌드.** 서울: 알키.

한국고용정보원(2020). **(2020)한국직업사전.** 세종: 고용노동부.

한국고용정보원(2020). **미래의 직업연구.** 세종: 고용노동부.

한국고용정보원(2020). **미래일자리 세계의 변화 -중장기 인력수급방안 2018~2028-.** 세종: 고용노동부.

한성덕, 주석진(2016). **직업정보와 노동시장.** 경기: 공동체.

MBN Y 포럼 사무국, 최은수(2016). **두드림=Do dream: 영웅들의 성공 비밀.** 서울: 매일경제신문사.

Uzzaman, A. & 유석호(2014). **스타트업 성공학.** [Start up bible] (안진환, 한정훈 역). 서울: 믿음인.

YTN 사이언스〈다큐프라임〉(2022). **미래사용 설명서.** 서울: 다온북스.

星汉(2015). **하버드 25시: 공부벌레들의 잠들지 않는 열정과 근성.** [哈佛气质课] (김경숙 역). 서울: 스타북스(원저출판: 2015).

佐藤航陽(2016). **내가 미래를 앞서가는 이유.** [未来に先回りする思考法：テクノロジーがすべてを塗りかえる] (양필성 역). 서울: 스몰빅인사이트(원저출판: 2015).

快刀洪七, 冯玉麟(2016). **마윈, 역발상의 지혜.** [马云的颠覆智慧] (김신디 역). 경기: 린(원저출판: 2011).

Abrams, R. (2016). **창업 이론과 실제.** [Entrepreneurship: a real-world approach] (신형덕 역). 서울: 시그마프레스(원저출판: 2012).

Aulet, B. (2015). **스타트업 바이블.** [Disciplined entrepreneurship: 24 steps to a successful startup] (백승빈 역). 서울: 비즈니스북스(원저출판: 2013).

Baptiste, J. L. (2013). **울트라라이트 스타트업.** [Ultralight startup] (이유경 역). 경기: 디퍼런트(원저출판: 2012).

Bock, L. (2015). **구글의 아침은 자유가 시작된다.** [Work rules!: insights from inside Google that will transform how you live and lead] (이경식 역). 서울: 알에이치코리아(원저출판: 2015).

Bolles, R. N. & Christen, C. (2016). 나의 색깔 나의 미래: 자신을 발견하고 꿈의 직업을 설계하라. [What color is your parachute?: for teens] (이종훈 역). 서울: 나는나다(루크하우스).

Drucker, P. F. (2001). 이노베이터의 조건. [Essential Drucker(Vols. Ⅰ-Ⅲ)] (이재규 역). 서울: 청림출판(원저출판: 2001).

Economist(2021). (이코노미스트) 2022 세계대전망. [World ahead 2022] (박정엽, 석혜미, 손용수, 정유선, 최영민, 황성연 역). 서울: 한국경제신문(원저출판: 2021).

Economist, Franklin, D. (2017). 메가테크 2050. [Megatech: technology in 2050](홍성완 역). 서울: 한스미디어(원저출판: 2017).

Frank, M., Roehrig, P. & Pring, B. (2018). 기계가 모든 것을 다하게 될 때 무엇을 할 것인가? [What to do when machines do everything?] (신동숙 역). 경기: 프리렉(원저출판: 2017).

Guillén, M. F. (2020). 2030 축의 전환. [2030 : how today's biggest trends will collide and reshape the future of everything] (우진하 역). 경기: 리더스 북(원저출판: 2020).

Harari, Y. N. (2021). 호모데우스. [Homo deus: a brief history of tomorrow] (김명주 역). 경기: 김영사(원저출판: 2017).

Ibarra, H. (2014). 마침내 내 일을 찾았다. [Working identity] (유정식 역). 서울: 새로운현재(원저출판: 2004).

Kingdon, M. (2015). 세렌디피티. [Science of serendipity] (정경옥 역). 경기: 이담 Books(원저출판: 2013).

Manz, C., & Sims, H. (1991). Super Leadership: Beyond the Myth of Heroic Leadership. *Organizational Dynamics, 19*, 18-35.

McLagan, P. (2002). 바보들은 항상 결심만 한다. [Change is everybody's business] (윤희기 역). 서울: 예문(원저출판: 2002).

Oppenheimer, A. (2020). 2030 미래 일자리 보고서. [Robots are coming! : the future of jobs in the age of automation] (손용수 역). 경기: 가나문화콘텐츠(원저출판: 2019).

Pearson, T. (2017). 직업의 종말. [End of jobs] (방영호 역). 서울: 부・키(원저출판: 2015).

Schwab, K. (2016). 제4차 산업혁명. [Fourth industrial revolution] (송경진 역). 서울: 새로운현재.

Shell, E. R. (2019). JOB 일자리의 미래. [(The) job : work and its future in a time of radical change] (김후 역). 서울: 예문아카이브(원저출판: 2018).

Smith, D. (2016). 빌게이츠의 위대한 선택. [How to think like gates] (김나영 역). 부산: 프로제(원저출판: 2015).

Smith, D. (2016). 역사를 바꾼 50가지 전략. [50 strategies that changed history] (최윤영 역). 서울: 시그마북스(원저출판: 2015).

Tracy, B. (2003). 목표, 그 성취의 기술. [Goals!] (정범진 역). 서울: 김영사(원저출판: 2003).

# 찾아보기

### ㅊ



### ㅍ



### ㅎ



### 기타

## 저자 소개


■ **김대규** 한국교원대학교 교육학박사
전, 경주대학교 교수

■ **서현경** 경기대학교 서비스경영전문대학원 서비스컨설팅박사 수료
국제대학교 항공서비스학과 교수

■ **김선애** 위덕대학교 외식산업학박사 수료
선린대학교 인성교양학부 강사



교양인의 미래직업설계
**취업과 스타트업**

1판 1쇄 인쇄 — 2023년 1월 10일
1판 1쇄 발행 — 2023년 1월 15일

저　　자 - 김대규　서현경　김선애
발 행 인 - 강철원
발 행 처 - 양성원
주　　소 - 경기도 파주시 검산로 173번길 29-20
전　　화 - 031-946-3861(代)
팩　　스 - 031-946-3864
이 메 일 - tnwpub@naver.com
홈페이지 - tnwpub.co.kr
출판등록 - 2015년 8월 31일 제 2015-000211 호

ISBN 979-11-6126-486-8

정가 20,000원